马海舰 著

昭陵文物研究

陕西新华出版 三秦出版社

图书在版编目（CIP）数据

昭陵文物研究 / 马海舰 著 . -- 西安：三秦出版社，
2023.9
ISBN 978-7-5518-2938-0

Ⅰ . ①昭… Ⅱ . ①马… Ⅲ . ①昭陵—文物—研究
Ⅳ . ① K878.84

中国国家版本馆 CIP 数据核字（2023）第 170217 号

昭陵文物研究

马海舰 著

出版发行	陕西新华出版传媒集团 三秦出版社
社　　址	西安市雁塔区曲江新区登高路 1388 号
电　　话	（029）81205236
邮政编码	710061
印　　刷	陕西卓雅印务有限公司
开　　本	787mm×1092mm　1/16
印　　张	17.75
字　　数	290 千字
版　　次	2023 年 9 月第 1 版
印　　次	2023 年 9 月第 1 次印刷
印　　数	1—1000
标准书号	ISBN 978-7-5518-2938-0
定　　价	199.00 元

网　　址	http://www.sqcbs.cn

《昭陵文物研究》编委会

序

　　我与海舰君是相知相望二十余载的挚友，我住长安龙首原，君居九嵕昭陵园。遥望北山，山峦起伏，苍茫窎远，有一峰突兀者，孤耸回绕，傲视群峰，即是九嵕山主峰，固同山岳的唐太宗李世民陵寝昭陵所在地。昭陵陵园周长 60 千米，占地面积 200 平方千米，帝妃公主将相重臣陪葬墓 200 多座，兆域面积是都城长安面积的近 2.4 倍。秦王李世民，与其父李渊共建大唐帝国，登基太极，与凌烟功臣开创贞观之治，是彪炳史册的帝王。大凡开国帝王，必是驰骋疆场的英雄，那么，武略自不必说。再者，文采亦是有大格局，《帝京篇》流传千古，必当享有文韬之盛名。故而，伟人毛泽东才会有"唐宗宋祖"之感叹。

　　太宗昭德有功，九嵕因山为陵。昭陵之所以成为昭陵，还在于这里茂林葱郁，草木争荣。自有唐以来，这里的自然生态环境就极佳，泾河、渭河、泔河围绕其间，植被覆盖率高达 90% 以上，被唐人称为"柏城"。山水形胜亦是极好的，昭陵头枕龙脊北山，脚蹬玉带泔河，地处泾河之阴、渭河之阳，中隔渭水谷地，与终南、太白诸峰遥相对峙，满足了堪舆家认为帝王陵墓应具有的所有条件，被历代堪舆家认为是风水最佳的帝王陵寝。

　　海舰君就生活和工作在这片充满王气的神奇地方。

　　昭陵虽然经历了 1300 多年溽暑寒冬的磨砺侵蚀，但作为盛世大唐文明的物化见证遗存，得到了历代政府的保护修缮，尤其是中华人民共和国建立后，1961 年，昭陵被国务院列为全国第一批重点文物保护单位，1972 年昭陵文物管理所成立，1978 年晋升为昭陵博物馆。

　　雪落九嵕润昭陵，杏花香雪迎春到。昭陵博物馆的选址极为特别，建在了初唐著名的军事家、英国公李勣的墓园里。李勣出将入相，功勋卓著，卒后陪葬昭陵，后又配享唐高宗李治庙庭。英雄寂寞千年，从此不再孤独，有了当代守墓人的陪伴，这就是我们的昭陵人、昭陵博物馆人。

秦川雄帝宅，长安壮昭陵。昭陵自建馆（所）以来，业已五十多载，前后有七任馆（所）长在此任职。他们是苟彦秀、张静清、杨义君、陈宏效、马辉林、张志攀和现任馆长马海舰。50多年来，该馆（所）从事唐文化、昭陵文化学术研究的学者有近20位，饮誉学林的学者有孙迟先生、张沛先生、张志攀研究员、胡元超研究员、李浪涛研究员等。20世纪90年代以来，昭陵学人出版学术著作20多部，其中胡元超的《昭陵墓志通释》与张沛的《昭陵碑石》荣获全国优秀古籍图书奖一等奖和二等奖。如此殊荣的获得实属不易，在陕西省文博界也是凤毛麟角，得到了时任陕西省文物局局长赵荣先生的热烈表扬。

心之所系，情之所归。我在少年时代就喜欢读历史书。20世纪70年代，那时的书籍十分匮乏，可读的历史书大多是关于农民起义的读本，我人生第一本历史知识启蒙读物就是介绍农民起义的图书。1980年我上高二的时候，向父亲要钱买了罗贯中的《三国演义》，这是我读的第一本历史小说。第二年考上大学，在父亲的建议下，选择了史念海先生所在的陕西师范大学历史系读书。四年后，我又拜在牛致功和赵文润两位先生的门下读研，选择的专业方向是隋唐史。或许是上苍的安排，或许是历史的必然，1985年初秋，牛先生、赵先生带领他们首届6个研究生前往昭陵，参加"唐太宗研究会"成立大会。当时参加成立大会的还有中国唐史学会副会长吴枫先生。最令人难忘的是这里的美食、人和文物，还有气候环境。北山的烙面油香四溢、北山的人纯朴厚道、昭陵的文物独一无二，环境宜人，庭院深深，错落有致；气温合适，白昼无暑，夜晚凉爽。那一刻，我喜欢上了这里，从此与昭陵结缘。结识了胡元超研究员、马海舰馆长，这一路走过来，就是20年多年。

博尔赫斯说："时间永远分岔，通向无数的未来。"作为九嵕山下的烟霞人，海舰馆长20多年前就从事文博工作，之后由于工作的需要，他又先后从事乡镇政府工作、国家机关党务工作，其间工作亦是有声有色，赢得了上级领导的好评。但是，时间老人让他顺着时光隧道又回到了昭陵博物馆，去开创新的未来。

履职伊始，海舰就带着研究员胡元超和馆员董朝霞二同志来到三秦出版社走访调研，寻求横向合作，以项目带动昭陵博物馆科研工作的高质量发展。海舰不忘昭陵前辈的遗诲和昭陵博物馆人甘于奉献搞科研的传统，为全馆干部员工和科研人员搭建了一个开放式的科研平台，不为浮名，辛勤耕耘，鼓励全馆上下积极开展研究工作。这是一个开放的平台，目前拟出版的选题有三：一是《昭陵陪葬人物及其墓葬研究》，分为三卷，分别是妃嫔宫女卷、宰相尚书卷和将军卷；二是《牛进达李思摩燕德妃墓清理简报》；三是《昭陵文物研究》。另外，海舰在馆里成立了专门的工作室，为老有所能的老领导、退休老同志提供了一个很好的工作环境，以期实现昭陵科研工作的"传帮带"和可持续发展。

海舰疾奋骧首，躬自垂范，将近来的所想所思，进行梳理，整理成文章，洋洋洒洒20余万字，修整图版90多帧。这得益于他持续深耕于自己钟爱的文博事业，得益于他始终将昭陵牵挂于心，得益于他对昭陵当下工作现状的调查研究，因而《昭陵文物研究》的撰著工作很快就完成了，交由三秦出版社年内出版。

《昭陵文物研究》书稿由12篇论文组成，其中研究唐代墓志史料的3篇，研究唐墓壁画题材流变和艺术的3篇，研究石刻造像艺术的2篇，研究碑版书法艺术及经典法帖的4篇。我细读文稿，为海舰的研究成果击节叹赏。《阎立本昭陵三组石雕墨稿发微》一文很有特色，研究对象是昭陵留给中华民族的国宝重器《昭陵六骏浮雕石雕屏》《昭陵十四番君长圆雕石刻像》和早年已经入土或已毁的《昭陵鸵鸟浮雕石刻像》。关于上述三组石雕墨稿的作者，有关文献或付诸阙如，或语焉不详，千余年来多有揣测之说。海舰从"阎立本创作成熟期与三组石雕刊刻时间的高度重合""阎立本多次奉诏为太宗、高宗朝重大政治、外交活动写真及多画种的创作实践使其成为绘制昭陵三组石雕摹稿的首选画家""阎立本见过昭陵三组石雕大部分原型，最适合创作昭陵三组石雕墨稿""阎立德、阎立本兄弟对昭陵营建的深度介入使皇帝选择阎立本创作昭陵三组石雕墨稿顺理成章""文献对阎立本创作《昭陵六骏》《十四番君长像》墨稿有模糊的指向性记载"五个方面进行论证，将三组石雕墨稿作者定为阎立本，很有说服力。《毕沅昭陵撰、书遗碑述略》一文，结合近年昭陵考古新发现和新成果，详细稽考了11通碑刻的撰立背景、历史作用、书法艺术，具有创新意义。毕沅在清代乾隆时期两度出任陕西巡抚，先后任职几近20年，于关中古迹时刻留心，尽力保护，对历代帝王陵园及重要古建筑建立标志碑，设专人管理，并撰就《关中金石记》《关中胜迹图志》等著作。在昭陵及其陪葬墓前，就有毕沅题写树立的保护标志碑30余通，但因战乱和民间损毁，现仅存11通。《昭陵壁画中的宦官形象研究》一文，蒐集昭陵6座陪葬墓壁画中的18个宦官形象，采用文献与考古资料结合的"二重证据法"，以绘画技法、人物丑化现象、时代特色为切入点，对宦官百态、宦官官装和宦官制度做了全面考评，得出宦官形象丑化和唐代前期政治较为清明、宦官不曾专权存在必然的关系，这是颇为新颖的学术观点，使宦官研究走深走实，走向深水区。如此等等，不一而足。

张爱玲曾说："人的一生总共会遇到两个人，一个惊艳了时光，一个温柔了岁月。"海舰就是我遇到的那个惊艳时光的人。我在此送上祝福，愿惊艳时光之人的光芒能够照亮众人前行的道路。

林静蝉声远，天高雁路长。长安是帝国的都城，昭陵是帝王身后的阴宅归所；长安是唐文化的源头和渊薮，昭陵是初唐文化的重要载体和文化符号。长安文化向昭陵的辐射，使昭陵文化成为都城文化、长安文化的另类表达。长安与昭陵相互表里，密不可分，业已成为唐文化的融合体了。

其业惟永，爝火不息。曹丕在《典论·论文》中说："盖文章，经国之大业，不朽之盛事。"海舰致身于翰墨，见意于篇籍，为构建昭陵文化、昭陵考古文化、大唐文化多所献猷。为探访昭陵、感知唐文化、阅读中国、讲好中国故事、传播好中国声音，提供了强大的内生动力和支撑。九嵕山的山高，昭陵人传承文化的心亦高，海舰馆长的文化情怀更高。直挂云帆济沧海，一舰当先破浪行。

九嵕山山高水长，昭陵园物象万千。遵马海舰馆长为他的《昭陵文物研究》写篇小文之嘱，聊以为序。

长安书匠　贾 云

癸卯年桃月

序 / 1

《程知节墓志》考释 / 1

张士贵生平考述

——以《以张士贵墓志》为中心 / 37

《牛进达墓志》笺疏 / 85

昭陵唐墓壁画题材五种对前代的继承与嬗变 / 134

昭陵壁画中的宦官形象研究 / 161

从唐燕妃墓壁画透视唐代文明 / 169

阎立本昭陵三组石雕墨稿发微 / 174

昭陵十四番君长石刻像考述 / 193

毕沅昭陵撰、书遗碑述略 / 218

昭陵陪葬墓神道碑十三品综考 / 229

《兰亭帖》传序暨殉葬昭陵本末 / 254

《尉迟敬德墓志》书法艺术 / 265

后记 / 272

目录

《程知节墓志》考释

《程知节墓志》（下或称《志文》），1986年出土于陕西省礼泉县烟霞公社（今烟霞镇）上营村西约200米处程知节墓中。志盖盝顶，厚15厘米，底边长78.5厘米，四刹饰四神，盖面篆书"大唐故骠骑大将军卢国公程使君墓志"。志石正方，厚15厘米，边长79厘米，四侧饰十二生肖。志文正书45行，满行46字，题"大唐骠骑大将军益州大都督上柱国卢国公程使君墓志铭并序"。无撰书者姓名（图1、2）。

一、墓志录文

大唐骠骑大将军益州大都督上柱国卢国公程使君墓志铭并序

公讳知节，字义贞，东平人也。叶水德以深谋，肇崇其构；居火正而凝绩，爰锡其绪。掌伐于周，腾令范于县载；效忠于赵，振徽图于粹册。谋甫之廉洁，绝以苴茝；叔翰之清高，辞乎辟召。华基峻烈，可得言焉。曾祖兴，齐兖州司马；祖哲，齐晋州司马。并逸气烟翔，孤韵风竦。临机弗谬，蕴志无辱。始屈道于涵牛，遽飞声于展骥。父娄，济州大中正，皇朝赠使持节瀛州诸军事、瀛州刺史。资以纯固，体乎温嶷。冰操含洁，霞情荡照。正九流而发誉，望重生前；总八命以加班，荣镜身后。公氤氲荐祉，胅响凝和。挺殊姿于犀阙，彰异表于猿臂。英襟独茂，壮气孤骞。含百练以缥奇，鸷千里而扬质。忠能率义，无俟化成；孝必依仁，因心以至。繇情凤篆，把绛灌之雄规；驿思龙韬，猎孙吴之秘道。属夫炎纲弛紊，昏政回遹。天不我将，具祸以荩。绿林肆孽，山岳由其簸跳；白波流宎，川渎为之腾涌。公慨然长愤，有切瞻乌。鸠集雄豪，思树名绩。我高祖昭受骏命，底义乘图。始掬旅于容关，遽截功于逐圃。公揆时骧首，应机投袂。睹砀云而式拂，仰谯星以载驰。粤自艰危，间行归顺，则武德元年也，蒙拜上大将军。时惟多难，戎衣未褫。太宗之在秦邸，专征是任。以公骁杰，引居莫府，授左三统军。燕跃鹢飞，累陪攻战。修戈驻日，长剑倚天。或减灶以申谋，乍拘原而胜敌。扫清群丑，繄公是赖。爰以懋功，载加隆赏，封宿国公，食邑三千户，寻拜使持节康州诸军事、康州刺史。剖符千里，书社万家。恩重建侯，荣深作牧。寻奉教留住，除右二府护军。九年夏末，二凶作乱，太宗受诏，宣罚禁中。公任切爪牙，效勤心膂。事宁之后，颁乎大赉，赏绢六千四、骏马二匹并金装鞍辔，及金胡瓶、金刀、金碗等物，加上柱国，授东宫左卫率，寻拜右武卫大将军。俄以锦山之曲，绵水之滨，川分望帝之乡，地接廪君之穴，眷言连率，允属朝贤。贞观初，授使持节都督泸戎荣三州诸军事、泸州刺史。寻为铁山獠叛，诏公为行军总管而讨平之，降敕慰劳，赉绢二百四、御服玉带一腰。又以缔构艰难，英材是寄，延赏之惠，追范前烈，封第二子处亮东阿县公，食邑一千户，寻授驸马都尉，降以清河公主，征拜公左领军大将军。顷之，权检校原州都督。十一年，封建功臣，以公为普州刺史，改封卢国公，邑依旧，真食七百户，仍令子孙代代承袭。出藩之日，带以京官。周开茅土，汉誓山河，峻业嘉庸，方锡其美。以今望古，公无怃焉。蓟门重镇，幽都悍俗。近通黄洛，遥控紫溪。检刺求材，非公孰寄，拜使持节都督幽、易、檀、平、燕、妫六州诸军事、幽州刺史。扬轩谦泽，弭节仁墟。风移爨岫之隔，威静蹛林之外。明年，追授左屯卫大将军，于北门检校屯兵。惟彼北营，羽林之骑，选兼七萃，任重八屯。载居其职，弥见忠谨。廿三年，自翠微宫奉敕统飞骑从今上先还，即于左延明门外宿卫，经乎百日，俄加镇军大将军。永徽中，转拜左卫大将军兼检校屯营兵马。公兴斯中垒，绵涉九载，宠眄攸深，荣寄逾重。属獯丑余类，远隔沙场，反德背恩，亏我王度。薄伐其罪，复膺推毂。显庆初，拜使持节葱山道行军大总管，击贺鲁于塞表。开玉帐以临戎，指金丘而转斗。吴钩曜景，冀马追风。阐威灵于月窟，静氛霭于雷室。爰降手敕，远以迎劳。寻拜使持节岐州诸军事、岐州刺史。眷兹右辅，接近神畿，匪曰勋贤，曷膺其任。于是外遵八命，内亚九卿。拥熊轼而驭朱轓，建鸟旗而飘皂盖。恤刑综礼，赋事宣慈。始绰分帷之政，俄纤锡冕之泽。重惟公局宇端肃，风概清道。皎皎焉开朗魄于冲府，凛凛焉蕴皑霜于逸操。贞姿竦劲，若曾松之逗严辰；敏性怀芳，譬崇兰之茂暄序。白珪犹玷，其行也无暇；黄金可轻，其言也不二。至于沉沙之术，柋石之勇，穿杨之妙，击蔗之奇，求诸曩贤，无谢厥美。以倜傥之器，逢感会之辰，托龙凤以遐翔，攀云霄而独上。衔珠而典禁旅，分玉而光列爵。践天牧于名藩，降王姬于令胤。荣盛之极，罕或俦矣。既而瞻宥危而戒满，顾悬车以流谦。桂冕抽簪，栖闲匿景。致饩之礼，既洽于胶庠；锡寿之期，方征于龟鹤。而箭川易往，芝驾难逢。奄结蚁床之祆，俄嗟鹤版之召，以麟德二年二月七日遘疾薨于怀德里第，春秋七十有七。宸情震悼，饰终加礼，册赠骠骑大将军、益州大都督，赠绢布一千匹、米粟一千石，陪葬于昭陵。丧葬所须，随由官备，仍务从优厚。赐东园秘器，仪仗鼓吹送至墓所往还。仍令司刑大常伯源直心摄同文正卿监护，奉常丞张文收为副。前夫人孙氏，县令陆儿第三之女，封宿国夫人。四德允修，六行无忒，降年不永，先归厚夜，年三十有一，贞观二年六月廿一日薨于怀德里第。后夫人清河崔氏，齐郡公逊之孙，父随任齐州别驾信之长女。贞淑之姿，婉顺之德，作嫔君子，琴瑟斯和。假修之道无睽，簟褥之勤弥励。既而翟褕在饰，狄茀加荣。虽福愆偕老，而义遵同穴。以显庆三年十二月廿一日终于怀德里，时年六十有七。粤以麟德二年岁次乙丑十月己亥朔廿二日庚申合葬于陵南十三里。奉常考谥曰襄公。礼也。骠骑之营，烟沉旧垒；将军之树，风断新枝。傃蒿亭而宵寂，驱柳驾以迟回。空郊暮兮寒日惨，文卫虚兮容管哀。纪遗芬于潜闼，永垂衮于将来。其铭曰：

绕星飞睨，捧日搞祥。鸿源浚远，庆绪灵长。曾父德迈，大父名扬。懿哉显考，粹范昭彰（其一）。惟公挺生，载标时杰。敏识韶亮，逸韵高绝。猛概桓桓，英规烈烈。影媚虬浦，声驰鹡穴（其二）。性符端确，志叶贞醇。详善服义，砥行栖仁。践直无隐，基忠有津。智兼三略，艺总六钧（其三）。昔在随季，卷怀昏德。日斗星亡，风回雾塞。聿逢运始，投诚徇国。抚剑要功，褰旗静慝（其四）。洪勋允著，大赉斯酬。分竹为牧，疏茅倬侯。要鞬睢簌，司载摇丘。恩滋业泰，宠洽名休（其五）。出总外台，入居中垒。抑扬风政，肃清奸宄。拥旆祁山，建旟汧水。云谁树绩，我昭其美（其六）。辞荣养素，宅静凝玄。方期介祉，奄怆归全。山扃聚月，野隧衔烟。雄图遽已，盛德空传（其七）。

图1　程知节墓志盖拓片

图 2　程知节墓志底拓片

二、名讳、郡望与族系

程知节在《旧唐书》卷六十八、《新唐书》卷九十有传，《资治通鉴》对其生平亦有多处记载；许敬宗撰文、畅整书丹的《程知节碑》，自宋以降，著录者颇夥，该碑两端残缺，仅余中部，虽有泐灭，仍可略窥碑主部分事迹，现藏昭陵博物馆。

《志文》及《程知节碑》皆云："公讳知节，字义贞。"[1] 而两《唐书·程知节传》俱云："程知节，本名咬金。"[2] 可见"知节"一名，乃程氏释褐后以"咬金"稍嫌鄙俗而改。《资治通鉴》即持此说，把程氏改名事记于大业十三年（617，义宁元年）程氏投奔瓦岗军后[3]。"义贞"与"知节"近义，以古人名、字取义相近而推测，"义贞"这个表字，应当与改名同时而取。另外，程知节后裔的墓志，对程氏名讳也有"知节"和"节"两种不同的记载。程知节孙程伯献墓志云"祖知节"[4]，程知节儿媳和氏墓志记述丈夫程处立时亦云"父知节"[5]，程知节曾孙程翰林墓志也云"皇曾祖知节"[6]，而程知节子程处侠墓志则云"父节"[7]。唐人言人名讳，省却首字，似有成例，这可能是唐人认为名讳首字多起宗法排辈作用，故有时阙而不书。如昭陵博物馆藏唐阿史那忠墓志，记述阿史那忠夫人李氏（唐太宗贵妃与先夫李珉之女）时云："夫人渤海李氏，隋户部尚书雄之孙。"[8] 此李雄，《北史》卷七十四有传，《隋书》卷七十《杨玄感传》后有附传，前者作李雄，而后者作李子雄。

关于程知节的郡望，两《唐书·程知节传》、《程知节碑》俱云"济州东阿"[9]，而《志文》记为"东平"。隋之济州，与济北郡互置，为济州时，治碻磝城（今山东聊城市茌平区西南），废州置郡后，移治卢县（今山东聊城市茌平区西南），下辖"卢、范、阳谷、东阿、平阴、长清、济北、寿张、肥城"[10] 九县。东阿县，治今山东东阿县西南。《志文》所谓"东平"，即隋之东平郡，隋时与郓州互置，

[1] 张沛：《昭陵碑石·程知节碑》，三秦出版社，1993年，第159页。
[2] （后晋）刘昫：《旧唐书》卷六十八《程知节传》，中华书局，2011年，第2503页；（宋）欧阳修、宋祁：《新唐书》卷九十《程知节传》，中华书局，2011年，第3773页。
[3] （宋）司马光：《资治通鉴》卷一百八十三，义宁元年四月条，中华书局，2011年，第5835页。
[4] 周绍良主编：《唐代墓志汇编》（下）《唐故镇军大将军行右卫大将军赠户部尚书广平公墓志铭并序》，上海古籍出版社，2001年，第1487页。
[5] 《唐代墓志汇编》（下）《唐故相州城安县令夫人和氏墓志并序》，第1358页。
[6] 吴钢：《全唐文补遗》（第五辑）佚名《唐徐州节度随军朝议郎前试太子家令赏绯鱼袋广平故程府君（翰林）墓志铭并序》，三秦出版社，1998年，第32页。
[7] 樊波、李举纲：《新出唐墓志所见西域史事二题》，《西域研究》2009年第4期。
[8] 《昭陵碑石·阿史那忠墓志铭》，第188页。
[9] 《旧唐书》卷六十八《程知节传》，第2503页；《新唐书》卷九十《程知节传》，第3773页；《昭陵碑石·程知节碑》，第159页。
[10] （唐）魏徵：《隋书》卷三十《地理志·济北郡》，中华书局，2011年，第844页。

治在郓城县（今山东郓城县东），下辖"郓城、鄄城、须昌、宿城、雷泽、钜野"[1]六县。隋之东平郡，不辖东阿县。从《志文》所载程知节第二子程处亮，在唐封东阿县公来看，程氏的郡望，当以济州东阿为是。程处侠墓志、程伯献墓志亦可为旁证，前者云："公讳俊，字处侠，济北东阿人也。"[2]后者云："公姓程氏，讳伯献，字尚贤，东郡东阿人，魏安乡肃侯昱十五代孙。"[3]这里的东郡，实以旧郡望而言，乃指秦置之东郡（秦王政五年置），治在濮阳县，即今河南濮阳县东南，自其初置起，至隋开皇初废，一直辖东阿县（亦为秦置）。《三国志》卷十四《魏书·程昱传》言昱郡望，即云"东郡东阿"[4]。因此，疑程知节墓志所书"东平"为"东郡"之笔误。

隋唐碑版，述主人族系，往往上溯炎黄（以黄帝居多），或从得姓说起，尔后罗列夏商周三代以降同姓名人，认作先祖，然后才铺叙曾祖以降三代直系先人名讳官爵。《志文》言程知节远古先祖，即追述至黄帝裔孙颛顼帝高阳，云"叶水德以深谋，肇其崇构；居火正而凝绩，爰锡其绪"。所谓"叶水德"，即谓颛顼帝允叶水德，膺受命之运。战国以降，封建文化以五行之德，为王者受命之运。言颛顼帝、商汤，皆称水德王。所谓"深谋"，是史籍对颛顼帝的褒词，《史记·五帝本纪》云："帝颛顼高阳者，黄帝之孙而昌意之子也。静渊以有谋，疏通而知事。"[5]所谓"肇其崇构"，即谓颛顼后裔始得程姓，故而族系高崇深远。《元和姓纂》卷五"程姓"条云："颛顼重黎之后，周程伯休父，其后也。"[6]《新唐书》卷七十五下《宰相世系表·程氏宰相》云："程氏出自风姓。颛顼生称，称生老童。老童二子，重、黎。重为火正，司地，其后世为掌天地之官。裔孙封于程，是谓程伯。雒阳有上程聚，即其地也。至周宣王时，程伯休父失其官守，以诸侯入为王司马，又有司马氏。程氏世

[1] 《隋书》卷三十《地理志·东平郡》，第844页。

[2] 《新出唐墓志所见西域史事二题》，《西域研究》2009第4期。

[3] 《唐代墓志汇编》（下），第1487页。

[4] （晋）陈寿：《三国志》卷十四《魏书·程昱传》，中华书局，2011年，第425页。

[5] （汉）司马迁：《史记》卷一《五帝本纪》，中华书局，2011年，第11页。

[6] （唐）林宝撰，岑仲勉校记：《元和姓纂（附岑仲勉四校记）》卷五，中华书局，1994年，第624页。

居长安。"[1] 所谓"居火正以凝质",即谓重黎居火正之职,有功劳。《史记》卷四十《楚世家》云:"楚之先祖出自帝颛顼高阳。高阳者,黄帝之孙,昌意之子也。高阳生称,称生卷章,卷章生重黎。重黎为帝喾高辛居火正,甚有功,能光融天下,帝喾命曰祝融。"[2]

《志文》铺叙程知节夏商周以降先祖,云"掌罚于周,腾令范于县载",谓程伯休父统帅周朝的军队;又云"效忠于赵,振徽图于粹册",谓程婴于晋国搭救赵氏孤儿;再云"谋甫之廉洁,绝以苞苴;叔翰之清高,辞乎辟召",谓两汉以后的程谋甫仁孝廉洁,不受人施,程叔翰清高无为,拒绝招延。皆堆砌典故,夸叙族谱。至于程伯献墓志言志主乃程昱第十五代孙,或非妄言,若如此,则程知节乃程昱第十三代孙。

程知节三代直系先人,《志文》铺叙为"曾祖兴,齐兖州司马;祖哲,齐晋州司马",与《程知节碑》所载略同,唯碑云程兴为齐兖州别驾。可能程兴先后历司马、别驾二职,故有二书。《志文》又云程知节之父名娄,官"济州大中正",而《程知节碑》于此已泐,无法辩认。程知节后裔墓志,所述先祖名讳亦与程知节墓志略有出入,程处侠墓志云"祖楼"[3],程伯献墓志云"曾祖玉"[4],皆指程知节之父,而《志文》载为"娄"。《志文》撰写时间距程知节之父生活时代更近,似当以《志文》所载为是。

三、参加瓦岗军、归降王世充及投唐事略

据《志文》,程知节薨于唐高宗麟德二年(665),享年77岁,则其当生于隋文帝开皇九年(589)。程知节少年时,正处于隋文帝开皇、仁寿年间,无事迹可陈。程知节进入青年时代后,正值隋炀帝大业之时。由于程知节后来以勇悍闻名,仕唐又官至大将军(正三品),故《志文》铺叙青年时代的程知节,塑造了一个义烈忠勇、深究兵法的英雄形象,云:"徭情凤篆,挹绛灌之雄规;驿思龙韬,猎孙吴之秘道。"所用绛侯周勃、颍阴侯灌婴、孙武、吴起之典,虽是碑版相因之词,却为下文写程氏以

[1]《新唐书》卷七十五下《宰相世系表·程氏宰相》,第3396页。
[2]《史记》卷四十《楚世家》,第1689页。
[3]《新出唐墓志所见西域史事二题》,第43页。
[4]《唐代墓志汇编》(下),第1487页。

武力自求通达、以军功上位干禄做了铺垫。

程知节大业末为瓦岗军著名将领，后归王世充，再后投唐，两《唐书·程知节传》、《资治通鉴》等史料都有明确记载，然《志文》于此却用浮词概述，这里依照《志文》，结合诸史，勾勒出程氏参加瓦岗军、归降王世充及投唐事迹。

1. 隋末聚众以保乡里及参加瓦岗军

《志文》云："属炎纲弛紊，昏政回遹。天不我将，具祸以荩。绿林肆孽，山岳由其簸跳；白波流灾，川渎为之腾涌。"谓隋末丧乱，各地民众纷纷起兵反隋。又云："公慨然长愤，有切瞻乌。鸠集雄豪，思树名绩。""有切瞻乌"，谓程氏关切乱世流离失所的民众。瞻乌，语出《诗·小雅·正月》，其文云："瞻乌爰止，于谁之屋。"[1] 以乌止于富人之屋，比喻民人归于圣君，后以之谓乱世流离失所的民众。所言"鸠集雄豪，思树名绩"语，不是讲程氏入瓦岗军，而是讲隋末丧乱，群盗蜂起，程氏招延乡勇，建立准军事坞堡组织，以保家乡。此事两《唐书·程知节传》皆有载。《旧唐书》本传云："少骁勇，善用马矟。大业末，聚徒数百，共保乡里，以备他盗。"[2]《新唐书》本传云："隋末，所在盗起，知节聚众数百保乡里。"[3] 可见，程知节与当时隋河南诸郡（隋河南道凡 12 郡，程知节所在济北或东平郡，俱为隋河南道东部诸郡）以底层农（渔）民为主的"群盗"有所不同。程氏之父为州大中正，因此完全可以算得上是山东士族。隋炀帝大业时虽然已经开科取士，但数量极少，仅仅只能算作察举和门荫取士的补充，隋的绝大多数士族子嗣还是通过察举和门荫入仕。程知节以其先君的人脉，由察举入仕并不困难，这恐怕正是他非但没有沦为普通的"群盗"，反而是聚众与"群盗"相抗衡的主要原因。《程知节碑》于此也用浮词概述，云："公傍搜义旅，远啸侠徒。升坛而烈士趋风，抚剑而群英走魄。"[4] 亦是言其隋末纠集乡勇建立坞堡

---

[1] 陈戍国点校：《四书五经·诗经·小雅·正月》，岳麓书社，1991 年，第 364 页。
[2]《旧唐书》卷六十八《程知节传》，第 2503 页。
[3]《新唐书》卷九十《程知节传》，第 3773 页。
[4]《昭陵碑石·程知节碑》，第 159 页。

组织事。有学者认为"傍搜义旅"是"谓其谋举义旗也"[1]，亦即言其为诸群盗之属，恐怕还值得商榷。许敬宗是封建士大夫，当时的政治语境，只把李渊父子集团称为义兵，而把诸地其他义兵统斥为群盗。这恐怕也是《志文》作者不愿明确记载程知节加入瓦岗军的原因。

《志文》在写罢程知节"鸠集雄豪，思树名绩"后，立即写程知节归唐之事，云："公揆时骧首，应机投袂。睹砀云而式拊，仰谯星以载驰。粤自艰危，间行归顺，则武德元年也，蒙拜上大将军。"从文字明确的表述来看，的确没有提及程氏先后加入瓦岗军及东都王世充隋军集团之事，但所谓"粤自艰危，间行归顺"一语，却暗含了程氏加入瓦岗军及王世充隋军集团事。

《旧唐书·程知节传》在叙述罢程氏"聚徒数百，共保乡里，以备他盗"后云"后依李密，署为内军骠骑"[2]；《新唐书·程知节传》在叙述罢程氏"聚众数百，保乡里"后亦云"后事李密"[3]；《程知节碑》也说"投李密于汾潩"[4]。"汾潩"之地指今山西省西南部之地，亦即隋之河东诸

郡，如河东、绛郡、文城、临汾、龙泉、西河、离石、太原等郡，而李密领导的瓦岗军最初所聚的瓦岗山在东郡（隋与杞州、滑州互置）白马县境，后来所营的都城洛口城在河南郡之巩县，虽皆与河东诸郡毗邻，然史似无以"汾潩"而指之者，疑许敬宗于此用词有失。以上史料，虽然讲明了程知节加入瓦岗军的事实，却没有交代其加入瓦岗军的具体时间，更没有说明程知节为何由一个对抗"群盗"的地方准军事武装首领转变为"群盗"之属。尽管如此，我们仍可以结合隋末瓦岗军发展壮大的历程，以及《资治通鉴》对程知节的首次记载，对这些问题做一有益的探索。

隋大业中期，东郡韦城人翟让为东都法曹，因犯法而亡命瓦岗为盗，同郡单雄信、徐世勣（字懋功，投唐后赐姓李，高宗时避太宗讳，遂单名勣）前往跟随。他们引众入荥阳郡、梁郡，掠夺汴水行舟，资用丰给，附者渐众，聚徒万余人。但在隋军的不断围剿下，五六年间没有太大的发展。此时因参与大业九年（613）杨玄感起兵反隋的李密正为朝廷通缉，亡命于河北、河南诸郡，大业十二年（616）

---

[1] 《昭陵碑石·程知节碑》编者案，第 161 页。
[2] 《旧唐书》卷六十八《程知节传》，第 2503 页。
[3] 《新唐书》卷九十《程知节传》，第 3773 页。
[4] 《昭陵碑石·程知节碑》，第 159 页。

十月，在王伯当的介绍下，加入瓦岗军。李密加入瓦岗军后，"为让画策，往说诸小盗，皆下之"[1]，接着，协助翟让破金堤关，下荥阳郡诸县，杀隋名将荥阳通守张须陀；又袭破兴洛仓，败隋东都留守越王侗所遣虎贲郎将刘长恭、光禄少卿方崱等。大业十三年（亦即隋恭帝义宁元年。大业十三年五月，李渊、李世民父子起兵晋阳，十一月攻入长安，立隋代王侑为帝，改元义宁，遥尊在江都郡行宫的隋炀帝为太上皇）二月，翟让乃推李密为主，瓦岗军由此进入了全盛时期。《资治通鉴》卷一百八十三，义宁元年二月条记述李密即魏公位，建都洛口，诸地群盗纷纷来附，云：

> 于是赵、魏以南，江、淮以北，群盗莫不响应，孟让、郝孝德、王德仁及济阴房献伯、上谷王君廓、长平李士才、淮阳魏六儿、李德谦、谯郡张迁、魏郡李文相、谯郡黑社、白社、济北张青特、上洛周比洮、胡驴贼（张士贵）等皆归密。密悉拜官爵，使各领其众，置百营簿以领之。道路降者不绝如流，众至数十万。乃命其护军田茂广筑洛口城，方四十

里而居之。密遣房彦藻将兵东略地，取安陆、汝南、淮安、济阳，河南郡县多陷于密。[2]

这段文字，记述了隋河南、河北、河东诸郡群盗，在大业十三年二月李密即魏公位后，大都归附瓦岗军，但没有提到家乡距瓦岗很近的程知节，这从一个侧面也说明隋末程知节并没有在原郡揭竿反隋。

《资治通鉴》对程知节的第一次记载，时间在义宁元年（617）四月，是我们研究程氏加入瓦岗军前情况的宝贵资料。李密即魏公位后，隋光禄大夫、河南道讨捕大使裴仁基镇虎牢，与东都隋越王侗对瓦岗军形成合击之势。但裴仁基与监军萧怀静不和，"怀静又屡求仁基长短劾奏之"[3]，李密知其狼狈，使人劝降，仁基乃杀怀静，帅其众以虎牢降密。《资治通鉴》卷一百八十三，义宁元年四月条于此写道：

> 密以仁基为上柱国、河东公；仁基子行俨，骁勇善战，密亦以为上柱国、绛郡公。密得秦叔宝及东阿程咬金，皆用为骠骑。选军中尤骁勇者八千人，分隶四骠骑以自卫，号曰内军，常曰：

---

[1] 《资治通鉴》卷一百八十三，大业十二年十月条，第5817页。
[2] 《资治通鉴》卷一百八十三，义宁元年二月条，第5830~5831页。
[3] 《资治通鉴》卷一百八十三，义宁元年四月条，第5834页。

"此八千人足当百万。"咬金后更名知节。[1]

从这段文字可以看出，程知节与秦叔宝一样，在加入瓦岗军前，为隋将裴仁基帐下军官。而裴仁基所统之众，绝大部分是隋原荥阳通守张须陀的残部。而张须陀所统之众，又大多是其任职荥阳通守之前任职齐郡通守时的旧部。而这些旧部中，很多又是张须陀转战齐郡、济北、东平一带时招募的乡勇。因此，疑程知节与秦叔宝一样，先为张须陀帐下军官，后隶于裴仁基。而其隶属关系的变化，则与张须陀、裴仁基先后围剿瓦岗军有关。

张须陀乃隋之名将，隋末转战河南道东部（今山东中南部）诸郡，讨捕群盗，先后败王薄、裴长才、石子河、左孝友、解象、王良、郑大彪、李晼等，"威振东夏"[2]，以功迁齐郡通守，又讨平卢明月、吕明星、师仁泰、霍小汉等共计 10 余万众。大业十二年（616）下半年，张须陀乘胜南下东郡，开始与瓦岗军接战，每阵皆胜。就在此时，李密加入瓦岗军，为翟让画策，攻破金堤关，取荥阳郡诸县。隋炀帝以张须陀对瓦岗军作战，多打胜仗，乃徙张须陀为荥阳通守，领河南道十二郡黜陟讨捕大使。张须陀履新之后，立即组织人马大举讨击瓦岗军。翟让数为张须陀所败，打算引兵以避其锋。李密为翟让分析张须陀用兵优劣，建议以伏兵胜之，《资治通鉴》卷一百八十三，大业十二年十月条云：

庚戌，须陀引兵击让，让向数为须陀所败，闻其来，大惧，将避之。密曰："须陀勇而无谋，兵又骤胜，既骄且狠，可一战擒也。公但列陈以待，密保为公破之。"让不得已，勒兵将战，密分兵千余人伏于大海寺北林间。须陀素轻让，方陈而前，让与战，不利，须陀乘之，逐北十余里；密发伏掩之，须陀兵败。密与让及徐世勣、王伯当合军围之，须陀溃围出；左右不能尽出，须陀跃马复入救之，来往数四，遂战死。所部兵昼夜号哭，数日不止，河南郡县为之丧气。鹰扬郎将河东贾务本为须陀之副，亦被伤，帅余众五千余人奔梁郡，务本寻卒。诏以光禄大夫裴

[1]《资治通鉴》卷一百八十三，义宁元年四月条，第 5835 页。
[2]《隋书》卷七十一《张须陀传》，第 1647 页。

仁基为河南道讨捕大使，代领其众，徙镇虎牢。[1]

从程知节与秦叔宝一同归降瓦岗军后一直联袂作战，以及后来又同时为王世充所得，再后又相约同时背弃王世充而投唐来看，程、秦二人极有可能在裴仁基帐下听令以前就在一起；加之他们都属于隋河南道东部诸郡人氏（秦叔宝，名琼，籍贯齐州历城，即今山东济南市），特殊的地缘关系，也使他们早在齐郡（齐州）、济北、东平转战时就在一起成为可能。果如此，则程知节最先隶属于张须陀的可能性极大，因为秦叔宝就是张须陀在齐郡、济北、东平一带作战时的得力中层军官。《旧唐书·秦叔宝传》云："（叔保）以前后累勋授建节尉。从须陀进击李密于荥阳，军败，须陀死之，叔保以余众附裴仁基。会仁基以武牢降于李密，密得叔宝大喜，以为帐内骠骑。"[2]《新唐书·秦叔宝传》亦有同样的记载。

2. 归降王世充及投唐事迹

两《唐书·程知节传》记述程氏归附瓦岗军后，便是程氏跟随李密列阵北邙山，与隋东都守将王世充接战之事，接着又写李密战败，程氏归降王世充。兹录《旧唐书》本传所记于次：

> 及王世充出城决战，知节领内马军，与密同营在北邙山上，单雄信领外马军，营在偃师城北。世充来袭雄信营，密遣知节及裴行俨助之。行俨先驰赴敌，为流矢所中，坠于地。知节救之，杀数人，世充军披靡，乃抱行俨重骑而还。为世充骑所逐，刺槊洞过，知节回身捩折其槊，兼斩获追者，于是与行俨俱免。及密败，世充得之，接遇甚厚。[3]

《资治通鉴》卷一百八十六，武德元年（618）九月条亦有相同的记载，前文已经罗列。程知节归附瓦岗军在大业十三年（义宁元年）四月，距两《唐书·程知节传》及《资治通鉴》卷一百八十六所言李密为王世充所败，约有一年半时间。这段时间，正是瓦岗军在中原沉重打击隋王朝主力、发挥其历史作用的关键时期，而程知

---

[1] 《资治通鉴》卷一百八十三，大业十二年十月条，第5819页。

[2] 《旧唐书》卷六十八《秦叔宝传》，第2501页。

[3] 《旧唐书》卷六十八《程知节传》，第2503页。

节本人在这段时间里，跟随李密出生入死，所经大小战阵无虑数十场，因此，两《唐书·程知节传》之载太过简略。当然，这是由史书体例决定的，因为两《唐书》均为李密立传，且排在《程知节传》之前，《李密传》记述瓦岗军兴衰之事甚详，程知节为李密内军骠骑，乃贴身侍卫将领，李密参加的重大战事，毫无疑问程知节都参与了，两《唐书》用"互见"笔法写《程知节传》，自然不会太过详细。这里参照两《唐书·李密传》及《资治通鉴》卷一百八十三至一百八十六，将程知节在瓦岗军一年半时间的军事及政治大事略作勾勒。

大业十三（617）年二月，李密即魏公位，隋光禄大夫、河南道讨捕大使裴仁基率裴行俨、秦叔宝、程知节等以虎牢降密。瓦岗军势力益盛，与隋东都留守越王侗在洛阳外围反复激战。五月，隋太原留守李渊起兵南下。七月，隋炀帝增派江都通守王世充率江淮劲旅，驰援东都。王世充颇善用兵，加之所率之众"皆江、淮剽勇，出入如飞"[1]，与瓦岗军在洛阳外围大摆战场，虽负多胜少，但还是顽强地遏制住了瓦岗军强劲的势头。十一月，李渊攻入长安，立隋代王侑为傀儡皇帝，改元义宁。大业十四年（亦即义宁二年、唐武德元年）三月，隋将宇文化及在江都弑杀了隋炀帝，李渊乃在长安逼隋恭帝禅位，自己登上皇位，建国号唐，年号武德。越王侗在洛阳被以王世充为首的留守官奉即帝位，改元皇泰，史称皇泰主。宇文化及弑君后，立秦王浩为傀儡皇帝，率炀帝十余万从驾骁果北上，扬言要杀回长安。这个时候，瓦岗军陷入了隋东都与宇文化及两大军事集团的夹击之中，战略态势极为不利。恰巧这时，东都皇泰主政权希望招降李密，李密于是上表乞降，自请讨灭宇文化及以赎罪。皇泰主拜密为太尉、尚书令、东南道大行台元帅、魏国公，令先平化及，再入朝辅政。七月，李密解东都之围，驰援在黎阳与宇文化及鏖战的徐世勣，经过数场恶战，终于击溃宇文化及，但李密也在战斗中身负重伤。宇文化及战败，北走魏县，自立为帝，建国号许，

---

[1]　《资治通鉴》卷一百八十六，武德元年九月条，第5922页。

旋被窦建德擒杀。李密打败宇文化及后，要入朝当太尉，却被把持东都政权的王世充所不容，九月，双方在洛阳外围再开战端。这时的瓦岗军，经过与宇文化及决战，"劲卒良马多死，士卒疲病"[1]，战斗力已大为削弱，但偏偏李密新胜宇文化及，有"轻世充之心，不设壁垒"[2]，结果连战败绩，其下骁将裴仁基、裴行俨、秦叔宝、程知节、单雄信等皆为王世充所俘。李密走投无路，乃与王伯当等残部西入长安降唐。

关于程知节归降王世充，继而弃王投唐之事，两《唐书》之《程知节传》《秦叔宝传》皆有载，内容相当，而繁简有异，然均不载具体时间，《资治通鉴》卷一百八十七亦有载，记于武德二年（619）闰正月条，云：

> 己未，世充寇穀州。世充以秦叔宝为龙骧大将军，程知节为将军，待之皆厚。然二人疾世充多诈，知节谓叔宝曰："王公器度浅狭而多妄语，好为咒誓，此乃老巫妪耳，岂拨乱之主乎！"世充与唐兵战于九曲，叔宝、知节皆将兵在陈，与其徒数十骑，西驰百许步，下马拜世充曰："仆荷公殊礼，深思报效；公性猜忌，喜信谗言，非仆托身之所，今不能仰事，请从此辞。"遂跃马来降。世充不敢逼。上使事秦王世民，世民素闻其名，厚礼之，以叔宝为马军总管，知节为左三统军。[3]

《志文》言程知节投唐的时间在武德元年，乃概言之词，当以《资治通鉴》所载武德二年闰正月为是。《志文》载程知节降唐，得到的第一个授官是"上大将军"，然后才授秦王府左三统军，而两《唐书》本传及《资治通鉴》均失载授"上大将军"事，《志文》于此可补史料之阙。《旧唐书》卷四十二《职官志》云："高祖发迹太原，官名称位，皆依隋旧。及登极之初，未遑改作，随时署置，务从省便。"[4]又云武德七年（624），初步颁定本朝官制。因此，言唐立国至武德七年官职品阶，须以隋代官制为主。上大将军，隋制，对大将军加"上"

[1]　《资治通鉴》卷一百八十六，武德元年九月条，第5920页。
[2]　《资治通鉴》卷一百八十六，武德元年九月条，第5922页。
[3]　《资治通鉴》卷一百八十七，武德二年闰正月条，第5956页。
[4]　《旧唐书》卷四十二《职官志》，第1783页。

以崇之，品同大将军，乃一品散官。隋代所置散官，不为世所重，职事官六七品获一二品散官很常见，因此，《大唐六典》卷二评价隋代散官之置，说它仅仅是"以酬勤劳"[1] 罢了。

四、参加唐统一战争暨协助秦王发动玄武门事变

1. 参加唐统一战争的基本情况

《志文》记述唐王朝授予程知节实职时云："时惟多难，戎衣未褪。太宗之在秦邸，专征是任。以公骁杰，引居莫府，授左三统军。"统军乃唐初改骠骑将军（亦即鹰扬郎将）而置，后改为折冲都尉，品阶自正五品下至正四品上不等。《志文》对程知节这一职务的记载与两《唐书·程知节传》、《资治通鉴》卷一百八十七，武德二年闰正月条相同。

武德元年底，秦王李世民在陇右消灭薛举、薛仁杲父子封建军事集团后，被朝廷任命为"陕东道行台尚书令"而"镇长春宫（今陕西大荔县朝邑镇）"[2]，节度关东兵马，准备大举讨伐东都皇泰主政权，时武德元年十二月。因此，程知节投唐时，唐在关东的最高军政长官即是秦王李世民，故而，朝廷安排程知节到秦王幕府是必然的选择。

李渊晋阳起兵时，长子李建成和次子李世民分领左右军。李渊建国后，立李建成为太子，太子为国家根本，故而李建成不再作为元帅出现在战场上，而统率唐王朝主力进行统一战争的使命被历史地赋予了秦王李世民。李世民在武德元年底力挫对唐王朝威胁最大的薛举父子封建军事集团，同时更加巩固了他在唐王朝作为前线最高军事统帅的地位。武德元年（618）十二月李世民出任陕东道行台尚书令，标志着唐王朝从此开始积极主动地发动统一战争。

众所周知，在唐王朝进行的统一战争中，秦王李世民先后在黄河流域组织过四次大的战役，即武德元年底组织的消灭薛举、薛仁杲父子封建军事集团的陇右战役，武德二年底至三年上半年组织的抵御刘武周、宋金刚封建军事集团的晋西南战役，武德三年下半年至四年上半年组织的消灭王世充伪郑政权（武德二年四月，王世充废皇泰主，自立为帝，建国号郑）和窦建德伪夏政权的战役，武德四

---

[1]（唐）李隆基撰，（唐）李林甫注：《大唐六典》卷二，三秦出版社，1991年，第27页。
[2]《旧唐书》卷二《太宗本纪》，第24页。

年下半年至五年上半年组织的击溃窦建德故将刘黑闼起兵的洺水战役。就在李世民在黄河流域成功组织四大战役的同时，唐宗室李孝恭在名将李靖的协助下，在长江流域又成功地组织了江陵战役和江淮战役，消灭了萧铣建立的伪梁政权，逼降了杜伏威、辅公祏领导的江淮起义军集团。唐王朝取得这六大战役的胜利，标志着唐的统一战争基本结束。

程知节投唐时，秦王李世民已经在陇右消灭了薛举、薛仁杲父子封建军事集团，他跟随秦王扫荡群雄，只参加了秦王组织的后三大战役。《志文》写程知节参加秦王组织的后三大战役，着墨不多，只概言其贾勇推锋，搴旗斩将的勇悍，云："燕跃鹗飞，累陪攻战。修戈驻日，长剑倚天。或减灶以申谋，乍拘原而胜敌。扫清群丑，繄公是赖。爰以懋功，载加隆赏，封宿国公，食邑三千户。"初唐碑版，以骈文为之，尤重文辞，程知节墓志，行文又过简约，这里所言，连讨伐对象都没有明确交代，不如两《唐书·程知节传》详细。《旧唐书》本传概述传主这一段传奇经历云："破宋金刚，擒窦建德，降王世充，并领左一马军总管，每阵先登，以功封宿国公。"[1]

《新唐书》本传亦云："从破宋金刚、窦建德、王世充，并领左一马军总管，搴旗先登者不一，以功封宿国公。"[2]所谓"并领左一马军总管"，是言程知节以正式职官"王府左三统军"在战场上兼领临时军职"左一马军总管"。关于程知节在与宋金刚等作战时于战场上的具体表现，《资治通鉴》从不同侧面有一些记载，此不赘述。至唐的统一战争结束时，程知节已因军功得到国公爵位，达到从一品，亦足以说明他在战争中所立的功勋非比寻常。这里要说明的是，按照常理，爵位至国公者，如果是职业军人，其实职应当达到大将军（正三品），最保守也应当达到将军（从三品）；如果出任政府行政官员的话，亦应达到省、部正职或副职，最保守也应达到地方州府都督、刺史。但程知节与当时秦王帐下许多有国公爵位的将领一样，实职并未得到大的升迁。其原因主要是秦王不愿意让这些将领去中央禁军担任大将军、将军或地方州府都督、刺史职务，而是牢牢把他们掌控在秦王府，作为秦府私党积极培植，为其以后夺嫡积蓄力量。当然，秦王的用意朝野上下洞若观火，这也为日后朝廷为取得对这些将领的领导权与

---

[1] 《旧唐书》卷六十八《程知节传》，第 2503 ～ 2504 页。
[2] 《新唐书》卷九十《程知节传》，第 3773 页。

秦王府明争暗斗埋下了伏笔。

2. 拒赴康州任职及协助秦王发动玄武门事变

《志文》接着写唐的统一战争结束后，朝廷授程知节康州刺史及程知节奉秦王教留住秦王府事，云："寻拜使持节康州诸军事、康州刺史。剖符千里，书社万家。恩重建侯，荣深作牧。寻奉教留住，除右二府护军。"《志文》是以赞美的笔调写程知节荣获康州刺史之位的。当然，作为封建官僚，能够出典州郡，历来都被认为是极大的荣耀，《志文》作者沿袭成说，并无不妥。但对于处在武德中后期这个特殊历史时段的秦王李世民和程知节来说，朝廷这样的任命，无疑是中央压制秦王府、翦除秦王羽翼的具体举措，但《志文》作者不愿过多涉及唐中央宫廷斗争黑幕，权且文过饰非，仅以套词述之罢了。

由于史书的写作要求是"不隐恶，不虚美"，所以两《唐书·程知节传》及《资治通鉴》等史料都直书了朝廷这次授程知节康州刺史的内幕，指出这是唐中央宫廷斗争的结果。《旧唐书·程知节传》云："武德七年，建成忌之，构之于高祖，除康州刺史。知节白太宗曰：'大王手臂今并剪除，身必不久，知节以死不去，愿速自全。'"[1]《新唐书·程知节传》亦有同样的记载。其实武德后期，秦王李世民夺嫡之心昭然若揭，建成视秦王为肘腋之患，《资治通鉴》卷一百九十一，武德九年（626）六月条以追述的笔法，记述建成不唯只想调离秦王府的程知节，类似的办法对秦王府的尉迟敬德、段志玄、房玄龄、杜如晦等人都用过。

两《唐书·程知节传》及《资治通鉴》没有交代程知节不愿赴任康州和秦王采取了哪些措施，都直接接着写程知节协助秦王发动玄武门事变事，《志文》于此交代得更为明确，即所谓"奉教留住，除右二府护军"。唐代亲王的告谕称"教"。武德初年，由于统一战争形势的需要，秦王李世民和齐王元吉统率军队扫荡群雄，特别是秦王李世民，一直作为前线最高军事统帅出现在战争舞台上，同时其又身兼陕东道（大）行台（武德元年十二月为行台，武德四年十月升为大行台）尚书令，可以说在关东形成了一个以洛阳为据点的小朝廷（武德四年十月，陕东道大

[1]《旧唐书》卷六十八《程知节传》，第2504页。

行台移治洛州）。后来李世民又被册封为天策上将，位在王公上，上将府比拟朝廷，设置了一系列军事机构，使得政局逐渐形成了亲王"教"与皇帝"诏敕"并行的特殊体制，官员们对于敕与教的执行，往往是看先接到哪个，这为唐代前期中央政局的不稳埋下了隐患。对程知节康州刺史的任命，诏敕在前，然秦王居然可以以教的形式，废除诏敕的效力，任命程知节为右二府护军，高祖也只好听之任之，可见秦王的威势足可与中央分庭抗礼。王府护军，乃比照中央十六卫郎将而设，品阶为正五品上。

《志文》和《资治通鉴》没有明确记载朝廷授程知节康州刺史的具体时间，两《唐书·程知节传》记为武德七年，而《程知节碑》却记为武德"四年"[1]，未知孰是。似以武德七年的可能性较大。

关于武德九年（626）六月四日程知节随秦王李世民入玄武门发动宫廷政变事，《志文》记述云："九年夏末，二凶作乱，太宗受诏，宣罚禁中。公任切爪牙，效勤心膂。事宁之后，颁平大赉，赏绢六千匹、骏马二匹并金装鞍辔，及金胡瓶、金刀、金碗等物，加上柱国，授东宫左卫率，寻拜右武卫大将军。"程知节是协助秦王发动玄武门事变的骨干分子，其积极参与玄武门事变事，两《唐书》之《程知节传》、《旧唐书》之《太宗本纪》《长孙无忌传》等史料均有明确记载。程知节碑亦云："（上缺）阶乱，构孽深于弄兵；扞邸萌灾，作衅期乎焚廪。不悛厥咎，俄煽凶图。九年六月四日，纵兵宫宸，太宗亲奉（下缺）／（上缺）计，其月，授右卫率，寻转右武卫大将军。"[2]李世民发动玄武门事变后，很快就被立为太子，但具体时间，诸史记载微有出入，《旧唐书》卷二《太宗本纪》记为六月甲子，即六月八日，而《资治通鉴》卷一百九十一，武德九年六月条及《新唐书》卷一《高祖本纪》均记为六月癸亥，即六月七日，现在史学界一般倾向于六月癸亥说。李世民为太子，完全掌握了大唐王朝的国家机器，高祖实质上已有名无实。《资治通鉴》卷一百九十一载，高祖立秦王为太子，下诏云："自今军国庶

[1] 《昭陵碑石·程知节碑》，第159页。
[2] 《昭陵碑石·程知节碑》，第159～160页。

事，无大小悉委太子处决，然后闻奏。"[1]《旧唐书》卷一《高祖本纪》也说秦王为太子，"继统万机"[2]，《旧唐书》卷二《太宗本纪》说李世民为太子，"庶政皆断决"[3]。因此，唐王朝在玄武门事变后对秦府旧僚的奖赏与拔擢，完全可以看成是李世民的志愿。李世民为太子后，原秦王府的旧僚差不多都摇身一变，成为太子东宫僚属，有些武将甚至直接进入中央禁军中枢，掌控京师部队。《志文》载，李世民为太子后，加程知节上柱国，此为正二品勋官，为勋官中品阶最高者。而两《唐书·程知节传》及《程知节碑》失载程知节加勋上柱国事。《志文》又云除程知节职事官为"太子左卫率"，太子左右卫率乃太子东宫武官序列里最显赫的职务，各设一人，品阶达到正四品上。不过两《唐书·程知节传》、《程知节碑》皆载授程知节太子右卫率，《资治通鉴》卷一百九十一，武德九年六月条亦云："戊辰，以……尉迟敬德为左卫率，程知节为右卫率。"[4]《志文》于此似有误。《志文》又云"寻为右武卫大将军"，品阶达到了正三品，此与诸史记载吻合，唯不记具体时间，《资治通鉴》卷一百九十一，武德九年七月条将此次任命记在己丑日，云："以秦府护军秦叔宝为左卫大将军，又以程知节为右武卫大将军，尉迟敬德为右武候大将军。"[5]唐王朝对秦叔宝、程知节、尉迟敬德这一任命，实际表明了东宫军官不管从实际上还是名义上都已完全掌握了中央禁军，是太子李世民准备登基的一个明确信号。果不其然，在接着的一个月内，东宫文武官员被很快充实到朝廷的各个军政要害衙门，如七月壬辰，以高士廉为侍中、房玄龄为中书令、长孙无忌为吏部尚书、杜如晦为兵部尚书；七月癸巳，以宇文士及为中书令、侯君集为左卫将军、段志玄为骁卫将军，张公谨为右武候将军。至此，太子李世民已为他做皇帝配备好了军政官员，故而八月癸亥，高祖即"制传位于太子"，"甲子，太宗即皇帝位于东宫显德殿"[6]。

[1]《资治通鉴》卷一百九十一，武德九年六月条，第 6124 页。
[2]《旧唐书》卷一《高祖本纪》，第 17 页。
[3]《旧唐书》卷二《太宗本纪》，第 29 页。
[4]《资治通鉴》卷一百九十一，武德九年六月条，第 6125 页。
[5]《资治通鉴》卷一百九十一，武德九年七月条，第 6128 页。
[6]《资治通鉴》卷一百九十一，武德九年八月条，第 6130 页。

五、太宗朝政治、军事生涯

1. 贞观初出任泸州都督

武德九年（626）八月甲子，李世民即皇帝位，是为太宗，来年改元贞观。《志文》铺叙程知节贞观朝第一次职务调整，云："俄以锦山之曲，绵水之滨，川分望帝之乡，地皆廪君之穴，眷言连率，允属朝贤。贞观初，授使持节都督泸戎荣三州诸军事、泸州刺史。"两《唐书·程知节传》俱载程氏"贞观中，历泸州都督"[1]，与《志文》所言"使持节都督泸戎荣三州诸军事、泸州刺史"并不矛盾。实质上，"泸州都督"的全称就是"使持节都督泸戎荣三州诸军事、泸州刺史"。唐武德四年改总管府为都督府，贞观中细化为上、中、下都督府，都督例加使持节所辖数州诸军事名号，其中首州名号即是都督府名号。名义上，都督为武官，都督数州军务，但此时中央已将兵权收回，都督军权微乎其微，然仍配有属僚，负责一定的监督汇报任务。为了不使都督太过无权，朝廷同时又任命都督为治州（都督府所在州）刺史，行该州民政之权。唐代泸州隶于剑南道，与泸川郡互置，治在泸川县，即今四川泸州市。《旧唐书》卷四十一《地理志·泸州》、《新唐书》卷四十二《地理志·泸州》均载泸州为"下都督府"[2]，并言久视元年（700）时，泸州都督府凡督十州。从《志文》所言程知节"都督泸戎荣三州诸军事"来看，贞观初，泸州都督府仅督三州。《志文》及两《唐书·程知节传》均未载程氏督泸具体时间，《程知节碑》云："贞观元年，授使持节泸□□三州诸军。"[3]虽有泐文，但也能说明程氏此次职务调整在贞观元年（627）。

程知节以正三品右武卫大将军职出京为从三品下都督府都督，似有贬谪之嫌。这可能是贞观初，唐太宗求文治，重用长孙无忌、房玄龄、杜如晦诸文臣宰相，避免出身秦王府的高级将领掣肘宰相而让他们出牧州郡的举措。类似程知节的情形，尉迟敬德也遇到过，

---

[1] 《旧唐书》卷六十八《程知节传》，第 2504 页；《新唐书》卷九十《程知节传》，第 3773 页。

[2] 《旧唐书》卷四十一《地理志·泸州》，第 1685 页；《新唐书》卷四十二《地理志·泸州》，第 1092 页。

[3] 《昭陵碑石·程知节碑》，第 160 页。

而诸史对尉迟敬德出典州郡的原因有明确记载，《旧唐书》卷六十八《尉迟敬德传》云："敬德好讦直，负其功，每见无忌、玄龄、如晦等短长，必面折庭辩，由是与执政不平。（贞观）三年，出为襄州都督。"[1] 或许程知节出牧泸州，与朝廷难以驾驭无关，而是当时治理地方的需要。贞观初年，剑南道、山南道、黔中道、岭南道诸州府虽然已为朝廷行政所掌控，但由于地理原因，这些州府蛮獠杂处，民族矛盾比较突出，化理尤难，诸少数民族依山固险，对抗官府的中小规模暴乱此伏彼起。唐太宗为震慑西南少数民族，为黔中道、剑南道、山南道诸州府安排名将为长官，便于就地统兵作战，亦在情理之中。类似程知节的例子为数不少，如初唐名将张士贵、梁建方、高甑生等，都曾先后到剑南道州府任职。

应当说，程知节出镇泸州的缘由应以上面所述后一种情形的可能性较大，因为《志文》叙述程知节在泸州任上之时，就曾统兵对西南地区少数民族暴乱进行过一次镇压，其文云："寻为铁山獠（唐时对西南少数民族的诬称）叛，诏公为行军总管而讨平

之。"此事两《唐书·程知节传》无载。从授程知节行军总管来看，此次军事行动的规模不会太小，动用几个甚或更多折冲府（上府 1200 人，中府 1000 人，下府 800 人）的可能性是存在的。《程知节碑》于记述此事处泐文颇多，然有"扬麾电逝，杖钺风驱。乘九折而掎／其前，沿二江而制其后"[2] 语。《志文》没有交代程知节此次对"獠人"用兵的时间，《程知节碑》虽然也没有交代具体时间，但却把此事记在贞观七年（633）程知节回朝担任左领军大将军之前。因疑此事发生在贞观六至七年。据诸史记载，贞观六至八年，西南"獠人"有一次较大规模的反叛行动，朝廷先后任命地方州府长官和中央禁军将领统兵进行镇压，时间持续三年之久，兹罗列几处记载：

《新唐书》卷二《太宗本纪》贞观七年条："八月辛未，东西洞獠寇边，右屯卫大将军张士贵为龚州道行军总管以讨之。"[3] 又八年条："正月辛丑，张士贵及獠战，败之。"[4] 此事《新唐书》卷九十二《张士贵传》、昭陵博物馆藏《张士贵墓志》、《资治通鉴》卷一百九十四，贞观七年八月条

---

[1] 《旧唐书》卷六十八《尉迟敬德传》，第 2499 页。
[2] 《昭陵碑石·程知节碑》，第 160 页。
[3] 《新唐书》卷二《太宗本纪》，第 34 页。
[4] 《新唐书》卷二《太宗本纪》，第 34 页。

均有载。

《资治通鉴》卷一百九十四，贞观六年正月条："癸酉，静州獠反，将军李子和讨平之。"[1]

因为不能排除西南"獠人"在贞观六年（632）以前有过小规模的叛乱行为，因此也不排除程知节在贞观六年以前就曾担任行军总管对"獠人"有过军事行动。

2. 子尚公主及回京任职

《志文》接着叙述太宗"延赏之惠，追范前烈"，封程知节第二子程处亮驸马都尉，降以清河公主事。此事诸史多有记载，然对程知节第二子名字的记载却有不同。两《唐书·程知节传》、《程知节碑》皆载为程处亮，而《新唐书》卷八十三《诸帝公主·清河公主传》却云"下嫁程怀亮"[2]，《唐会要》卷二十一《陪陵名位·昭陵陪葬名氏》又有"清河公主、驸马程知亮"[3]之载。《清河公主碑》现藏昭陵博物馆，惜所载公主降嫔事处已泐驸马名讳。从《旧唐书·程知节传》载程知节长子名处默、三子名处弼来分析，似当以处亮为是。据《新唐书》卷八十三《诸帝公主·清河公主传》、李俨制文《清

河公主碑》载，清河公主为太宗庶出，行十一，讳敬，字德贤，贞观二年，诏封清河郡公主，高宗即位，援朝例加封清河郡长公主，麟德初薨，陪葬昭陵。上述诸史料皆未详载公主出降时间，《志文》记在朝廷授程知节"左领军大将军"及"权检校原州都督"之前，而《程知节碑》却记在朝廷授程知节此二职之间，又载贞观七年，授程知节左领军大将军，贞观八年（634），授程知节检校原州都督。如此，则程处亮尚主，当在贞观七年至八年。

《志文》载授程知节"权检校原州都督"事，两《唐书·程知节传》失载，其与《程知节碑》可互证。原州都督府治州原州，唐时与平凉郡互置，贞元十九年（803）前，治在高平县(今宁夏固原县)。所谓"权检校"，谓代理、摄守，有时直接书为"检校"，乃代理职守，而非正名之官。贞观五年(631)，改原州都督府为中都督府，"管原、庆、会、银、亭、达、要等七州，十年，省亭、达、要三州，唯督四州"[4]，由于中、大都督府都督职务太显，故朝廷常以亲王或重臣检校领之，不轻易实授。

---

[1]《资治通鉴》卷一百九十四，贞观六年正月条，第6205页。

[2]《新唐书》卷八十三《诸帝公主·清河公主传》，第3647页。

[3]（宋）王溥：《唐会要》卷二十一《陪陵名位·昭陵陪葬名氏》，中华书局，1955年，第412页。

[4]《旧唐书》卷三十八《地理志·原州》，第1407页。

3. 以功臣受封世袭普州刺史

《志文》接着写贞观十一年（637）授程知节普州刺史，改封卢国公，仍令子孙代代承袭事。此番所授代袭刺史，不唯程知节一人，高祖、太宗子孙荆州都督荆王元景等二十一人，贞观朝功高位显者司空长孙无忌、尚书左仆射房玄龄等一十四人尽在其列，号为"封建功臣"，乃贞观朝一件大事，故《志文》亦用较多笔墨来渲染。

唐太宗善于吸收古代帝王治世成败之由，以为殷鉴，但囿于其封建帝王的局限，对待有些问题，也易被历史表象所迷惑，得出的结论南辕北辙，贞观朝"封建功臣"即是其一。唐太宗认为："周封子弟，八百余年，秦罢诸侯，二世而灭，吕后欲危刘氏，终赖宗室而安。"从而认为："封建亲贤，当是子孙长久之道。"[1]虽然这些都是真实的历史现象，但他却没有看到，周封诸侯，遂有春秋争霸，战国争雄，王室式微，竟先亡于诸侯之哀；汉室崇封宗亲，乃有尾大不掉、七国西向问阙之祸；秦之子弟，尽管无尺寸之封，然秦之速亡，实由始皇、二世横征暴敛，不修仁政，纵然子弟封地千里，书社万家，岂能救秦于既倒？应当说，唐太宗这种片面认识伴随其终生，他在晚年为太子李治所写的《帝范》，在《建亲篇》里，还对他的片面认识"封建亲戚，以为藩卫"[2]津津乐道。基于这种片面认识，早在贞观五年（631），唐太宗就打算效仿周汉，给宗亲功臣以实际封地，因此下令群臣上书讨论封建事宜。魏徵、李百药、颜师古等分别上书，各抒己见，《资治通鉴》卷一百九十三，贞观五年十月条云：

> 初，上令群臣议封建，魏徵议以为："若封建诸侯，则卿大夫咸资俸禄，必致厚敛。又，京畿赋税不多，所资畿外，若尽以封国邑，经费顿阙。又，燕、秦、赵、代俱带外夷，若有警急，追兵内地，难以奔赴。"礼部侍郎李百药以为："运祚修短，定命自天，尧、舜大圣，守之而不能固；汉、魏微贱，拒之而不能却。今使勋戚子孙皆有民有社，易世之后，将骄淫自恣，攻战相残，害民尤深，不若守令之迭居也。"中书侍郎颜师古以为："不若分王诸子，勿令过大，间以州县，杂错而居，互相维持，使各守其境，协力同心，足扶京室；为置官寮，皆省司选用，法令之外，不得擅作威刑，朝贡礼

[1] （唐）吴兢：《贞观政要》卷三《封建第八》，上海古籍出版社，1978年，第99页。
[2] 吴芸、冀宇编辑校注：《唐太宗集·论文编》，陕西人民出版社，1986年，第210页。

仪，具为条式。一定此制，万世无虞。"[1]

很明显，魏徵、李百药对给宗室功臣以实际封地式的封建持反对态度，而颜师古则提出了一个较为温和的带有折中色彩的封建方案，这一主张被太宗采纳，因而制定出了宗室诸王领都督、刺史的具体措施。实际上，诸王并未得到实际封地，所领都督、刺史等同于一般地方官，当然无权自置僚属，更无权自建军队。当年十一月丙寅，太宗下诏："皇家宗室及勋贤之臣，宜令作镇藩部，贻厥子孙，非有大故，毋或黜免，所司明为条例，定等级以闻。"[2]事实上，太宗的这纸诏令，在宰臣们或明或暗的抵触下，差不多流于形式，一些年龄稍大的宗室诸王，出任了地方州府长官，而年龄太小的宗室诸王，本无行政能力，仅仅挂了都督、刺史的虚衔，名为"遥领"，把遥领州府原长官降为长史，但一切事务仍由长史负责。如唐高宗李治，贞观五年（631）封晋王，七年，"遥授并州都督"[3]，降原并州大都督府都督李勣为长史，而并州大都督府一切军政事宜仍由李勣负责。

太宗也看到，他的封建功臣主张不为朝臣拥护，但随着时间的推移，太宗广封宗亲勋臣的思想反而愈加强烈。贞观十一年，太宗又将此事提上议事日程，还假以天威，态度坚决，下诏封荆王元景等子弟二十一人，功臣长孙无忌等十四人，并为世袭刺史。授程知节代袭普州刺史就是这一政治背景的产物。但是，同贞观五年初议封建一样，太宗的这次封建同样遭到一些元老重臣的抵制，部分世袭刺史并未离开中央，例如长孙无忌、房玄龄、侯君集等。由于长孙无忌、房玄龄、侯君集等人是宰相，所授刺史只能遥领，他们一方面不和太宗商议新宰相人选，一方面又不去地方任职，一直拖到贞观十三年（639）。左庶子于志宁认为太宗效仿周汉封建，"古今事殊，恐非久安之道"[4]，因上书争之。中书舍人马周亦上书，备陈历代封建之祸，建议"宜赋以茅土，畴其户邑，必有材行，随

[1]《资治通鉴》卷一百九十三，贞观五年十月条，第6201页。
[2]《资治通鉴》卷一百九十三，贞观五年十一月条，第6201页。
[3]《旧唐书》卷四《高宗本纪》，第65页。
[4]《资治通鉴》卷一百九十五，贞观十三年二月条，第6258页。

器授官”[1]。太宗虽然称善，但无罢世袭刺史之意，反而敦促世袭刺史尽快就藩。会长孙无忌上表固辞世袭刺史，言：“臣披荆棘事陛下，今海内宁一，奈何弃之外州，与迁徙何异！”[2]还托儿媳长乐公主（太宗嫡出，尚长孙无忌子长孙冲）固请太宗。太宗见自己极力推行数年的封建功臣政策为群情不允，乃卜诏停世袭刺史，他不无悲哀地对功臣们表白心意：“割地以封功臣，古今通义，意欲公之后嗣，辅朕子孙，共传永久；而公等乃复发言怨望，朕岂强公等以茅土邪！”[3]

当然，对于长孙无忌、房玄龄等宰相来说，不愿屈居地方州牧，自在情理之中，而对于程知节这样不在三省六部做长官的功臣来说，能为世袭刺史，未尝不是梦寐以求之事。事实上，与程知节一同受封的尉迟敬德、段志玄等人，当时也都之藩就国。不过，由于太宗不久停封世袭刺史，他们的子孙想以门荫获刺史之职，恐怕还需要在宦海多所历练。程知节所得普州，唐时与安岳郡互置，治所在安岳县（今四川安岳县）。由于贞观十一年封建功臣为世袭刺史，有类姬周包茅裂土，建国树旗；炎汉丹书铁契，誓以河山。故《志文》美之以“周开茅土，汉誓河山，峻业嘉庸，方锡其美”。

据《程知节碑》，在贞观十一年朝廷授程知节世袭普州刺史之前，还曾授程知节“检校蒋王府长史”[4]一职，《志文》及两《唐书·程知节传》失载此授。蒋王，名恽，太宗庶出，行七，贞观五年封郯王，八年授洺州刺史，十年改封蒋王，授安州都督，高宗时，历梁、遂、相数州都督。上元中，有人诬以谋反，惶惧自杀，陪葬昭陵，两《唐书》有传。

4. 停封世袭刺史后的几次转任

《志文》云，程知节在任世袭普州刺史之后，又被授为“使持节都督幽、易、檀、平、燕、妫六州诸军事、幽州刺史”，即为幽州都督。《旧唐书》卷三十九《地理志·幽州大都督府》云贞观八年（634）时，幽州大都督府“都督幽、易、燕北、燕、平、檀六州”[5]，其中燕北州

[1]　《资治通鉴》卷一百九十五，贞观十三年二月条，第 6258 页。
[2]　《资治通鉴》卷一百九十五，贞观十三年二月条，第 6259 页。
[3]　《资治通鉴》卷一百九十五，贞观十三年二月条，第 6259 页。
[4]　《昭陵碑石·程知节碑》，第 160 页。
[5]　《旧唐书》卷三十九《地理志·幽州大都督府》，第 1515 页。

即于贞观八年改为妫州，因此《志文》所言妫州无误。程知节督幽事，两《唐书·程知节传》失载。《程知节碑》于言程知节督幽事处已泐，然泐文后有"累牧大藩，咸流善绩。惠覃邛岭，化逸五牛之路；威憺榆溪，声振六骡之俗"[1]语，四六骈上句即谓程知节任普州刺史，下句即谓程知节出任北方边州长官，参照《志文》，当指督幽无疑。

程知节督幽具体时间，《志文》失载，其后又云"明年，追授左屯卫大将军，于北门检校屯兵"，此"明年"，非前文所言"贞观十一年"之明年，而是授幽州都督之明年。《程知节碑》云："十七年，授左屯卫大将军，检校北门屯营。"[2] 依此，则程知节督幽当在贞观十六年（642）。

程知节贞观十七年（643）任左屯卫大将军，同时检校北门屯营兵马，成为中央禁军炙手可热的实权人物，所以《志文》以"惟彼北营，羽林之骑，选兼七萃，任重八屯"而美程知节获此二职。据《志文》，程知节担任上述二职一直到贞观二十三年（649）太宗驾崩。值得一提的是，贞观十九年（645）至二十年（646），太宗亲执武节，远征辽东，当时在建唐战争中涌现出来的很多名将，如李勣、尉迟敬德、张士贵、李道宗、张亮等都跟随前往，但程知节作为中央禁军主要将领，却没有统兵护驾，而是坐镇长安，居中留守。这似乎反映出从贞观后期开始，程知节在太宗心目中的地位有了大的提升，太宗已把他作为战略级人物看待。毫无疑问，天子远征，京师乃天下根本，镇守京师者一定是天子最信赖的忠臣。《程知节碑》对程知节这次留镇帝都的评价很有道理，云："憬□辰韩，虐以／（上缺）兹居守。有诏委公，专尸警卫。留台之寄，事虽属于监抚；扞城之重，□实□于□邵。"[3]最后一句，虽泐文较多，难知全意，但能感觉到此句是谓程知节守卫京师，其功有超于那些在前线贾勇摧锋的将领。

"□邵"一语，似用春秋齐侯伐晋军于郫邵之典。郫邵，春秋晋地，在今河南济源县西。《左传·襄公二十三年》："齐侯遂伐晋，取朝歌。

---

[1]　《昭陵碑石·程知节碑》，第 160 页。
[2]　《昭陵碑石·程知节碑》，第 160 页。
[3]　《昭陵碑石·程知节碑》，第 160 页。

为二队，入孟门（今河南辉县西），登大行（即太行陉，在今河南沁阳县西北）。张武军于荧庭（今山西翼城东南），戍郫邵，封少水（即沁水。在少水堆积晋军尸体以作京观，炫耀武力），以报平阴之役，乃还。"[1]《志文》以齐将喻跟随太宗征辽诸将。

《志文》记述程知节贞观朝最后加官在贞观二十三年，云："廿三年，自翠微宫奉敕统飞骑从今上先还，即于左延明门宿卫，经乎百日，俄加镇军大将军。"此言实讲太宗崩于翠微宫，程知节扈从高宗回朝事。翠微宫，在终南山，武德八年（625）肇建，原名太和宫，贞观十年（636）废，二十一年（647）重建，改名翠微宫，"正门北开，谓之云霞门，视朝殿名翠微殿，寝名含风殿"[2]。贞观二十三年四月己亥，太宗幸翠微宫，五月己巳，太宗"崩于含风殿"[3]。太宗崩后，长孙无忌等与太子李治商议，秘不发丧，"庚午，无忌等请太子先还，飞骑、劲兵及旧将皆从。辛未，太子入京城；大行御马舆，侍卫如平

日，继太子而至，顿于两仪殿"[4]。《志文》所言程知节"自翠微宫奉敕统飞骑从今上先还"，即谓五月庚午事。《志文》言加程知节"镇军大将军"时间在高宗即位后，但还未改元永徽前，即太宗崩，程知节守左延明门"经乎百日"后。而《程知节碑》却云"（贞观）二十二年，加镇军大将军"[5]，未知孰是。《旧唐书·程知节传》仅言贞观后期，对程知节有斯一授，而《新唐书·程知节传》未载此授。镇军大将军，唐制为从二品武散官。

六、高宗朝军事、政治生涯及薨亡事

1. 永徽中在军界地位的提升

唐高宗于贞观二十三年（649）五月壬申即皇帝位，来年改元永徽。《志文》云："永徽中，转拜左卫大将军兼检校屯营兵马。"左卫大将军，于中央禁军最为显赫，又兼管北门屯营，因此，仅从官职上来讲，此时已达到了其军事生涯的顶峰。《志文》于此未记程知节此番

---

[1]《四书五经·左传·襄公二十三年》，第 998 页。
[2]《唐会要》卷三十《太和宫》，第 551 页。
[3]《旧唐书》卷三《太宗本纪》，第 62 页。
[4]《资治通鉴》卷一百九十九，贞观二十三年五月条，第 6380 页。
[5]《昭陵碑石·程知节碑》，第 160 页。

转任具体时间，《旧唐书·程知节传》《程知节碑》均将此授记于永徽六年（655），而《新唐书·程知节传》未记此授。《志文》褒美程知节以大将军检校北门屯营云："公兴斯中垒，绵涉九载，宠眄攸深，荣寄愈重。"前汉有中垒校尉，掌管北门垒门之内，皆帝王股肱爪牙所任，最见倚重。若按《程知节碑》，自贞观十七年程知节以左屯卫大将军"于北门检校屯兵"，至永徽六年以左卫大将军"兼检校屯营兵马"，屈指算来，应有十二年之久，而《志文》言为"九载"，或是泛言之词。

2. 率兵深入西域平叛阿史那贺鲁

《志文》接着用 80 余字篇幅记述授程知节使持节葱山道行军大总管以讨叛将贺鲁事，即从"属獯丑余类，远隔沙场"到"爰降手敕，远以迎劳"一段。单看《志文》"开玉帐以临戎，指金丘而转斗。吴钩曜景，冀马追风，阐威灵于月窟，静氛霭于雷室"数语，似乎程知节此番出征，深入西域，大获全胜，其实，此乃《志文》溢美之语，真实的情况是，程知节此番讨击贺鲁，无功而返，还在前线出现了节度不力、部将杀降纳财的丑闻，回朝后受到了因"逗留追贼不及"而"减死免官"[1] 的严厉处分。下面将贺鲁降唐、叛唐及程知节出征的情况略作铺陈。

贺鲁，即阿史那贺鲁，是西突厥乙毗咄陆可汗牙前曳步利设射匮特勤之子，两《唐书·突厥传》有附传，其事迹两《唐书》之《太宗本纪》《高宗本纪》及《资治通鉴》均有载。由于他是突厥贵族，所以《志文》诬他为"獯丑余类"（匈奴后裔。旧史认为突厥"盖匈奴之别种"[2]）。早在贞观十四年（640）唐讨灭西域城邦国家高昌时，乙毗咄陆可汗曾令阿史那步真屯兵可汗浮屠城（今新疆吉木萨尔县北）与高昌为援，但阿史那步真降唐。唐灭高昌后，设西州、庭州，西州治原高昌都城交河城（今新疆吐鲁番县西北雅尔湖村附近），庭州治可汗浮屠城。乙毗咄陆可汗乃任命贺鲁为叶护，以代阿史那步真，居多逻斯川，"统处密、处月、姑苏、歌逻禄、弩失

---

[1] 《旧唐书》卷四《高宗本纪》，第 76 页。
[2] （唐）令狐德棻：《周书》卷五十《异域下·突厥传》，中华书局，2011 年，第 907 页。

毕五姓之众"[1]，对唐庭州构成威胁。唐又在西州置安西都护府，与西突厥进行军事抗衡，争夺对西域焉耆、龟兹等绿洲国家的领导权。贞观十五年（641）后，与唐为敌的乙毗咄陆可汗势力因内讧而亡散，由唐扶持起来的西突厥泥孰系乙毗射匮可汗挥师东进，乙毗咄陆西逃，使贺鲁陷入乙毗射匮与唐夹击的不利处境。但唐仍把注意力放在焉耆、龟兹诸小国的向背上，并未十分留意贺鲁。当乙毗射匮兴起后，唐太宗放弃了在西域的大规模用兵，希望通过驾驭乙毗射匮，和平解决西域问题，可这个希望在乙毗射匮的抵触下破灭了。贞观二十年（646）六月，乙毗射匮遣使入贡，请嫁与公主，唐太宗答应，但要求乙毗射匮放弃对龟兹、于阗、疏勒、朱俱波、葱岭五国的控制，乙毗射匮没有答应。至此，唐太宗认识到，用和平手段已不能解决西域问题，于是决定找一个合适的借口，对西突厥用兵。贞观二十一年（647）十二月，龟兹国王苏伐叠死，弟弟诃里布失毕继位，唐太宗以诃里布失毕没有及时朝贡为由，立即组织兵力进军西域。唐太宗在为此次战争所发的诏书中，历数西

突厥在西域的种种罪行，反而连龟兹一句都没有提到。这说明，唐军此番进军西域，攻打龟兹固然是主要目的之一，但更重要的是，要通过讨伐龟兹给乙毗射匮以颜色，确立唐对西域的领导权。

在唐大军进入西域前，贺鲁被乙毗射匮可汗"遣兵追逐"而"不常厥居"[2]。贞观二十二年（648）初，当唐军主帅昆丘道行军大总管阿史那社尔督军进入西域后，贺鲁遂率其余众数千帐内属，"诏处之于庭州莫贺城，拜左骁卫将军"[3]。贺鲁还自告奋勇，请为向导，以击龟兹。仍从数十骑入朝，被太宗任命为昆丘道行军总管，协助阿史那社尔作战。唐军在西域连战大捷，擒天竺王阿罗那顺，斩焉耆王薛婆阿那支，擒龟兹王诃里布失毕，乙毗射匮率众西逃。此次战争结束后，唐将安西都护府由西州迁到龟兹，并设置了龟兹、于阗、碎叶、疏勒四个军镇，隶属于安西都护府。应当说，贺鲁在这次唐对西突厥的战争中，起到了一定的积极作用。战后，朝廷封其为泥伏沙钵罗叶护，赐以鼓纛，使其招抚西突厥之未服者。贞观二十三年（649）二月，唐又在西域

[1]　《旧唐书》卷一百九十四下《突厥下·阿史那贺鲁传》，第5186页。
[2]　《旧唐书》卷一百九十四下《突厥下·阿史那贺鲁传》，第5186页。
[3]　《资治通鉴》卷一百九十九，贞观二十二年四月条，第6370页。

置瑶池都督府（治庭州莫贺城，即今新疆阜康县），以贺鲁为都督。不过，事与愿违，贺鲁很快便生叛离之心，终于在永徽二年（651）叛唐西逃。《资治通鉴》卷一百九十九，永徽二年正月条云：

> 左骁卫将军、瑶池都督阿史那贺鲁招集离散，庐帐渐盛，闻太宗崩，谋袭取西、庭二州。庭州刺史骆弘义知其谋，表言之，上遣通事舍人桥宝明驰往慰抚。宝明说贺鲁，令长子咥运入宿卫，授右骁卫中郎将，寻复遣归。咥运乃说其父拥众西走，击破乙毗射匮可汗，并其众，建牙于双河及千泉，自号沙钵罗可汗，咄陆五啜、努失毕五俟斤皆归之，胜兵数十万，与乙毗咄陆可汗连兵，处月、处密及西域诸国多附之。以咥运为莫贺咄叶护。[1]

贺鲁叛唐后，唐王朝立即组织平叛，但这场平叛战争一打就是8年，原因一是唐王朝此时亦正对高丽用兵，对平叛贺鲁投入的兵力较少；二是贺鲁自知不是官兵的对手，一直采取消极避战策略，官军劳师远征，难觅其主力进行决战。总体来讲，唐平

叛贺鲁，先后发动过三次大的战役，数易其帅。《志文》所言"显庆初"程知节挂帅平叛贺鲁事，乃唐王朝平叛贺鲁发动的第二次大的战役，而第一次大的战役在永徽二年。永徽二年七月，贺鲁寇庭州，攻陷金岭城及蒲类县，杀略数千人。唐诏左武候大将军梁建方、右骁卫大将军契苾何力为弓月道行军总管，右骁卫将军高德逸、右武候将军薛（萨）孤吴仁为副，发秦、成、岐、雍府兵及回纥五万骑以讨之。永徽三年（652）正月，梁建方、契苾何力等大破处月朱邪孤注于牢山，追奔500余里，斩首5000级，引军而还。

永徽六年，唐王朝决定第二次深入西域平叛，任命程知节为主帅，诸史多有记载。《旧唐书》卷四《高宗本纪上》永徽六年条云："夏五月癸未，命左屯卫大将军、卢国公程知节等五将军帅师出葱山道以讨贺鲁。"[2]《新唐书》卷三《高宗本纪》永徽六年条："（五月）癸未，左屯卫大将军程知节为葱山道行军大总管，以伐贺鲁。"[3]《资治通鉴》卷一百九十九，永徽六年五月条："癸未，以右屯卫大将军程知节为葱山道

---

[1] 《资治通鉴》卷一百九十九，永徽二年正月条，第6386～6387页。
[2] 《旧唐书》卷四《高宗本纪》，第74页。
[3] 《新唐书》卷三《高宗本纪》，第56页。

行军大总管，以讨西突厥沙钵罗可汗。"[1] 可能这时朝廷正忙于立武则天为后之事，程知节到次年（永徽七年，亦即显庆元年，656 年）正月才领兵出发，《旧唐书》卷四《高宗本纪上》永徽七年正月条云："（帝）御玄武门，饯葱山道大总管程知节。"[2] 两《唐书·程知节传》皆云程知节"显庆二年"[3] 领兵讨贺鲁，是针对该年初程知节还在西域前线而言，无本质错误，同理，《志文》所谓"显庆初"，亦是概言。

程知节此次伐叛，可能动用的军队规模不是很大，两《唐书·突厥传》甚至没有提及。尽管如此，唐军与贺鲁部仍有几番恶战。《资治通鉴》卷二百，显庆元年八月条即云："辛丑，葱山道行军总管程知节击西突厥，与歌逻、处月二部战于榆慕谷，大破之，斩首千余级。副总管周智度攻突骑施、处木昆于咽城，拔之，斩首三万级。"[4] 关于程知节伐叛无功、杀俘取财事，发生在显庆元年十二月，《资治通鉴》卷二百，显庆元年十二月条云：

> 十二月，程知节引军至鹰娑川，遇西突厥两万骑，别部鼠尼施等二万余骑继至，前军总管苏定方帅五百骑驰往击之，西突厥大败，追奔二十里，杀获千五百人，获马及器械，绵亘山野，不可胜计。副大总管王文度害其功，言于知节曰："今兹虽云破贼，官军亦有死伤，乘危轻脱，乃成败之法耳，何急而为此！自今常结方阵，置辎重在内，遇贼则战，此万全策也。"又矫称别得旨，以知节恃勇轻敌，委文度为之节制，遂收军不许深入。士卒终日跨马，被甲结陈，不胜疲顿，马多瘦死。定方言于知节曰："出师欲以讨贼，今乃自守，坐自困毙，若遇贼必败；懦怯如此，何以立功！且主上以公为大将，岂可更遣军副专其号令，事必不然。请囚文度，飞表以闻。"知节不从。
>
> 至恒（《新唐书》作"怛笃城"[5]）笃城，有群胡归附，文度曰："此属伺我旋师，还复为贼，不如尽杀之，取其资财。"定方曰："如此乃自为贼耳，何名伐叛！"文度竟杀之，分其财，独定方不受。师旋，文度坐矫诏当死，特除名；知节亦坐逗留追贼不及，减死免官。[6]

---

[1] 《资治通鉴》卷一百九十九，永徽六年五月条，第 6401 页。

[2] 《旧唐书》卷四《高宗本纪》，第 75 页。

[3] 《旧唐书》卷六十八《程知节传》，第 2504 页；《新唐书》卷九十《程知节传》，第 3773 页。

[4] 《资治通鉴》卷二百，显庆元年八月条，第 6412 页。

[5] 《新唐书》卷九十《程知节传》，第 3773 页。

[6] 《资治通鉴》卷二百，显庆元年十二月条，第 6413 ～ 6414 页。

此事两《唐书》之《程知节传》《苏定方传》亦有载。程知节在西域前线，采纳王文度建议，结阵待敌，虽多为史家诟病，但他能发扬军事民主，不失为一种美德；王文度矫诏节度全军，程知节信以为真，便显得昏聩；至于王文度杀降分财，诸史都说唯定方不受，可见程知节也在取财之列，这便是他白珪之玷之处。当然，对于程知节这样的父皇功臣，又和皇室联姻，虽国有彝典，高宗不得不给以惩处，但也不过是掩人耳目的官样文章，早晚起复，再使程知节体面地致仕归隐，恐怕也是高宗在惩处程知节时双方心照不宣的默契。

遗憾的是，《志文》于此太过溢美，几有误人之虞，不如《程知节碑》交代得更为清楚。后者虽然也赞美程知节在西域"遽倾十角"（战败突厥），但也交代了"坐裨将失律，免职归第"[1]。

顺便交代一下，唐于显庆二年（657）正月，即组织第三次平叛贺鲁战役，任命在第二次平叛贺鲁战役中表现突出的名将苏定方为伊丽道行军大总管，率燕然都护任雅相、副都护萧嗣业等，自北道进讨。诸将在西域大展神威，累战皆捷，"杀获略尽"[2]，追至石国，擒贺鲁父子而还，献俘于太宗昭陵及太庙。唐免贺鲁之罪，"分其种落为六都督府，其所役属诸国皆置州府，西尽波斯，并隶安西都护府"[3]。

3. 起复、子嗣及薨亡

《志文》云，程知节从西域前线回朝，"寻拜使持节岐州诸军事、岐州刺史"。说明程知节"减死免官"后不久就被起复，其他史料虽也未载程知节起复具体时间，但都记载距程知节免官不久。两《唐书·程知节传》皆云"未几"[4]，授岐州刺史，《程知节碑》于其起复处亦云："□以宝鸡之壤，境接上腴；瑞鹨之郊，邦分右甸。"[5]所泐之文，当为"俄""寻"之意。所言"宝鸡"，用秦文公在陈

[1] 《昭陵碑石·程知节碑》，第160页。
[2] 《旧唐书》卷八十三《苏定方传》，第2778页。
[3] 《资治通鉴》卷二百，显庆三年十一月，第6424页。
[4] 《旧唐书》卷六十八《程知节传》，第2504页；《新唐书》卷九十《程知节传》，第3773页。
[5] 《昭陵碑石·程知节碑》，第160页。

仓县得陈宝鸣鸡之典，"瑞鸑"，用周兴鸑鸑鸣于岐山之典。皆美岐州之地。岐州，唐与扶风郡互置，治在今陕西省凤翔县。

程知节刺岐，诸史料皆不言在任时间，都接着记载程知节致仕并于唐高宗麟德年间薨亡事。《志文》记载程知节"麟德二年二月七日，遘疾薨于怀德里第"，与《程知节碑》所载吻合，而《志文》所载程知节葬日为麟德二年（665）十月廿二日，与《程知节碑》不合，后者云葬日为麟德二年十月十一日，未知孰是。

程知节薨亡，唐王朝依例赠官加谥，《志文》与诸史料皆云赠骠骑大将军、益州大都督。骠骑大将军，从一品武散官，乃武散官最高品阶。《志文》云朝廷为程知节加谥曰"襄"，两《唐书·程知节传》、《程知节碑》、《唐会要》卷八十《谥法》皆失载。又《唐会要·谥法下》云："辟土有德曰襄，因事有功曰襄。"[1]

《志文》失载程知节诸子名讳官爵，《旧唐书·程知节传》云："子处默，袭爵卢国公。处亮，以功臣子尚太宗女清河长公主，授驸马都尉、左卫中郎将。少子处弼，官至右金吾将军。"[2]《新唐书·程知节传》只载："子处亮，尚清河公主。"[3] 然《程知节碑》云："有子明威将军、桂州湶南府折冲处嗣等。"[4] 此"处嗣"为嫡长子，当与"处默"为同一人，所言有异，亦未知孰是。又据程伯献墓志，程处弼还历官汴州刺史，封广平郡公，葬于河南郡偃师县北邙山，程伯献袭爵，官至镇军大将军行右卫大将军。伯献子若冰，太子通事舍人；若水，太子中允。据程处侠墓志，处侠官至东宫通事舍人，显庆元年（656）随父西讨贺鲁，颇立战功，当年十二月二十日回京途中病亡于会州黄沙镇，年28岁，葬于雍州长安县马祖原。据程翰林墓志，程知节又有子曰处寸，历官户部郎中、绵州刺史。处寸子策，历官谏议大夫、陇州司马。策子翰林，历官朝议郎等，爵广平公，贞元二十一年（805）十一月二十二日卒，年69岁。翰林子元秘、从谏、从明。据程处立夫人和氏墓志，程知节又有子处立，官相州城安县令，早亡，

[1]　《唐会要》卷八十《谥法下·襄》，第1468页。
[2]　《旧唐书》卷六十八《程知节传》，第2504页。
[3]　《新唐书》卷九十《程知节传》，第3773页。
[4]　《昭陵碑石·程知节碑》，第160页。

有女而无嗣子。上述墓志较史书多记程知节子处侠、处寸、处立三人，处侠生卒年可知，处寸、处立生卒年不可知，故此三子排行无从推考。《旧唐书·程知节传》为何失载此三子？或此三子非正妻所出，乃侍妾所生。此无所据，姑言之以存疑。又，程翰林墓志云程翰林有爵广平公，其祖父为程处寸，而程伯献墓志云，程伯献之父程处弼，有爵广平公。按常理，程处寸和程处弼似为一人，而墓志言其历官、子嗣，又明显不同，难道是在封爵上兄终弟及？若要彻底弄清程知节子嗣谱系，恐怕还需要更多的碑石资料以资佐证。

《志文》又载，程知节前夫人孙氏，贞观二年（628）薨，年三十一，时程知节爵为宿国公，故封孙氏"宿国夫人"。程知节次子程处亮，贞观七八年时尚清河公主，时年当在十五六岁以上，故程知节长子、次子应为孙氏所出，至于少子处弼，难下定论。程知节后夫人清河崔氏，显庆三年（658）薨，年六十七。《志文》记述她时有"翚褕在饰，狄茀加荣"语，说明她亦有国夫人之封，程知节贞观十一年徙封卢国公，依朝例，崔氏当封为"卢国夫人"。《志文》在记述罢孙、崔二位夫人后，有"虽福愆偕老，而义遵同穴"语，既可理解为孙、崔二夫人与程知节合葬，又可理解为只有后夫人与程知节合葬。理解为前者的主要原因是，程知节嫡长子为孙氏所出，又袭爵卢国公，自然是程门宗主，母以子贵，孙氏在程门的宗法地位居崔氏之右，因此，孙氏、崔氏共与程知节合葬是符合宗法制的。理解为后者的主要原因是，孙氏薨亡时，唐太宗长孙皇后还在世，未建昭陵陵寝（昭陵陵寝始建于贞观十年），更无皇亲国戚陪陵制度（贞观十一年二月，太宗发《九嵕山卜陵诏》，确立亲贵勋臣陪葬昭陵制度），孙氏葬于别处。虽然崔氏早于程知节八年薨亡，但早在贞观十一年十月，太宗又诏许在昭陵陵园为功臣预赐陵寝，并允许功臣子女祔父茔而葬。因此，一些有资格陪葬昭陵的大臣，其配偶或子女先亡后，朝廷往往先在昭陵陵园给这些特殊情况的功臣预赐茔地，先葬这些功臣的配偶或子女，功臣薨后，便与先期而葬的配偶合葬。这样的情况在昭陵陵园不乏个例，如卫国公李靖夫人，贞观十四年（640）薨，时李靖还健在，朝廷便于昭陵陵园为李靖赐茔，先葬李靖夫人，即所谓"有诏坟茔制度依汉卫、霍故事，筑阙象突厥内铁山、吐谷浑内积石山形，以旌殊绩"[1]，李靖贞观二十三年（649）薨后，即与夫人合葬；又如英国公李勣夫人，显庆五年（660）薨，时李勣还健在，朝廷同样于昭陵陵园"赐英国公勣墓茔一所"[2]，李勣总章二年（669）薨后，即与夫人合葬。程知节早在武德时，就有从一品国公爵位，贞观元年，实职就达到了正三品，位列凌烟阁二十四功臣，与李靖、李勣比肩，因此，在唐太宗初定功臣陪陵时，就有资格陪葬昭陵，故而，他的后夫人崔氏薨亡时，朝廷极有可能就因此事为程知节预赐了坟茔，先葬崔氏于昭陵陵园。在程知节薨后，为了不打扰孙氏坟茔风水，没有打开孙氏坟茔，而只将程知节与崔氏合葬，亦是情理中事。美中不足的是，1986 年发掘程知节墓时，因墓室塌陷严重，又有积水淤泥，未彻底清理，致使葬式不明，若当年清理了墓室，或可根据遗骨判断到底是几人同穴。《志文》记述孙、崔二位夫人父祖甚详，然因官爵不显，诸史阙载。

---

[1] 《旧唐书》卷六十七《李靖传》，第 2481 页。
[2] 《旧唐书》卷四《高宗本纪》，第 81 页。

张士贵生平考述
——以《张士贵墓志》为中心

　　张士贵是隋末唐初一位颇负传奇色彩的军事将领，在隋末农民大起义的浪潮中揭竿而起，归附李渊太原义军后，参与了唐高祖建唐立国和唐王朝一系列对内、对外的重大战役，立下了不朽功勋，爵封虢国公（从一品），积勋上柱国（正二品），官至左领军大将军（正三品），历高祖、太宗、高宗三朝，荣宠不衰，两《唐书》均为立传，《资治通鉴》《册府元龟》也有多处记载。薨后享受陪葬昭陵的殊荣，墓志由唐代著名文学家上官仪撰写，凡2950字，记述张士贵生平较史书更为详尽。本文以《张士贵墓志》（以下或简称《志文》，行文中引用《志文》不再作注）为主要研究对象，结合两《唐书》、《资治通鉴》等史料，吸收目前学界张士贵研究成果，对张士贵的族系、郡望及生平业绩做一全面的梳理。先录《志文》于下（图1、2）：

　　　　大唐故辅国大将军荆州都督虢国公张公墓志铭并序
　　　　公讳士贵，字武安，弘农卢氏人也。原夫玄珠洞鉴，希夷之道弥光；赤松轻举，神仙之风逾邈。华阳时秀，副车开渭渚之辞；京兆人英，亡簏勔汾阴之敏。落印以旌其德，传钧以启其祥。十腰银艾之荣，七珥貂蝉之贵。芬芳终古，草露霙而方菶；寂寥长迈，舟壑移而未泄。曾祖俊，后魏银青光禄大夫、横野将军。大父和，齐开府、车骑将军。并雄武瓖杰，义略沉果。由翰表艺，横草擅功。守重萦带之奇，师仰投醪之惠。显考国，起家陕县主簿，后历硖州录事参军、历阳令，寻以军功授大都督。干蛊有声，乡塾推敬。龙翰之姿，在尺木而将矫；骥足之径，居百里而未申。公纳阴陆之金精，应文昌之宝纬。含百练而凝质，绝千里而驰光；揭日月而傍照，怀风云而上耸。立言无玷，树德务滋。逸气掩于关中，神契通于圯上。扬名基孝，载深五起之规；约身由礼，克懋十伦之躅。熊掌之义，早殉于髫年；马革之诚，凤彰于卅岁。加以屈壮夫之节，尤缉睢涣之文；略非圣之书，方砺昆吾之宝。属炎精沦昧，习坎横流。火炎玉石之墟，龙战玄黄之野。公游道日广，缔交无沬。率同左而完聚，候霸上之祯祥。乃于枌闬之间，嶂陵之地，因称大总管、怀义公。于是褔负波属，接枥云归。于时王充窃号晋京，李密称师巩洛，闻公威武，将恃为援，俱展情素，形乎折简。公诮其穷井之微，鄙其挈瓶之懦，枕威蓄锐，深拒固闭。皇家发迹参墟，肇基霸业。讴歌允集，征怨在期。将指黄图，行临绛水。公乃遣使输款，高祖深相嘉叹，拜右光禄大夫，锡赍优洽，并降玺书，俾定河南之境。公英谋雅算，喻伏波之转规；决胜推锋，体常山之结阵。肃清嶂湄，繁赖攸归。因统所部，镇于陕服，受相府司马刘文静节度。每陈东略之计，益见嗟赏。遂进下同轨，以置函州。又进击伪熊州刺史郑仲达，大败之，所在城聚，相继投款。高祖称善，赉缯彩千有余段，名马五匹并金装鞍勒自副。义宁二年，隐太子之东讨也，以公材光晋用，誉重汉飞，战有必胜之资，威有悍邻之锐，授第一军总管，先锋徇地。灵昆平乐，开月垒而投壶；春路秋方，耀星旗而举扇。王充选其毅卒，折衄于前；李密简其劲骑，遒亡于后。军容之盛，咸所宗挹。频赉金帛，不可胜言。寻被召入京奉见，恩贷绸缪，而备申诚款。载隆赏册，乃拜通州刺史。鸣谦自牧，坐树辞功。福润仁才，班条授职。薛举狼据北地，太宗亲总元戎。公先登之勋，有超恒准。赐奴婢八十口、绢彩千余段、金一百卅挺。方欲克定三川，敕还陕郭，转漕飞刍所寄，允兹简在，授上柱国。启八难以佐汉，开十册以平袁。升蔡赐之隆班，践昭阳之显级。武德元年，转运粮俦至于渑池，王充将郭士衡等潜兵面至，公掩击大破之。二年，有贼苏经寇掠陕州之界，州将频战不利。高祖闻之曰："此贼非猛士无以殄灭。"命公讨焉。公智尽三宫之端，威下九天之上。顾眄之顷，嗤类靡遗。高祖又降书褒美。寻进击陆浑，授马军总管，经略熊州之地，至黄泽，遇王充统领马步五万，将逼熊州。虽众寡不侔，主客异势。

牙璋狎至，羽檄交驰；三令五申，风驱雨迈。饮洪之众，反接辕门；倒戈之旅，
泥首请命。而茅赋畴庸，抑惟恒序。赐爵新野县开国公，杂彩上驷并金鞍宝勒，
敕曰："卿宜自乘之。"丹石之心，上通宸照；青骊之贶，远逮军功。何小董
据有虞州，兵锋甚劲。太宗董大军于百壁，将自图之，命公前击。算无遗策，
战取先鸣。贼乃合其余烬，婴城自保，刘武周遣其骁将宋金刚等同声相援。
金刚先有将卒，屯据翼城，与大军相拒，及是而遁，公从太宗并平之。广武
之师，屡摧元恶；昆阳之阵，亟殄凶渠。既而朝于京师，命赏有逾常典。会
朝廷将图嵩洛，敕公先督军储。太宗亲总戎麾，龚行吊伐。公投盖先登，挥
戈横厉；屠城撕邑，涉血流肠。对武安而瓦落，俯秦坑而遑沸。窦建德鸣镳
汜水之东，王行本警析武牢（牢）之上。于是料敌制变，箕张翼舒。鲁旗靡
而俱奔，纪郭登而咸绁。太宗特遣殷开山、杜如晦赍金银四百余挺以赐之，
乃以所赐分之麾下。子军之宝，终秘于灵台；王孙之珍，岂留于广庑。及东都
底定，舍爵劳勤，录其前后战功，以为众军之最，除虢州刺史。露华献于吏
萌，游缅锦于仁里。一纸贤于从事，二天绝于故人。少选，敕令入朝，宴赐华
膴。刘黑闼称兵洺水，挺祸乱常。太宗折筹长驱，指期刷荡。后黑闼将数万众，
密迩军幕。公率其劲勇，截其要津，飞镝星流，委甲鳞下。大憝既夷，懋赏斯
及。复令公领兵与英公等安辑山东。徐圆朗以兖州举兵，公从淮安王便道
击败。太宗征公于曹州奉见，深用嘉止。太宗居帝子之尊，极天人之望，府
僚之选，允归时杰。以公素啖威名，授秦王府右库真、骠骑将军。太宗仪天
作贰，丽正升储。凤邸旧僚，咸栖鹤禁，除为太子内率。憬彼獯戎，侵轶关辅。
骑屯镐派，尘拥渭滨。太宗遣公与将军刘师立占募壮士，曾未浃旬，归公者
万有余计。有顷，拜右骁卫将军。九重清切，千庐严秘。典司周卫，寔寄勋贤。
贞观元年，诏公于玄武门长上，统率屯兵。俄转右屯卫将军，还委北军之任。
六年，除右武候将军。缇骑启行，鸾旌戒道。威而有裕，俨以能温。桂府东
西王洞，历政不宾，及在兹年，载侵边围，敕公为燕州道行军总管。金邻之壤，
封豨咸诛；石林之地，长蛇尽戮。无何，獠又翻动，围龚燕二州，敕公使持
节龚州道行军总管，途次衡阳，夷獠逋宵。乃授右屯卫大将军，改封虢国公，
检校桂州都督、龚州道行军总管如故。悬旌五岭，立功百越。丝言荐及，丰
泽仍加。其年，被召还京，依旧右屯卫大将军，北门上下。十二年冬，驾幸望云，
校猎次于武功，皇帝龙潜之所，令作武功之咏。凌云散札，与佳气而氤氲；

涌泉飞藻，共白水而澄映。上览之称重焉。十五年，从幸洛阳，会薛延陀犯塞，奉敕于庆州镇守，后检校夏州都督。十六年四月追还，领屯兵如故。十一月，授兰州都督。又迁幽州都督。十八年，以谴去官。洎朱蒙之绪，玄夷之孽，背诞九都，枭镜辽海。王师底伐，属想人雄，敕为辽东道行军总管，授金紫光禄大夫、洺州刺史。十九年，率师渡辽，破玄菟等数城大阵，勋赏居多，拜冠军大将军，行左屯卫将军。銮驾凯旋之日，令公后殿，至并州，转右屯卫大将军，仍领屯骑。超海之力，气盖三军；横野之功，胆雄百战。绥遏之任，金谐攸属，授茂州都督。雅、邛等州山獠为乱，以为雅州道行军总管。军锋所届，膏原如芥。门骖晨溺，野磷宵飞。石纽尘披，五丁之道斯顺；玉轮雾廓，二星之路载清。事平，拜金紫光禄大夫、扬州都督府长史。千坼奥壤，一方都会。引朝夕之洪派，疏桐柏之长澜。思涌观涛，歌兴伐枳。市狱晏而无扰，水火贱而盈储。吏金斯慎，丞鱼靡入。棻丝载理，凤著萌谣。交戟惟材，方劳帝念。永徽二年，召拜左领军大将军。四年，累表陈诚，辞以目疾，因许优闲，尤加缛礼，授镇军大将军，封如故，禄赐防閤等，一同京官职事。六年，加以风疾。显庆二年，从驾东巡于洛，中使名医，旬月累至。而田豫鸣钟，庶优游于杖国；史慈嗟剑，遽冥漠于蒿泉。以六月三日终于河南县之显义里第，春秋七十有二。帝造深于寿器，鼓鞭之恨无追；朋情结于生刍，李桃之悲何已。赠辅国大将军、使持节、都督荆硖岳朗等四州诸军事、荆州刺史，赙绢布七百段，米粟七百石。陪葬昭陵，赐东园秘器，并给鼓吹往还。仍令京官四品、五品内一人摄鸿胪卿监护。易名考行，谥曰襄公。礼也。粤以其年岁次丁巳十一月乙酉朔十八日壬寅葬于昭陵。谷林之下，寒霭集于原阡；桥岭之前，凄吹愤于滕室。惟公气掩万夫，凤表鹰扬之势；誉驰三辅，先标鸿渐之姿。举烛齐明，拂钟比锐。门光揖客，家盛文朋。被忠信之介胄，涵仁义之粉泽。擅兵机之三术，殚武略之五材。射隼开弦，飞声于相圃；雕龙抚翰，激韵于汉台。外总班条，入司悬斸。全德具美，罕伦当世。幅巾在饰，临玉树于长楚；雕戈靡驻，坠璧辉于悲谷。嗣子右屯卫郎将仁政等，礼绝趋庭，哀深望岵。衔索易朽，负米何追。惧孤竹颓陇，自灭成楼之气；拱柏摧薪，谁分夏屋之兆。故勒兹玄础，永劭徽尘。其铭曰：

轩丘构绪，开地分枝。通侯比躅，英衮连规。龙光照耀，韠珥参差。长发垂祉，世济标奇（其一）。曰祖惟考，毓德果行。武库森沉，文河镜净。蒙剑留说，单琴宣政。凤穴开灵，芝庭衍庆（其二）。於铄志士，矫然秀出。基忠履孝，含文抱质。度堮黄陂，爱均赵日。昔逢世故，退潜名实（其三）。黄星发眹，玄石表图。龙飞天极，凤翥去衢。

爰兹烛水,投谒汾隅。荐臻玄泽,巫奉明谟(其四)。十守惟平,四征以肃。绿林遽翦,黑山旋覆。声驰智勇,效光神速。行绝云霓,方骞陵陆(其五)。剖符命驾,细柳开营。紫骝激响,朱鹭凝清。嬉游东第,骋望西城。举盂陶赏,写翰缘情(其六)。投绂素里,挥金卒岁。握椠怀铅,纫兰扈薜。奄谢东岳,长归北帝。石阵空留,铜铭永瘗(其七)。阳陵甫窆,卢山墓田。行楸孕月,双表笼烟。警笳流喝,迥旆联翩。图徽云阁,千祀方传(其八)。

太子中舍人弘文馆学士上官仪制文

梓州盐亭县尉张玄靓书

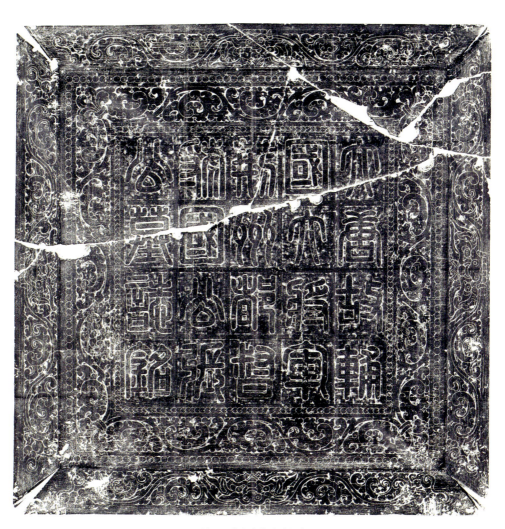

图1 张士贵墓志盖拓片

图2　张士贵墓志底拓片

一、从庶族地主到农民起义领袖

1. 关于张士贵的名字与籍贯问题

张士贵的名字与籍贯，正史和金石文献记载稍有不同。

两《唐书·张士贵传》云"本名忽峍"[1]，《册府元龟·总录部·膂力》

亦云："唐张士贵，本名忽峍。"[2] 大概以诨名作其本名。忽峍，也作"忽

---

[1]（后晋）刘昫：《旧唐书》卷八十三《张士贵传》，中华书局，2011年，第2786页；（宋）欧阳修、宋祁：
　　《新唐书》卷九十二《张士贵传》，中华书局，2011年，第3803页。

[2]（宋）王钦若等编纂，周勋初等校订：《册府元龟》卷八百四十五《总录部·膂力》，凤凰出版社，
　　2006年，第9822页。

律""忽雷""胡驴",是鲜卑语"鳄鱼"的音译。可能张士贵后来聚众反隋,"攻剽城邑",凶悍若鳄,官府诬称其为"忽峄贼"[1]。《水浒传》中的朱贵,诨名"旱地忽雷",也是为了突出他的凶悍。司马光编著《资治通鉴》,在记述张士贵事迹时,可能认识到这个问题,所以没有说张士贵本名"忽峄",只记"胡驴贼"[2]。至于他的本名,似乎已经失载。《志文》说张士贵字"武安",可能"士贵"这个名和"武安"这个表字,都是张士贵成名发迹后所取。

两《唐书·张士贵传》载张氏"虢州卢氏人"[3],《志文》记为"弘农卢氏人",前者以州名言之,后者以郡名言之,并不矛盾。弘农,指弘农郡。西汉元鼎四年(前113)置,治在弘农县(西汉元鼎三年置,治在今河南灵宝东北故函谷关城)。东汉至北周一度改为恒农郡。十六国苻秦移治陕县(今河南陕县)。隋开皇三年(583)废,大业三年(607)复置,义宁元年(617)改名凤林郡。卢氏县,西汉置,治即今卢氏县。弘农郡初置时辖卢氏等十一县[4]。后卢氏县与上级州郡的隶属关系多有变化,晋代弘农郡辖六县,卢氏县析出,隶属于上洛郡[5]。隋开皇三年废弘农郡,置虢州,卢氏县属之。大业三年废虢州,复置弘农郡,卢氏属之[6]。虢州,隋开皇三年置,治所在卢氏县。大业初废,唐武德元年(618)复置,贞观八年(634)移治弘农县(今河南灵宝县)。隋唐时,虢州建置存在时,卢氏一直是其属县,可见只要说到卢氏县,前边无论是冠以"弘农郡"还是"虢州",并无本质不同。《册府元龟》记张士贵"弘农卢氏人"[7]。

《资治通鉴》记述张士贵,言其为"上洛"[8]人。上洛郡,西晋泰始二年(266)置,治所在上洛县(今陕西商州市),隶上洛、商、卢氏三县[9],隋开皇三年废。可见《资治通鉴》所载和前述资料所言"弘农卢氏""虢

[1]《旧唐书》卷八十三《张士贵传》,第 2786 页;《新唐书》卷九十二《张士贵传》,第 3803 页。
[2](宋)司马光:《资治通鉴》卷一百八十三,义宁元年二月条,中华书局,2012 年,第 5831 页。
[3]《旧唐书》卷八十三《张士贵传》,第 2786 页;《新唐书》卷九十二《张士贵传》,第 3803 页。
[4](东汉)班固:《汉书》卷二十八上《地理志》,中华书局,2011 年,第 1549 页。
[5](唐)房玄龄:《晋书》卷十四《地理志上》,中华书局,2011 年,第 416 页。
[6](唐)魏徵:《隋书》卷三十《地理志中》,中华书局,2011 年,第 840 ~ 841 页。
[7]《册府元龟》卷八百四十五《总录部·膂力》,第 9822 页。
[8]《资治通鉴》卷一百八十三,义宁元年二月条,第 5831。
[9]《晋书》卷十四《地理志》上,第 416 页。

州卢氏"并不相悖。

2. 起兵反隋前的张士贵

据《志文》，张士贵薨于唐高宗显庆二年（657），享年72岁，则其当生于隋开皇三年（586）。关于张士贵的家族，《志文》记载较详。他的曾祖名俊，官后魏银青光禄大夫、横野将军（散号将军，从九品上）；祖父和，官齐开府、车骑将军（散号将军，但地位较高，有属官）；父国，仕隋陕县主簿、硖州录事参军、历阳令，还以军功被授予大都督的勋官（第九等，隋氏为酬勤劳，实职八九品者可获得）。张俊和张和，在他们所处的时代，地位较高，但《魏书》和《北齐书》无传，有关南北朝的门阀史料对他们也没有记载，可见，在当时也算不上望族。到了张国这一代，只做了几任地方下层官吏。由此观之，张士贵出生于一个庶族地主家庭。

张士贵的青少年时代，正是隋文帝开皇年间。隋文帝是一位有作为的皇帝，尤以节俭和抑制权贵而被后人称誉。需要强调的是，开皇年间正式废除了魏晋南北朝以来的九品中正选官制度，又收回了地方辟举权，从而在更大程度上打破了对士人的门第限制，打击了门阀世族势力，正如唐人刘秩所言："隋氏罢中正，举选不本乡曲，故里闾无豪族，井邑无衣冠，人不土著，萃处京畿。……五服之内，政决王朝；一命任免，必归吏部。"[1] 士族地主受到了朝廷的压制，必然为庶族地主的入仕开辟了更为广泛的途径，最主要的一条就是科举选官制度。尽管这时的科举选官制度才处于萌芽状态，还没有完全摆脱察举制的羁绊，但它对庶族地主的吸引力无疑是巨大的。作为庶族地主子嗣的张士贵，不能不受当时风气的影响，所以青少年时代的张士贵，还是很注重文化的学习，以图通过科举入仕。能够证明这方面的资料目下还很缺乏，不过，我们还是可以从《志文》里窥见一些端倪。《志文》在谈到张士贵青少年时代生活时说："加以屈壮夫之节，尤缉睢涣之文。"说明他在青少年时代，的确做过科举应试方面的准备。另外，《志文》还多次谈及张士贵在唐为官

[1]（唐）杜佑：《通典》卷十七《选举五》，中华书局，1988年，第417页。

时的一些文化活动，从这些文化活动中，不难推测出上面的结论。如："雕龙抚翰，激韵于汉台。"虽说墓志多有媚辞，但终不会无中生有，如果张士贵没有相当的文学修养，上官仪这个科举出身的文学家是绝对不会点此一笔的。又如："（贞观）十二年（当为贞观六年，该年九月唐太宗幸武功，贞观十二年无幸武功事）冬，驾幸望云，校猎次于武功，皇帝龙潜之所，令作武功之咏。凌云散札，与佳气而氤氲；涌泉飞藻，共白水而澄映。上览之称重焉。"《册府元龟》卷三百八十八《将帅部·儒学》也记载此次太宗游幸武功令张士贵作诗事，云："士贵诗甚有理致。"[1] 如果张士贵只是一介武夫，不通文墨，唐太宗无论如何是不会让他作《武功之咏》的，张士贵的文学修养由此也可见一斑。除了《志文》，其他资料也有反映张士贵文化活动的记载，如宋人赵明诚《金石录》卷四载："唐张令隋《浮图铭》，张士贵撰，正书，无姓名，永徽五年（654）十一月。"[2] 晚年的张士贵功成名就，笃好佛法，资助佛教，成为"大檀越"，即乐善好施的大施主。长安城弘福寺显庆元年（656）所立弘福寺碑，许敬宗撰文，郭广敬书丹。碑文记述修葺庙宇及立碑费用由虢国公张士贵施舍，可见张士贵的文化修养。

文武并举，也是开皇年间庶族地主子嗣的风尚。这些有志青年，往往更倚重以武力通达，这与当时的科举选官数量较少有关，像李勣、刘师立（《志文》作刘思立）、秦叔宝、尉迟敬德、程知节、段志玄、张亮、郑仁泰等庶族地主后裔，都是通过武力而通达的，张士贵也不例外。青少年时代的张士贵，更加注重武艺的习学，这方面的情况，在有关他的史料里反映较多。《志文》说："逸气掩于关中，神契通于圮上。"可见他在青少年时代，崇尚武侠，遍习兵法。又说："熊掌之义，早殉于髫年；马革之诚，夙彰于廿岁。"说明他在年幼之时，喜结豪杰，重义轻命。还说："略非圣之书，方砺昆吾之宝。"说明他在青少年时代倚重武力超过了文辞。经过刻苦习学，加以自身条件优越，青少年时代的张士贵便"善骑射"，能"弯弓百五十

---

[1]《册府元龟》卷三百八十八《将帅部·儒学》，第 4379 页。

[2]（宋）赵明诚：《金石录》卷四，齐鲁书社，2009 年，第 26 页。

斤，左右射无空发"[1]。这些都为他以后的戎马生涯奠定了坚实的基础，使他成为《志文》所言"战有必胜之资，威有惮邻之锐"的大唐一流猛将。

3. 起兵反隋的基本情况

张士贵聚众反隋之前的情况，限于资料，只能作出上述的评判。那么，张士贵又是怎样与地主阵营决裂，和农民站在一起，进行轰轰烈烈的农民起义呢？应该说，这是当时的大环境决定的。也就是说，在隋炀帝的暴政下，广大农民群众不堪忍受，纷纷揭竿而起，掀起了如火如荼的隋末农民大起义风暴，一部分庶族地主（包括个别士族地主）因为政治上的不得意或受到隋炀帝暴政的侵害，也加入了农民起义的阵营。因为他们有着较为丰富的文化、军事知识或较为雄厚的经济实力，往往成为农民起义军的领袖，这也是封建社会农民起义带有的一个普遍性的特点。如参加瓦岗军的李密，本是大贵族，但因富有政治和军事才干，从而窃夺了瓦岗起义军的最高领导权；又如单雄信、李勣之类庶族地主，无不因为富有军事才干而成为起义军的领袖。张士贵的情形也是如此。

张士贵聚众反隋的具体时间，史书和《志文》都没有明确记载，《旧唐书》本传云："大业末，聚众为盗。"[2] 大业末，是一个比较宽泛的概念，在《隋书》和两《唐书》里多有出现，一般指大业九年（613）到隋朝灭亡的大业十三年（617）这一时段。《志文》云："属炎精沦昧，习坎横流，火炎玉石之墟，龙战玄黄之野。公游道日广，缔交无沫，率闾左而完聚，候霸上之祯祥。乃于枌闾之间，崤陵之地，因称大总管、怀义公。"也是说张士贵在隋末丧乱之际，在家乡虢州一代趁势而起。《隋书·炀帝本纪》比较详细地罗列了大业末各地反隋义军的起义时间和发展状况，但没有提及张士贵这支军，可见，当时张士贵率领的反隋义军力量不是十分强大，发展也不迅猛，这大概与这支起义军所处的地理位置有关系。虢州地处隋两都之间，两都是隋王朝根本所在，隋军力量强大，

---

[1]《新唐书》卷九十二《张士贵传》，第3803页。
[2]《旧唐书》卷八十三《张士贵传》，第2786页。

义军想要发展自然比较困难。但从《志文》里可以看出，尽管张士贵率领的这支义军没有形成巨大的力量，但还是有一定规模的，《志文》记述说："于是襁负波属，接枑云归。"广大人民群众纷纭归附，一方面说明这支义军的正义性，另一方面也说明这支义军在规模上并不是微不足道的。

张士贵所率领的农民起义军，毫无疑问，在隋的两都之间，有着一定的战果，这可以从李密和王世充两大军事集团争先招抚这支义军而证明。《志文》云："于时王充窃号（事实上当时王世充只是把持着东都皇泰主政权,还未建立伪郑政权）晋京,李密称师巩洛,闻公威武，将恃为援，俱展情素，形乎折简。"（这当是大业十三年之事，因为大业十三年二月，李密才在瓦岗军里掌握兵权，大业十三年六月，李密杀害了翟让）这时候，李密拥兵三十万，王世充掌握着东都隋军主力,如果张士贵的起义军没有一定的规模与实力，他们是不会卑辞邀请这支义军的。《志文》记述张士贵没有答应李密和王世充的拉拢，云："公诮其穷井之微，鄙其挈瓶之懦，枕威蓄锐，深拒固闭。"表现了张士贵在政治上的深谋远虑，他不愿意在群雄并起之际，轻易葬送他领导的这支起义军的前程，他要潜心观察，寻找英主，好归之以建功勋。不过《资治通鉴》记载，大业十二年（616）底，瓦岗军粉碎隋将裴仁基等的围攻后，隋河南郡县为之丧气，各地义军纷纷归附，其中就有"上洛……胡驴贼"[1]。这表明张士贵最终归附了瓦岗起义军，未知孰是。

二. 归附李渊父子封建军事集团和在李渊建国前的功绩

1. 归附李渊起义军

在隋末群雄竞起的风云变幻中，张士贵对他要投靠的封建军事集团做了慎重的选择，照《志文》的话来说，就是"候霸上之祯祥"。汉高祖刘邦夺天下，曾屯军霸上，张士贵就是要等一个汉高祖刘邦式的人物出现，才愿意将自己的政治生命寄托于他。这样的人物终

[1]《资治通鉴》卷一百八十三，义宁元年二月条，第5831。

图 3　张士贵墓彩绘贴金武官俑

图 4 张士贵墓彩绘贴金文官俑

于出现了，他就是唐高祖李渊。

经过数年的秘密准备，隋大业十三年（617）五月，隋太原留守李渊和儿子李世民等在晋阳杀死太原副留守王威和高君雅，开始向隋王朝发难。李渊是隋朝宿将，老谋深算，他避开李密和王世充激战的中原战场，从黄河以北直驱长安（图5）。李渊刚一起兵，张士贵就认定他是隋末群雄中最有政治才干的人，表示愿意归附。按照《志文》的说法，就是张士贵"遣使输款"。关于张士贵归顺李渊义军的细节，两《唐书·张士贵传》记载高祖以书召张士贵，张士贵归附。不管怎么说，张士贵从此开始了他为李唐江山鞠躬尽瘁、纵横疆场的政治和军事生涯。

《志文》说，当李渊起兵，"将指黄图，行临绛水"，张士贵遣使"输款"，参阅其他史料，可知这时是大业十三年的七八月间。李渊对张士贵的"输款"，"深相嘉叹"，立即授张士贵"右光禄大夫"。《册府元龟》卷一百六十四《帝王部·招怀》亦有同样记载，云："唐高祖初为唐公，举义兵于太原。……弘农贼帅张士贵以所统精兵及户口簿帐遣使送款，拜右光禄大夫。"[1] 这只是一种名义上的加官，因为李渊当时不过自称"大将军"，他自己的王朝还没有建立，所以并无封官加爵的实际权力。不管怎么说，张士贵总算在政治上找到了靠山，他和李唐同呼吸、共命运，也就是从这个时候开始了。

李渊懂得如何运用张士贵这支义军，他在给张士贵加官的同时，并没有让张士贵带着他的义军加入到自己攻打关中的战斗序列里，而是很机敏地让张士贵率领着那支义军继续在河南作战，扩大原有的地盘。李渊的用意再明白不过了，他绞尽脑汁要避开兵力强大的李密和王世充两大军事集团，乘虚夺取关中。把张士贵留在河南作战，使其牵制这两个军事集团，正可解除自己西入关中的后顾之忧。不能不说，这时的李渊有牺牲张士贵这支小部队以保全他的大部队的战略构想，从战略角度来讲，这是完全必要和正确的。

---

[1] 《册府元龟》卷一百六十四《帝王部·招怀第二》，第1825页。

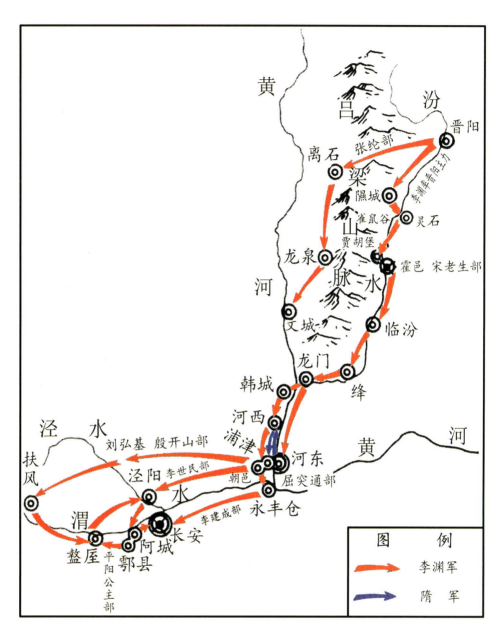

图 5　李渊太原起兵作战示意图

2. 控制陕、虢二州之地，攻克潼关，建立李渊军进攻中原的桥头堡

张士贵归附李渊义军，有了政治靠山，便更大胆地主动出击，不断打击隋朝的腐朽势力，扩大地盘。到大业十三年底，张士贵已基本上控制了潼关以东虢州、陕州的大部分地方，一方面壮大了自己的队伍，另一方面，也在战略上解除了李渊进攻长安的后顾之忧，遂成了李渊的战略决心。《志文》盛赞这一时期的张士

贵："英谋雅算，喻伏波之转规；决胜推锋，体常山之结阵。"把他喻为东汉的伏波将军马援和三国的名将赵云。

隋大业十二年（616），隋炀帝巡幸江都（即扬州），而瓦岗军的崛起，阻断了他的返京之路。由于隋炀帝把大量精锐部队带到了江都，因此，首都长安兵力空虚。大业十三年（617）十一月，也就是起兵后的六个月，李渊攻下长安。为了避免更多的割据势力把矛头指向自己，李渊并没有立即称帝，而是立隋代王侑（年13岁）为帝，即隋恭帝，改大业十三年为义宁元年。李渊自己为假黄钺、使持节大都督内外诸军事、尚书令、大丞相，进封唐王，以武德殿为丞相府，独揽军国机务。又以长子李建成为唐世子，次子李世民为京兆尹、秦国公，四子李元吉为齐国公；以裴寂为丞相府长史，刘文静为司马。唐王朝的雏形已然形成。这时候，摆在李渊面前最迫切的任务，就是削平群雄，一统海内。而是时，群雄中最有实力且对隋恭帝朝威胁最大的莫过于李密的瓦岗军和王世充把持的东都隋军。于是，李渊命他最富才干的相府司马刘文静经略河南，张士贵受刘文静节度。虽然这时候潼关以东陕州等地为张士贵所占，但隋将桑显和据守潼关，使李渊军不能直接进入河南。刘文静率关中主力攻击桑显和，段志玄、长孙顺德等名将上阵，一时不能得手。张士贵乃率麾下进攻桑显和，"击破之"[1]，俘获3000人，拿下潼关。

3. 阻击屈突通立取奇功

大业十三年（617）十二月，也就是义宁元年十二月，张士贵又在陕州阻击隋将屈突通，为李渊把持的恭帝朝立取奇功。《册府元龟》卷三百六十九《将帅部·攻取》云："唐张士贵。隋大业末，高祖起义，为右光禄大夫，拒屈突通于桃林。"[2] 屈突通当时为隋左骁卫大将军，负责镇守河东（今山西永济西南蒲州镇），得知李渊大军渡过黄河进入关中的消息，急率军增援长安，在潼关与李渊军反复争夺。义宁元年十二月，屈突通战败，欲逃往洛阳，李渊遂命张士贵在桃林（今河南灵宝市北老城）阻击。张士贵这时就活动在陕州、虢州一代，控扼着潼关通往洛阳的要道。张士贵阻击屈突通，为李渊大将段志玄、长孙顺德等追击屈突通赢得了宝贵的时间。《旧唐书·长孙顺德传》载："（顺德）寻与刘文静

---

[1] 《册府元龟》卷三百九十七《将帅部·怀抚》，第4495页。
[2] 《册府元龟》卷三百六十九《将帅部·攻取第二》，第4175页。

图 6　张士贵墓彩绘釉陶骑马武士俑

图7 张士贵墓彩绘红陶戴翻沿帽胡人骑马俑

击屈突通于潼关,每战摧锋。及通将奔洛阳,顺德追及于桃林,执通归京师。"[1]
屈突通后来成为唐之名将,但在此处未提及张士贵。杜文玉教授在《关于张士贵家族的几个问题》一文中就这个问题指出:"把抓获屈突通的功劳全归于长孙顺德,岂不知没有张士贵在桃林的阻击,屈突通早就逃之夭夭,因此这个功劳应该由张士贵与长孙顺德分享,其中张士贵的作用可能还要更大一些。"[2] 这一评价是客观公允的。

因为张士贵是河南土著,又在河南转战多年,因而刘文静把张士贵当先锋任用,又把张士贵所占的地盘当作进攻东都的桥头堡。由于张士贵对敌情比较了解,向刘文静谋划了许多作战方案,深得刘文静器重。据《志文》载,这一时期,张士贵攻下了越王侗(坐镇洛阳指挥中原战争)控制的同轨城(今河南洛宁县东),又打败了越王侗的熊州(治宜阳县,今河南宜阳县韩城镇)刺史郑仲达,抢占了熊州的许多城池。对张士贵在东线战场取得的辉煌战果,李渊大加赞赏,《志文》记载赠张士贵"缯彩千有余段,名马五匹并金鞍勒"。

4. 担任李建成、李世民东讨大军第一军总管

刘文静、张士贵经略河南连连得手,滋长了李渊尽快平定河南局势的野心。义宁二年(即武德元年,618年)正月,李渊调整了战略部署,加强了东线作战力量,任命"世子建成为抚宁大将军、东讨元帅,太宗(李世民)为副,总兵七万,徇地东都"[3]。可以说是调集了当时关中的大部分军队。事实证明,李渊的这次行动有些轻率,他急于求成,过高地估计了自己的力量。李建成在河南战场和李密、王世充交战数次后,觉得对方力量还十分强大,胜负难料,只好撤回关中。不过在这次东讨战役中,李建成虽然没能达成战役目的,但却取得了很多场战斗的胜利,夺隋河南郡新安、宜阳二县,置为新安郡、宜阳郡。张士贵的表现尤为突出。《志文》载,李建成的这次东征,以张士贵"战有必胜之资,威有惮邻之锐",授第一军总管,充当先锋之职。在大大小小的数次战斗中,张士贵率部先后和李密、王世充的多支劲旅激战,故而所受的赏赐多得"不可胜言"。

---

[1] 《旧唐书》卷六十八《长孙顺德传》,第 2308 页。
[2] 杜文玉:《关于张士贵家族的几个问题》,《唐都学刊》2017 年第 3 期。
[3] 《旧唐书》卷一《高祖本纪》,第 5 页。

三、在唐统一战争中的贡献

隋义宁二年（618）三月，宇文化及在江都弑杀了隋炀帝，五月，隋恭帝禅位于唐王，李渊称帝，是为唐高祖。唐高祖建立了新王朝，自然要把一些功臣召回京城面君，加之这一时期河南战场越王侗与瓦岗军正在决战，双方对关中的压力较小，于是，高祖指名张士贵进京。张士贵进京面君，被授予通州刺史职务。

唐高祖建国后，统一全国的政治需要更加迫切。按照他的大政方针，本该是要先定中原，再图周边。但事难从愿，不等他挥师东进，一些本来不在他首先考虑消灭范围内的势力即向唐进攻，这就迫使唐王朝采取先急后缓、各个击破的战略步骤，统一战争的序幕就此拉开。而历史的潮流，也把张士贵锻炼成为活跃在李唐统一战争大舞台上一位叱咤风云的名将。

1. 随秦王李世民西征薛举、薛仁杲父子封建军事集团

薛举是隋河东汾阴人，随父徙居金城（今甘肃兰州市），他"凶悍善射，骁武绝伦"[1]，在金城交结豪杰，家产钜万。隋大业末，为金城府校尉，大业十三年四月，据金城郡起兵反隋，开仓赈贫。接着自称"西秦霸王，改元秦兴"[2]，封儿子薛仁杲为齐公，很快就占有陇右之地，积众 13 万。七月，又自称秦帝，攻克秦州（天水郡），收编了唐弼 10 余万众。薛举迅速强大后，便挥师东进，欲图关中。十一月，李渊父子首先攻入长安，薛举便立即倾巢出动，想把立足未稳的李渊父子赶出长安，他们的军队包围了距长安很近的扶风郡城。李渊派李世民迎战，"大破其众，追斩万余级，略地至于陇坻"[3]。此时的张士贵在东线作战，没有参加反击薛举的战役。

薛举自恃兵多将广，不甘失败。义宁二年五月，李渊称帝后，薛举再次组织兵力，从关中的西北口突入，兵锋到达豳州、岐州一带，这些地方距长安不过二三百里。刚被封为秦王的李世民率师抵御。七月，唐军与薛举军对垒于高墌（今陕西长武县西北），唐军战败。据《旧唐书·薛举传》载，这时秦王李世民正患疟疾，卧床不起，把指挥权交给殷开山和刘文静，并告诫殷、刘二人，不要轻易

[1] 《旧唐书》卷五十五《薛举传》，第 2245 页。
[2] 《资治通鉴》卷一百八十三，义宁元年四月条，第 5833 页。
[3] 《旧唐书》卷二《太宗本纪》，第 23 页。

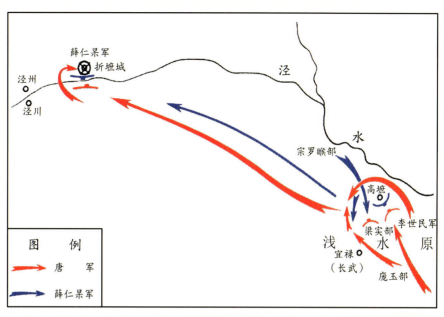

图 8 第二次浅水原之战示意图

出战，宜深沟高垒，以老其师。但殷、刘二人违秦王节度，陈兵高
墌西南，以耀军威，且"恃众而不设备"[1]，结果被薛举在战术上钻
了空子。薛举用精锐的骑兵从唐军背后包抄掩袭，唐军大败，死者
十之五六，大将慕容罗睺、李安远、刘弘基被俘。秦王退守京师，
京师骚动。旧史把唐军这次失败的原因归咎于殷开山、刘文静诸将，
显然是不公允的，秦王固然有病，但必定还在军营，对诸将的行动
不可能不节制，因此，这是史家为尊者讳的曲笔。张士贵是否参与
了这场战役，史料里没有明确记载。笔者以为，张士贵多半没有参
与这场战役。这是因为，五月张士贵进京面君后，很有可能立即返
回了东线战场，继续执行监视和牵制瓦岗军和王世充东都隋军的任
务。另外，由于秦王在扶风曾大败薛举，因此，可能朝廷认为这次
同样能击败薛举，不需要再抽调东线部队到西线作战。

但可以肯定地说，在唐王朝接着和薛举战争中，张士贵的确被
朝廷从东线调回，参与了这场关系唐王朝生死存亡的大决战。

[1]　《资治通鉴》卷一百八十五，武德元年七月条，第 5911 页。

薛举在取得重大胜利之后，还没来得及追击唐军，就在军中染病而亡了。"皇位"由他的儿子薛仁杲继承。薛仁杲凶残有过其父，他勇而无谋，诸将多受摧残，人心不服，继位之后，众叛亲离，"兵势日衰"[1]。唐高祖看出了薛仁杲的致命弱点，果断命令秦王再次率师出征。张士贵这次跟随前往，可能还带着自己部分子弟兵。唐军和薛仁杲军依旧在高墌城对垒。秦王汲取了上次惨败的教训，不贸然攻击，只"坚壁不动"[2]，甚至下令说："敢言战者斩。"[3] 对垒相持六十余日后，薛军粮尽，军心不稳，秦王抓住战机，派军驻守浅水原，诱敌出战。薛军果然中计，出兵与唐军厮杀，秦王率精骑从敌阵后突入，唐军前后奋击，薛军大溃。接着，秦王率师直抵折墌城（今甘肃泾川县境）下，兵围薛仁杲，薛仁杲见大势已去，乃率百官而降，后被斩于长安（图8）。据《志文》，张士贵在此次战役中，因投盖先登，高祖赐他"奴婢八十口、绢彩千余段、金一百三十铤"。

薛仁杲被擒，其所占地方的归附只是迟早的问题。事实上，唐军所到之处，无不开城归附。因为张士贵在

义宁之时，主要在河南战场作战，所以朝廷没有再让他参加攻占陇右的战斗，而是让他返回河南战场，准备再图中原。

2. 随秦王李世民经略河南

唐王朝消灭薛举、薛仁杲父子封建军事集团后，立即把兵力转向河南战场。唐高祖任命刚从陇右战场下来的秦王李世民为"陕东道行台尚书令，镇长春宫，关东兵马并受节度"[4]。

据《志文》，张士贵从陇右战场下来，在朝廷大军主力还未进入河南之前，就已被安排负责河南战场的粮草供应。武德元年（618）底，张士贵押运军需到了渑池地界，被王世充大将郭士衡发现。郭士衡是王世充集团著名骁将，他以数倍张士贵的兵力设伏，将张士贵围困。张士贵面对强敌，毫无惧色，"掩兵大破之"，保证了军需的供应。

据《志文》，武德二年（619），陕州苏经聚众反唐，"州将频战不利"。苏经的势力虽然不大，但危害不小。陕州是唐通往洛阳战场的要道，又是唐军粮草供应的聚集与疏散地，战略地位十分重要。陕州不安宁，直接影响了洛阳前线的战斗，有动摇军心之

[1] 《旧唐书》卷五十五《薛仁杲传》，第 2248 页。
[2] 《旧唐书》卷五十五《薛仁杲传》，第 2248 页。
[3] 《旧唐书》卷五十五《薛仁杲传》，第 2248 页。
[4] 《旧唐书》卷二《太宗本纪》，第 24 页。

虞。因此，苏经的反唐，引起了高祖的注意，他说："此贼非猛士无以殄灭。"于是命令张士贵率军讨捕。张士贵马到成功，战败苏经，迅速平定了陕州局势。为此，高祖专门下书"褒美"了张士贵。

接着，张士贵职务有所变化，因其"善骑射，膂力过人"[1]，被任命为"马军总管"。张士贵在这个职务上取得了一系列辉煌战果，最著名的战斗是他在经略熊州时以绝对劣势兵力击败王世充亲率的马步联军。《志文》载，张士贵率部经略熊州，至黄泽，遇到王世充亲率的5万马步劲旅，是战还是退？张士贵选择了前者。于是，在王世充控制的地盘上，张士贵以绝对劣势的兵力咬住王世充，厮杀起来。王世充虽然兵多将广，但面对张士贵这样敢打敢拼的骁将，却也束手无策，被打得大败而逃，部众投降者甚众，熊州遂克。《册府元龟》卷三百九十六《将帅部·攻取》也载："（高祖）使（张士贵）东略地，下同轨以东城堡，攻克熊州，遂镇之。"[2]《志文》载，因此战功，唐高祖赐张士贵爵新野县开国公（从二品），并赏赐宝马杂彩和金镶鞍勒，还下敕书慰劳

说，所赐的宝马，"卿宜自乘之"。

秦王李世民在武德二年经略河南的战争中取得了一系列的胜利。在网罗人才方面，这一时期，秦叔宝、程知节等初唐名将也从王世充那里投奔过来，和张士贵的关系也更加密切了。自从李建成当上太子，张士贵就开始在秦王李世民帐下听令，他以后辉煌的政治生涯，也与此有着直接的关系。

3. 随秦王李世民抵御刘武周

刘武周是隋河间景城（今河北沧州市西景城）人，骁勇善射，在隋炀帝东征高丽的战争中，以军功授建节校尉。隋从辽东班师后，授鹰扬府校尉，驻军马邑，于大业十三年（617）二月起兵反隋。为了壮大力量，他遣使于突厥。三月，袭破楼烦郡，进取汾阳宫，突厥封其为"定杨可汗"。他还称帝，改元天兴。唐高祖起兵之初，也曾投靠突厥，突厥对其也表示支持。唐高祖在关中称帝后，媚事突厥，突厥因之没有支持刘武周南下攻唐。武德二年，唐的势力逐渐强大，对突厥再也没有像以前那样言听计从，双方关系开始恶化，于是突厥支持刘武周南下攻唐。武德二年四月，刘武周采纳了其大将宋金刚"入图

---

[1] 《旧唐书》卷八十三《张士贵传》，第 2786 页。
[2] 《册府元龟》卷三百六十九《将帅部·攻取二》，第 4175 页。

晋阳，南向以争天下"[1]的建议，任宋金刚为"西南道大行台令，率兵二万入侵并州，又引突厥之众，兵锋甚盛"[2]。山西是李唐的发祥地，本来也有重兵驻守，但诸将拒战不力，纷纭败绩。《旧唐书·刘武周传》载："（刘武周）袭破榆次县，进陷介州。高祖遣太常少卿李仲文率众讨之，为贼所执，一军全没。仲文后得逃还。复遣右仆射裴寂拒之，战又败绩。武周进逼，总管齐王元吉委城遁走。武周遂据太原，遣金刚进攻晋州，六日城陷，右骁卫大将军刘弘基没于贼。进取浍州，属县悉平，夏县人吕崇茂杀县令，自号魏王，以应贼。河东贼帅王行本又密与金刚连和，关中大骇。"[3]唐高祖甚至颁下手敕，让河东诸军放弃抵抗，"谨守关西而已"[4]。在这种险恶的形势下，在东线作战的秦王坚决不同意放弃河东，上表请求北征，得到了高祖同意。秦王出征时，高祖亲自到长春宫送行。

秦王李世民在国家危难之时主动请战，一方面表现了他的雄才大略，另一方面，他在河南战场搜罗的一批闻名遐迩的猛将，也为他提振了信心。张士贵作为东线战场的著名将领，跟随秦王北征。

武德二年（619）十一月，秦王李世民率军自龙门乘坚冰渡河，屯于柏壁关与宋金刚对峙。这场战争的进展过程相当复杂，这里只略叙秦王对战争的总部署和张士贵在战争中的表现。

秦王在柏壁关和宋金刚对峙，采取了坚壁不战的方针，只命令部将乘间抄掠敌军，挫敌锐气。经过五个月的僵持，宋金刚锐气大挫。武德三年（620）四月，唐浩州的军队突然渡过汾水，袭击了刘武周向宋金刚转运粮草的黄子英部，切断了宋金刚的粮道。宋金刚粮尽，被迫北撤，唐军乘机穷追，宋金刚与刘武周逃往突厥，后被突厥贵族杀掉。

张士贵在唐军与宋金刚军相持的五个月里，主要立取以下战功：

虞州（治安邑县，在今山西运城县东北）是柏壁关东南面的军事重镇，唐军屯柏壁，虞州之敌对唐军威胁较大。秦王决定先拔掉虞州这颗钉子，命张士贵、于筠、独孤怀恩、唐俭等领兵攻取。张士贵为先锋，

---

[1] 《旧唐书》卷五十五《刘武周传》，第2253页。

[2] 《旧唐书》卷五十五《刘武周传》，第2253页。

[3] 《旧唐书》卷五十五《刘武周传》，第2253～2254页。

[4] 《旧唐书》卷二《太宗本纪》，第25页。

"算无遗策，战取先鸣"，击败虞州守将何小董。接着，张士贵又和秦叔宝、程知节联袂，在美良川（虞州东夏县界）击败宋金刚先锋将尉迟敬德（后降唐）和寻相。尉迟敬德和寻相败后，西窜入蒲州，和王行本勾结在一起。张士贵乃和秦王回师蒲州，击败王行本、尉迟敬德和寻相。

宋金刚大军败后，张士贵跟随秦王收复山西的失地，其间他的主要功绩是攻克翼城，大战雀鼠谷，在介州城外与诸将力战宋金刚，俘尉迟敬德诸敌将（图9）。

刘武周败后，唐高祖遍赏诸将，对张士贵的赏赐"有逾常典"，以旌表他在山西会战中的卓越功绩。

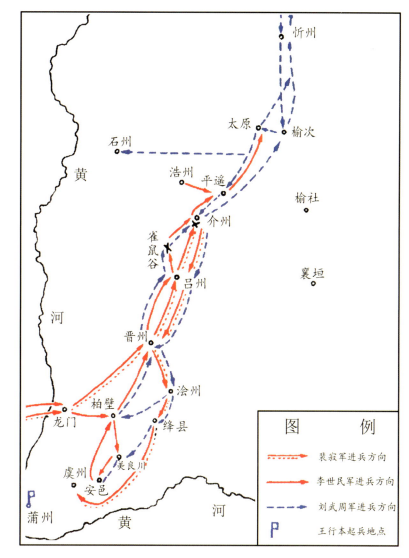

图 9 平定刘武周作战示意图

4. 随秦王平王世充、窦建德

刘武周败亡后，唐军的力量进一步强大，于是立即组织兵力出关东讨。唐军这次东讨的主帅依旧是秦王李世民，主要将领有李元吉、屈突通、李勣、尉迟敬德、张士贵、秦叔宝、程知节、翟长孙、秦武通、史万宝、刘德威、王君廓、黄君汉、李神通、李道宗等。据《志文》记载，在这次唐郑相争中，在唐的主力还未进入河南之前，张士贵再次负责粮草转运工作，把部分军需物资提前转运到洛阳前线。在秦王率主力入驻河南后，张士贵又担任了秦王的先锋将。

关于东都的情况以及整个战争的进程，这里简略交代一下。义宁二年三月，隋炀帝在江都被弑杀后，东都守将王世充奉东都留守越王侗为帝，改元皇泰，越王侗即是后世所谓的皇泰主。九月，王世充击败瓦岗军，成为河南地区最为强大的军事集团。武德二年（619）四月，王世充废皇泰主，自立为帝，国号郑，建元开明。唐军此次入驻河南后志在必得，采取了步步为营的攻坚战术。经过十个月的艰苦战斗，唐军取得了全面胜利，俘王世充和援救王世充的河北农民起义领袖窦建德。

在这场长达 10 个月的战役中，因为张士贵始终和秦王李世民在一起，所以，大凡秦王参加的具体战斗，张士贵都参加了，这里做一简单叙述。

武德三年（620）七月，张士贵等诸将随秦王攻王世充，兵至洛邑，王世充亲将"精兵三万阵于慈涧"[1]，唐军奋力攻打，击溃郑军，王世充退守洛阳。接着，秦王"遣行军总管史万宝自宜阳南据龙门，刘德威自太行东围河内，王君廓自洛口断贼粮道。又遣黄君汉夜从孝水河中下舟师袭回洛城"[2]，自己则率张士贵、秦叔宝、尉迟敬德、程知节诸名将"进屯邙山"[3]，这样，筑成了对东都的战略包围圈，使王世充陷于孤立挨打的境地。

武德三年八、九月，张士贵等将领随秦王在洛阳城外与王世充激战数次，杀伤甚众。张士贵率军最先攻入洛阳西苑，拔"景华宫城"[4]，撕开洛阳城外最后一道防线，使唐军得以在战术上合围洛阳，逼得王世充"不敢复出，但婴城自守，以待建德之援"[5]。

---

[1] 《旧唐书》卷二《太宗本纪》，第 26 页。
[2] 《旧唐书》卷二《太宗本纪》，第 26 页。
[3] 《旧唐书》卷二《太宗本纪》，第 26 页。
[4] 《册府元龟》卷三百六十九《将帅部·攻取二》，第 4175 页。
[5] 《旧唐书》卷二《太宗本纪》，第 26 页。

就在唐郑相持之时，王世充请求河北农民起义军领袖窦建德救援。当时窦建德自称夏王，在河北势力很大。起初，窦建德对王世充的请求不予理睬，后来听信其部下刘彬"郑破则夏有齿寒之忧"[1]的建议，遂率众南下，驰援王世充。武德四年（621）二月，窦建德攻克周桥（今山东菏泽附近），三月抵达成皋东原。面对这种情况，唐在洛阳前线的大多数将领谋士主张退回关中，秦王听取谋士薛收建议，决定采取围城打援战术，于是只留齐王元吉、屈突通率主力围困洛阳，自率张士贵等诸将率精骑赴虎牢关阻击窦建德。五月，唐军在虎牢关外汜水边与窦建德决战，唐军获胜，俘窦建德。王世充无援可待，举城投降。

据《志文》，平定河南后，秦王班师还朝，唐高祖遍赏诸将，因张士贵"前后战功，以为众军之最"，拜为虢州刺史。唐高祖又特设宴招待张士贵，对张士贵说："欲卿衣锦昼游耳。"[2]意思是授张士贵虢州刺史，衣锦还乡。

5. 随秦王东征刘黑闼

刘黑闼是唐贝州漳南（今河北故城县东北故城）人，初为瓦岗军裨将，瓦岗军败，归王世充，因见王世充不能成大事，亡归窦建德，因"骁勇多奸诈"，多打胜仗，"军中号为神勇"[3]，成为窦建德部将中最有威名的一个。及窦建德败，他"自匿于漳南，杜门不出"[4]。

窦建德被俘后，其众四散，若唐王朝这时能妥善安抚窦之余部，河北是可以很快平定下来的，但是，唐王朝在战后处理河北问题时出现了决策上的失误。唐政府在长安处死窦建德后，要求窦的部属们限期到京师自首，唐在河北的官吏又将参加过窦建德义军的士兵残酷杀害，于是窦建德故将范愿、高雅贤等找到刘黑闼，鼓动说："王世充以洛阳降，其下骁将杨公卿、单雄信之徒皆被夷灭，我辈若至长安，必无保全之理。且夏王往日擒获淮安王，全其性命，遣送还之。唐家今得夏王，即加杀害，我辈残命，若不起兵报仇，实亦耻见天下人物。"[5]

---

[1]　《旧唐书》卷五十四《窦建德传》第2240页。
[2]　《册府元龟》卷七百八十二《总录部·荣遇》，第9068页。
[3]　《旧唐书》卷五十五《刘黑闼传》，第2258页。
[4]　《旧唐书》卷五十五《刘黑闼传》，第2258页。
[5]　《旧唐书》卷五十五《刘黑闼传》，第2258页。

刘黑闼在众将的鼓动下，于武德四年（621）七月在漳南县起兵反唐。刘黑闼这次起兵，一来是唐王朝残酷政策所逼，二来也要为窦建德报仇，有正义性的一面，但却不符合李唐统一全国的历史潮流。由于刘黑闼这次起兵有正义性的一面，故颇受河北民众欢迎，故"建德将卒争杀唐官吏以应"[1]，势力迅速壮大，唐在河北诸将频战不利，名将李勣都被打败。刘黑闼仅用半年时间，"悉复建德故地"[2]，这时，唐兖州总管徐圆朗又叛唐依刘，刘黑闼"其势益张"[3]，仍以建德故都洺州（今河北永年县）为都城。

在唐军屡战不利的情况下，唐高祖再派秦王李世民出征，张士贵等将领跟随前往。唐军与刘军多次激战，并未很快取得优势。武德五年（622）三月，唐军在洺水坚壁不战，与刘黑闼对峙，双方相持六十余日，刘黑闼粮尽，南渡洺水攻击唐军，秦王在洺水上游作堰，战时决之，水淹刘军，刘黑闼战败，逃往突厥。史料专门提及张士贵在此次战役中击溃刘黑闼的一次夜袭。据《志文》，正当唐军与刘军相持之时，一天夜里，刘黑闼率众数万，突然出现在唐军面前，张士贵率领劲卒，直插刘军要害，将刘军打散（图10）。洺水决战后，张士贵参加了收复河北失地和消灭徐圆朗的战斗。战役结束后，秦王在曹州（菏泽）召开战役表彰会，对张士贵在战役中的表现给与了高度评价，并给予奖赏。

唐高祖建唐以后，在统一战争中组织过六大决定性战役，即秦王李世民组织指挥的平定薛举、薛仁杲父子封建军事集团战役，平定刘武周军事集团战役，平定王世充伪郑政权和消灭窦建德主力战役，平定刘黑闼战役，李孝恭、李靖组织指挥的平定江陵萧铣政权战役，平定杜伏威、辅公祏江淮义军战役。这六大战役的结束，标志着唐统一全国的战争取得最后胜利。六大战役中，秦王组织指挥了四个，张士贵都参加了，且立下了卓越战功，这在唐参加统一战争的诸多名将中，还是不多见的。

---

[1]　《资治通鉴》卷一百八十九，武德四年十二月条，第6052页。
[2]　《旧唐书》卷五十五《刘黑闼传》，第2259页。
[3]　《旧唐书》卷五十五《刘黑闼传》，第2259页。

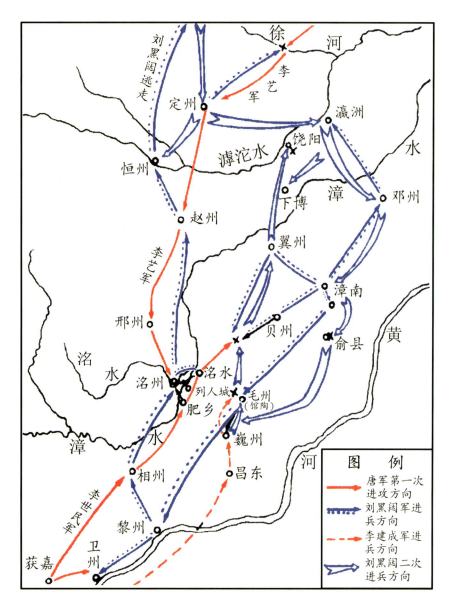

图 10 平定刘黑闼作战示意图

四、协助秦王发动玄武门事变

秦王发动玄武门事变时，跟随他入玄武门的主要人物都是谁，诸史料记载稍有出入。《旧唐书·太宗本纪》云："九年，皇太子建成、齐王元吉谋害太宗。六月四日，太宗率长孙无忌、尉迟敬德、房玄龄、杜如晦、宇文士及、高士廉、侯君集、程知节、秦叔宝、段志玄、屈突通、

图 11　张士贵墓彩绘釉陶胡人俑

图 12　张士贵墓彩绘釉陶胡人俑

张士贵等于玄武门诛之。"[1]《旧唐书·长孙无忌传》云："六月四日，无忌与尉迟敬德、侯君集、张公谨、刘师立、公孙武达、独孤彦云、杜君绰、郑仁泰、李孟尝等九人，入玄武门讨建成、元吉。"[2]《旧唐书·李建成传》《新唐书·李建成传》和《资治通鉴》等史料都没有详细记载具体人名。我们认为，当年协助秦王入玄武门的谋士兵将远不止《旧唐书·太宗本纪》和《旧唐书·长孙无忌传》所载的区区 10 余人，而是有数百人之多。例如《资治通鉴》就载，当秦王与齐王元吉搏斗时，被元吉压在身下，以手扼喉，命悬一线，尉迟敬德率 70 余骑赶到，射杀了齐王。尉迟敬德一人就率 70 余骑，其他将领也应当率有人马，可见随秦王入玄武门者为数不少。史料提及的人物都是作者认为重要的人，一部史书，卷帙浩繁，分工撰写，出于众手，出现抵牾很正常。我们认为，只要史料提及的，应当确信无疑。所以，张士贵是参加玄武门事变的主要人物，为秦王夺取帝位立下了特殊功劳。

五、贞观初年的张士贵

在两《唐书》中，为了叙述方便，常常把武德九年（626）六月四日玄武门事变后至来年改元贞观之间发生的事，纳入

---

[1]　《旧唐书》卷二《太宗本纪》，第 29 页。
[2]　《旧唐书》卷六十五《长孙无忌传》，第 2446 页。

贞观初年，这里也按这一叙述方法进行叙述。

1. 招募将士，抵御突厥，为唐太宗取得长安保卫战胜利立下战功

秦王取得玄武门事变胜利后，高祖立秦王为太子，军国大事悉由太子处分。秦王当上太子后，把秦王府的旧僚一部分安排到中央各部门，一部分安排为东宫属官，张士贵被任命为太子内率（正四品，太子内率分为左右内率）。到了八月，高祖传位给太子李世民，是为太宗。太宗继位，授张士贵右骁卫将军（从三品），进入中央十二卫将军序列。

就在太宗即位之初，突厥南侵，张士贵在唐抵御突厥的战争中又立新功。

太宗新即位，突厥军事贵族一方面遣使至唐求和，一方面又窥探唐王朝内部情况，伺机侵扰掠夺。他们认为，太宗新即位，玄武门事变遗留下来的许多矛盾还没有完全解决，战斗力不会太强。于是，武德九年八月，突厥颉利可汗亲率二十万骑兵，长驱直入，进犯关中，情势对唐极为不利。的确，当时唐王朝在关中的兵力远远不及突厥强大。在此危急关头，唐太宗一方面安排部分将领到关内募集兵马，准备和突厥决战，一方面沉着冷静地和颉利巧妙周旋。《志文》云，太宗派张士贵和将军刘师立（亦作刘思立）到关内募集兵马，以迅速扩充京师的兵力。张士贵和刘师立在短短数天内，募集了一万余众，有力地配合了太宗在长安与颉利可汗的斗争。史料记载，当颉利可汗到达渭滨后，太宗亲率六骑到便桥，与颉利可汗隔河而立，义正辞严地痛斥颉利背信弃约的行为。不一会儿，唐大军陆续赶到，震慑住了颉利。颉利孤军深入，见势不妙，不得不与唐讲和。第二天，双方在便桥上"刑白马设盟"[1]，颉利军退。

2. 以将军兼任玄武门长上，担任太宗羽林军武术总教官

武德九年后，唐太宗改元贞观。《志文》载，贞观元年（627），诏张士贵为"玄武门长上，统率屯兵"。不久，又转"右屯卫将军，

---

[1] 《旧唐书》卷二《太宗本纪》，第30页。

图 13　张士贵墓彩绘釉陶怀抱箭箙男立俑

还委北军之任"，即依旧担任玄武门长上职务。玄武门长上一职，是专门负责玄武门安全的，而玄武门内，又驻扎着禁军的主力。唐太宗为秦王时，收买了当时玄武门将领常何，比较容易地取得了玄武门事变的成功，因此，太宗很清楚玄武门长上人选的重要性。毋容置疑，如果不是最为信任的将领，太宗是无论如何也不会让他担任玄武门长上一职的。陈寅恪先生在《唐代政治史述论稿》中指出："（唐）自太宗至玄宗中央政治革命凡四次，俱以玄武门之得失及屯卫北门之禁军之向背为成败之关键。"[1] 唐太宗对张士贵的信任与青睐，由此可见一斑。

贞观初年，唐太宗励精图治，国家安定。然而，唐太宗能够居安思危，注重武备，这主要源于东突厥（即前文所谓的突厥）的威胁。隋末丧乱之时，东突厥强盛起来，成为雄踞漠北、力控西域、势倾中夏的强大汗国。当时在中原称王称霸的割据势力，差不多都向其称臣纳贡。《通典》说："薛举、窦建德、王充、刘武周、梁师都、李轨、高开道之徒，虽僭尊号，北面称臣，受其可汗之号。东自契丹，西尽吐谷浑、高昌诸国，皆臣之。控弦百万，戎狄之盛，近代未之有也。大唐起义太原，刘文静聘其国，引以为援。"[2] 大唐建国后，东突厥动辄凌辱唐王朝，还不时入侵掠夺子女财帛。唐太宗刚即位，东突厥就曾大举入寇，后来虽然讲和，但在唐太宗心里形成了阴影。为了彻底击败东突厥，唐太宗在登基不久的武德九年末就"引诸卫骑兵统将等习射于显德殿庭"[3]。在皇宫里教习诸将佐弓法，这在历史上是空前的。太宗为此对诸将佐说："至汉、晋之君，逮于隋代，不使兵士素习干戈，突厥来侵，莫能抗御，致遗中国生民涂炭于寇手。我今不使汝等穿池筑苑，造诸淫费，农民恣令逸乐，兵士唯习弓马，庶使汝斗战，亦望汝前无横敌。"[4] 于是，"每日引数百人于殿前教射"，并亲自临试，"射中者随赏弓刀、布帛。……自是后，士卒皆为精锐"[5]。当然，上行下效，在全国军队中也掀起了练兵高潮，为贞观四年（630）消灭东突厥打下了坚实基础。事实上，当时唐太宗教习将士射箭，在很大程度上是起号召和表率作用，他政务繁忙，日理万机，不可能天天教习，具体的教习工作是由张士贵担任的（其他以将军职务兼领玄武门长上者也可能担任）。张士贵是初唐诸名将中最善射的人，加之又是玄武门长上，直接领导宫中卫队，具体教习工作由他来担任是顺理成章的。张士贵兼任太宗卫队总教官一直至贞观十六年（642）他出任兰州都督时。《资治通鉴》卷一百九十五，贞观十四年条记载了一则关于张士贵负责教习将士射箭的故事。贞观十四年，早就升职为大将军的张士贵仍旧负责皇宫将士武术教习工作，一次，唐太宗观看禁军演武，发现操练不整齐，令张士贵杖责中郎将教官。张士贵爱护

[1]　陈寅恪：《唐代政治史略稿》（手写本），上海古籍出版社，1988年，第104页。
[2]　《通典》卷一百九十七《边防十三》，第5407页。
[3]　《旧唐书》卷二《太宗本纪》，第30页。
[4]　《旧唐书》卷二《太宗本纪》，第31页。
[5]　《旧唐书》卷二《太宗本纪》，第31页。

图14　张士贵墓胡人牵马俑

图15　张士贵墓白陶舞马

部将，点到即止。唐太宗龙颜大怒，认为张士贵不尊圣旨，在部将那儿树立私惠，要严肃处理张士贵。魏徵进谏说，中郎将没有尽到责任，应送他们到大理寺，依法判处。皇上让张将军杖责部下，张将军爱护部将是很自然的事，罪责不在张将军。再者说，张将军身居要职，是皇上的心腹，皇上应当给以恩惠，使他对皇上更加忠贞，怎么可以因一件小事而让贵为大将军的人动手打人呢？在魏徵的规谏下，唐太宗再也没有责怪张士贵[1]。

值得一提的是，贞观初年，唐太宗以玄武门卫士为骨干，组建了一支"羽林百骑"小分队，成员都骁勇善射，他们的教官和领队就是张士贵。唐太宗让"羽林百骑"平时守在玄武门这个咽喉要道，畋猎时就跟他打猎，熟练箭法，

[1]　《资治通鉴》卷一百九十五，太宗贞观十四年十二月条，第6276页。

打仗的时候再跟他出征。唐代高宗朝以后的"羽林千骑"、"羽林万骑"就是从这个小分队发展起来的。贞观三年（629），东突厥内部分裂，加之天灾使战马多亡，力量衰弱。唐太宗把握住战略机遇，主动出击，消灭了东突厥汗国，俘颉利可汗。这次战役，张士贵没有参加。详考史料，唐对东突厥的这次战役，在京城的禁军将领都没有参加，因为这时唐强突厥弱，唐太宗觉得没有必要让在京的十二卫将领出征，只从京城调出兵部尚书李靖出京全盘负责，调动了部分与东突厥相邻边州的都督参战，如行并州大都督李勣、灵州大都督薛万彻等。

六、平定燕、龚等州少数民族暴乱

张士贵贞观元年（627）任右屯卫将军兼玄武门长上，到贞观六年（632），转为右武候将军。贞观七（633）、八年（634），西南少数民族暴乱，张士贵曾统兵平定，为唐王朝政治局势的稳定做出了新的贡献。

贞观初年，唐的行政区域已包括了今天广西地区的全部，但在这个地方的政令却不很畅通，这有其历史原因。隋朝在这个地区的政令就不很畅通，控制亦很乏力。大唐初建，因为北方不稳定，唐王朝把主要精力放在解决北方问题上，但对西南的经营同样很缺乏。直到贞观初年，西南的少数民族酋长和朝廷虽仍保持着既有隶属关系，但经常我行我素、不遵王化，正如《志文》所言："桂府东西王洞，历政不宾。"贞观七年，燕州（贞观三年置，治今广西平南县）的仡佬族聚集暴乱，势力发展很快，相邻州将不能平息。而此时，唐太宗"贞观之治"已取得巨大成就，政治清明，国家安定，所以，燕州仡佬族的暴乱是逆历史潮流的，应当尽快平息。于是，朝廷任命张士贵为燕州道行军总管，前去平暴，张士贵遂率军进入燕州。因为暴乱分子多据山洞，易守难攻，因此，官军和暴乱分子的战斗非常艰苦。但张士贵亲冒矢石，身先士卒，使战争的进展比较顺利，经过无数次的激战，暴乱终于平息，首恶分子被诛杀。张士贵在前线的突出表现，被当地官员报告朝廷。张士贵回京后，唐太宗为他举行了盛大的庆功会。在庆功宴上，唐太宗对张士贵说："闻公亲当矢石，为士卒先，虽古名将，何以加也。朕尝闻以身报国者，不顾性命，但闻其语，未闻其实，于公见之矣。"[1]

张士贵平息燕州仡佬族暴乱后，唐政府为了加强在西南的统治，在燕州旧治上设立了龚州都督府，督"龚、浔、蒙、宾、澄、燕"[2]等州。

贞观八年，燕州的仡佬族民众在部分反动酋长的煽动下，纠合起来再次暴乱，兵围龚、燕二州，州将不能平。为了彻底解决龚州都督府少数民族暴乱问题，朝廷再次派张士贵前去平暴。这次张士贵大军行至衡阳，暴乱集团听说张士贵统兵前来，斗志瓦解，"夷獠逋窜"，不战而溃。张士贵以其大唐第一流猛将的威名，"不战而屈人之兵"，捷报传至京师，唐太宗很高兴，为张士贵加官进爵，"乃授右屯卫大将军，改封虢国公，检校桂州都督、龚州道行军总管如故"。至此，张士贵职至正三品大将军，爵至从一品国公。作为一个职业军人，已经达到了顶峰。张士贵升迁后，对西南诸州进行了巡视，炫耀了朝廷军威，震慑了暴乱分子。西南局势稳定后，朝廷召张士贵还京，以右屯卫大将军职务仍旧兼玄武门警卫工作。

七、反击薛延陀

在贞观八年后相当长一段时间里，张士贵没有再立取战功，职务也没有变化，主要原因是这一时期社会安定，边疆也比较安宁，唐太宗力求文治，没有更多对外用兵。在贞观九年（635）对吐谷浑、贞观十四年（640）对高昌的战争中，唐太宗也只从朝廷里调出元帅，如李靖、侯君集等，指挥边将参战；大军外出，京城当然要留宿将以备非常。所以，这一时期的张士贵，同很多大将一样，只在京城负责禁军，没有出京作战。据史料记载，从贞观八年到贞观十五年（641），每当唐太宗出巡，张士贵作为禁军将领和"羽林百骑"的负责人，都跟随前往。因此这几年，在张士贵戎马倥偬的一生中，算是比较安定的。

贞观十五年底，雄踞漠北的薛延陀汗国突然发兵南犯，迅速击垮唐扶持的以李思摩（即阿史那思摩）为可汗的突厥汗国，其势之凶猛，有甚于当年的突厥南侵。唐太宗大怒，调名将劲旅北征，张士贵参加了这场著名的北征战役。

薛延陀是我国古代北方一个部族，居突厥之北。本为匈奴别种铁勒之一部，

---

[1]　《旧唐书》卷八十三《张士贵传》，第2786页。
[2]　《旧唐书》卷四十一《地理志四》，第1729页。

初与薛族杂居，故亦号薛族，后吞并延陀，称为薛延陀。唐初，薛延陀为了摆脱东突厥对它的严酷统治，曾联唐反对东突厥。东突厥败后，唐授薛延陀首领夷男为真珠毗伽可汗，建牙于大漠之郁都军山（亦作乌德鞬山，即今蒙古国境内杭爱山），统领漠北回纥诸部，名义上是唐的一个附庸国。唐灭东突厥后，东突厥北部的部分地方为薛延陀占有，作为共同反对东突厥的盟友，唐王朝对此表示默认。唐王朝又把大部分东突厥人迁至黄河以南安置，设置羁縻州府，任命原东突厥贵族担任羁縻州府长官。唐王朝的用意，一是想妥善处理东突厥部众问题，二是想用这些羁縻州府把唐和日益强大起来的薛延陀隔开，使薛延陀不能直接攻击中原王朝。贞观十三年（639），东突厥内迁河南的部落恋土思乡，要求北返，唐授突厥贵族阿史那思摩（唐赐国姓，亦称李思摩）乙弥泥孰可汗，使其率部落 10余万众回归突厥故地，仍以东突厥原建牙之处定襄城（今内蒙古和林格尔县西北土城子）为建牙之处。突厥人回归突厥故地，本来是很正常的，薛延陀却不满意，欲对阿史那思摩用兵，唐太宗赐薛延陀玺书进行调解，玺书说："自黜废颉利以后，恒欲更立可汗，是以所降部落等并置河南，任其放牧，今户口羊马日向滋多。元许册立，不可失信，即欲遣突厥渡河，复其国土。我策尔延陀日月在前，今突厥理是居后，后者为小，前者为大。尔在碛北，突厥居碛南，各守土境，镇抚部落。若其逾越，故相抄掠，我即将兵各问其罪。"[1] 薛延陀得唐玺书，不敢对阿史那思摩轻易动武。

贞观十五年（641），唐太宗东巡洛阳，实际是为泰山封禅做准备，文武大臣多随从。消息传到薛延陀真珠毗伽可汗夷男那里，夷男认为这是他入寇的最佳时机，对部众说："天子封泰山，士马皆从，边境必虚，我以此时取思摩，如拉朽耳。"[2] 夷男的分析的确有道理，当时唐的很多名将，如李勣、张士贵等名将都跟随唐太宗东幸。于是，夷男命"其子大度设发同罗、仆固、回纥、鞯鞨、霫等兵合二十万，度漠南，屯白道川，据善阳岭以击突厥"[3]。

薛延陀屯军白道川（今内蒙古呼和浩特市西北），阿史那思摩战败，退守朔州，遣使告急。薛延陀来势凶猛，又乘胜据要津，如果不能很快予以回击，那么，唐花费 10 余年时间经营突厥的成果将毁于一旦，因此，唐太宗立即组织北

[1]　《旧唐书》卷一百九十四《突厥传上》，第 5164 页。
[2]　《资治通鉴》卷一百九十六，贞观十五年十一月条，第 6283～6284 页。
[3]　《资治通鉴》卷一百九十六，贞观十五年十一月条，第 6284 页。

征军。为了确保胜利，唐太宗分五路出兵，各路主将均由声震中夏的名将担任。据两《唐书·太宗本纪》、《资治通鉴》、《册府元龟》等史料记载，唐的五路兵马分别是：营州都督张俭帅所部骑兵及奚、霫、契丹兵从营州（治今辽宁朝阳市）出发，从东面攻击薛延陀；并州大都督长史李勣为朔州道行军总管，将兵60000，骑1200，北上抵御；右屯卫大将军张士贵将兵17000，为庆州（今甘肃庆阳市）道行军总管，出云中（今山西大同市一带）；右卫大将军李大亮为灵州道行军总管，将兵屯灵武（今宁夏吴忠市）；凉州（今甘肃武威市）都督李袭誉为凉州道行军总管，从西路牵制薛延陀。五员上将辞行出征时，唐太宗为他们制定了总的战略部署，他说："薛延陀负其强盛，逾漠而南，行数千里，马已疲瘦。凡用兵之道，见利速进，不利速退。薛延陀不能掩思摩不备，急击之，思摩入长城，又不速退。吾已敕思摩烧薙秋草，彼粮糗日尽，野无所获。顷侦者来，云其马啮林木枝皮略尽。卿等当与思摩共为犄角，不须速战，俟其将退，一时奋击，破之必矣。"[1] 五将出征，李勣一路距敌最近，李勣又是唐军中最善打恶仗硬仗的统帅，遂挺兵奋进，出雁门关，直逼朔州。"（张）士贵督夏州骑士，倍道邀击，大破之"[2]，遂与李勣军形成对薛延陀的夹击之势。唐军势大，尘埃涨天。薛延陀先锋大度设惧，立即北撤。唐军以精骑追击，逾白道川，追及青山，败薛延陀于诺真水，斩首3000余级，俘获5万人。唐军诺真水大捷后，李勣遣副总管薛万彻追击，薛延陀退回漠北。这时又正值漠北大雪，薛延陀"人畜冻死者什八九"[3]。唐军五路出击，大获全胜（图16）。薛延陀遣使求和，唐太宗不无自豪地对使者说："归语可汗：凡举措利害，可善择其宜。"[4]

唐军胜利后，唐太宗命五路军马各还本镇，以备薛延陀死灰复燃。张士贵奉敕镇守庆州，朝廷又授予他检校夏州都督职务。夏州（治光禄县，即统万城故址）是唐北方重要的羁縻州府之一，军事地位十分重要。贞观十六年（642）四月，北征薛延陀战役全面结束，朝廷召张士贵还京，继续任右屯卫大将军。

---

[1] 《资治通鉴》卷一百九十六，贞观十五年十一月条，第6284页。

[2] 《册府元龟》卷三百五十八《将帅部·立功》，第4034页。

[3] 《资治通鉴》卷一百九十六，贞观十五年十二月条，第6285页。

[4] 《资治通鉴》卷一百九十六，贞观十五年十二月条，第6285～6286页。

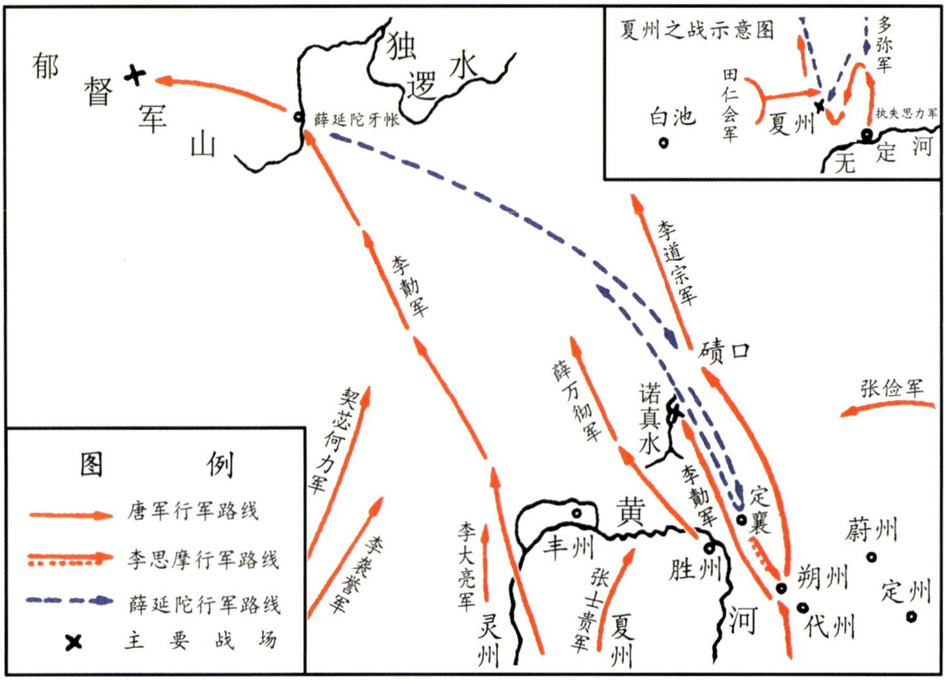

图 16　平定薛延陀作战示意图

八、出任兰州、幽州都督及免官事由

　　贞观十六年后，在短短两三年之内，张士贵又做过几任边州都督。《志文》载，贞观十六年，任兰州都督（都督府治今兰州），不久，又迁幽州都督（都督府治今北京市）。自贞观十五年底薛延陀犯塞后，唐和薛延陀的关系一直比较紧张，唐北方诸州和薛延陀更是剑拔弩张，小规模冲突从未间断。在这种情况下，唐在北方诸州，特别是一些军事重镇，势必要安排英勇善战的军政主官。凉州、兰州、庆州、并州、幽州、营州是唐北方边境的军事重镇，它们呈上弦月形拱卫着中原。任命张士贵为兰州、幽州都督，无非是让其驻守重镇，威慑敌对势力，确保大唐安全。关于张士贵任幽州都督的时间，《志文》没有明确交代。据两《唐书·程知节传》和《程知节墓志》，程知节贞观十七年（643）时任幽州都督，由于贞观十八年（644）张士贵就作为行军总管参加征辽战争，所以，张士贵任幽州都督当在贞观十七年后，应当是程知节的后任。

　　《志文》载，贞观十八年（644），张士贵在幽州都督任上"以谴去官"，是说他因故被免去了都督职务，到底是什么原因，史料没有交代。关于这个问题，拜根兴教授在《贞观十九年征伐高丽与唐将张士贵行迹》一文中有详细考证。拜先生认为，张士贵被免职可能是因为其督办粮草不力所致。幽州是唐征辽的兵马和粮草集结地，也是唐征辽的战略进攻出发阵地。唐太宗授张士贵幽州都督，就是为征辽战争做准备。为达成目的，还从朝廷调出太常卿韦挺为馈运使，负责幽州等河北诸州粮草转运。但是韦挺经常置酒会友督办不力，被太宗申斥贬官。张士贵作为幽州军政主官，与韦挺个人关系又比较密切，韦挺的渎职，张士贵负有不可推卸的督察责任，因此被免官，以示惩戒 [1]。我们认为，拜先生的分析是有道理的。

九、参加第一次征辽战争

1. 参加征辽战争的功绩

唐太宗免去张士贵职务后不久，唐对辽东用兵进入倒计时，"王师底伐，属想人雄"（《志文》），那些威名赫赫的宿将都被起用，据《尉迟敬德墓志》载，尉迟敬德这时已经致仕，唐太宗命他随军出征，授第一马军总管职位。刚被免职的张士贵也被起用，被授予辽东道行军总管职务。

这里简述一下唐第一次征辽战争的历史背景。大唐建国平定天下后，辽东半岛高丽、新罗、百济三国向唐称臣纳贡，名义上成为唐的属国。贞观十六年（642），高丽国西部大人（亦有史料说东部大人）盖苏文犯法，高丽国王高建武与诸大臣商议，欲杀盖苏文，事泄，盖苏文先发制人，率部下反，杀国王高建武和诸大臣将佐百余人，立建武弟高藏为傀儡国王，自立为莫离支，这一职务相当于当时唐王朝的兵部尚书兼中书令，自是揽军政大权于一身。对于高丽的既成事实，唐太宗只得承认，并为建武举哀，还派官员前去吊祭，承认盖苏文的监国地位。贞观十七年，唐太宗又封高藏为辽东郡王、高丽王。尽管如此，唐太宗始终对盖苏文弑君耿耿于怀，总想除掉他，只是苦无借口，故忍气吞声，没有发兵。后来，高丽发兵攻打和唐关系更为密切的新罗，唐以宗主国名义劝阻，但未奏效，遂决定对高丽用兵。

据两《唐书·太宗本纪》、《资治通鉴》卷一百九十七至一百九十八等史料载，唐王朝此次征辽，诸军战斗序列如下：

---

[1] 拜根兴：《贞观十九年征伐高丽与唐将张士贵行迹》，《唐都学刊》2017年第3期。

贞观十八年（644）十月，以刑部尚书张亮为平壤道行军总管，帅江、淮、岭、硖兵4万，长安、洛阳募士3000，战舰500艘，自莱州泛海趋平壤；以太子詹事、左卫率李勣为辽东道行军大总管，帅步、骑6万及兰、河二州降胡趋辽东。

贞观十九年（645）正月，太宗从洛阳出发北上，与李勣主力会合。由于张士贵为辽东道行军总管，为李勣下属，所以在辽东前线，张士贵始终和太宗、李勣在一起，凡李勣指挥的重大战役，张士贵都以中军将领身份参加了。

贞观十九年三月，唐水陆两军陆续与高丽接战。四月一日，李勣自通定渡辽水，至古玄菟郡地。高丽大骇，所在城邑皆闭门自守，李勣军一一拔之。十五日，李勣攻盖牟城（今辽宁抚顺市），拔之。五月，张亮拔卑沙城（今辽宁大连市金州区大黑山中）。接着，李勣兵围辽东城（今辽宁辽阳市），唐太宗以大军援之，遂克其城，杀万余人，俘万余人。五月二十八日，唐军进攻白岩城（今辽宁辽阳灯塔市大窑乡），破之，唐军屡战屡胜。六月十日，进兵安市城（今辽宁海城东南营城子），在安市城外，唐军屡破高丽军，但终未攻克安市。由于辽东天气寒冷，九月，

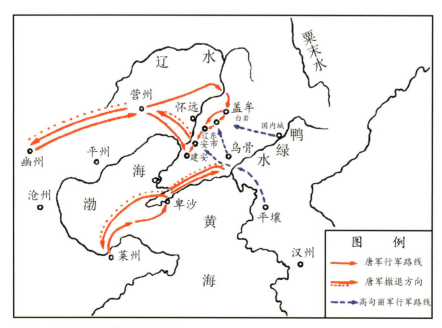

图 17　唐太宗征伐高句丽作战示意图

唐军不得已撤军。唐第一次征辽战争，虽然取得了一系列战役胜利，但终未遂成消灭高丽和诛杀盖苏文的战争目的，这是令唐太宗遗憾的地方（图 17）。

我们重点要说明的是，在安市会战中，张士贵为取得战役胜利立下了显著功劳，同时，通过这次战役，唐太宗也发现了薛仁贵这样的后起之秀，薛仁贵后来也成长为一位赫赫有名的战神。

唐太宗兵围安市城，命诸军急攻，但久攻不下。六月二十日，高丽北部耨萨（都督）高延寿、高惠真率高丽、靺鞨兵 15 万来救安市。唐太宗决定采取围城打援战术，他曾用这种战术在河南战场"一战而擒二王"，消灭了窦建德和王世充，所以，高丽兵驰援安市，正是太宗所希望的。唐太宗乃命大将阿史那社尔以突厥千骑诱援兵，兵始接即诈败。高丽军轻敌，兵至安市城东南八里，依山列阵。唐太宗见敌中计，六月二十一日，乃命李勣率步骑 15000 在西岭列阵，长孙无忌率精兵 11000 为奇兵，自率步骑 4000，挟鼓角，偃旗帜，登上北山指挥，令张士贵等诸军闻鼓声齐出奋击。张士贵率部首先与敌交战，恰巧这时雷电交加，似为唐军助威。张士贵帐下士卒薛仁贵，"自恃骁勇，欲立奇功，乃异其服色，著白衣，握戟，腰鞬张弓，大呼先入，所向无前，贼尽披靡却走，大军乘之，贼乃大溃"[1]。高丽兵败后，延寿率众依山自固，太宗命诸军围之。第二天，高延寿率残兵 36800 人请降。这一仗，是唐太宗征辽战役中最辉煌的一仗，他在受降时不无自豪地说："东夷少年，跳梁海曲，至于摧坚决胜，故当不及老人，自今复敢与天子战乎？"[2] 他还致书给在定州的太子李治，骄傲地说："朕为将如此，如何？"[3] 当然，唐军安市大捷，首功当推主帅唐太宗，毫无疑问，他高超的军事指挥艺术起到了决定性作用。同时，唐数路大军的密切配合和张士贵率领的皇家健儿先冲敌阵，以及薛仁贵的骁勇善战，也都为战役的胜利起到了重要作用。

---

[1] 《旧唐书》卷八十三《薛仁贵传》，第 2780 页。

[2] 《资治通鉴》卷一百九十八，贞观十九年六月条，第 6339 页。

[3] 《资治通鉴》卷一百九十八，贞观十九年六月条，第 6340 页。

唐太宗从辽东班师时，论功行赏，拜张士贵冠军大将军，为武散官，正三品，行左屯卫将军，从三品。散官高而职务低者称行。这里要说明的是，张士贵此前实职已做过大将军和幽州都督（从二品），都达到了正三品以上，但是被免官，起复后先担任了行军总管临时军职，这个时候需要恢复一些常设的实际军职。按照惯例，不能一下子就恢复原位，需要逐步恢复，因此，恢复的第一个常设实际军职是从三品将军。张士贵任左屯卫将军，太宗安排他率军殿后，行至并州，转为右屯卫大将军，至此，已经官复原品了。《志文》评价张士贵在征辽战争中的表现说："超海之力，气盖三军；横野之功，胆雄百战。"

2. 张士贵在小说戏剧中的反面艺术形象

通俗小说、戏剧说张士贵加害薛仁贵之事，即由张士贵、薛仁贵共同参与安市会战演绎而来。事实上，张士贵没有迫害薛仁贵之举。两《唐书·薛仁贵传》、《资治通鉴》卷一百九十六、《册府元龟·总录部·勇》等史料记载，薛仁贵是绛州龙门县（今山西河津市）人，猿臂善射，武艺出众，但家境贫寒。太宗征辽，在绛州募兵。薛仁贵的妻子柳氏（演义小说、戏曲中的柳迎春）劝丈夫应募，通过立取战功改变地位。薛仁贵乃"谒将军张士贵应募，请从行"[1]。薛仁贵既然是张士贵招募的士兵，被分到张士贵任总管的"辽东道行军"军团是理所当然的。安市会战前，张士贵帐下郎将刘君昂在一次战斗中为敌兵所困，薛仁贵奉命前去解救，他"跃马径前，手斩贼将，悬其头于马鞍，贼皆慑服"[2]，由此知名。安市会战时，薛仁贵的表现被在山上观战的唐太宗看见，战后，唐太宗问："白衣先锋者为谁？"[3]史料里没有提及张士贵是如何回答的，以张士贵和薛仁贵此时的身份地位来判断，张士贵不一定认识薛仁贵。史书说薛仁贵"谒将军张士贵应募"，乃概言薛仁贵应募于张士贵之军，不一定能见到张士贵。但皇帝问起，总会调查清楚汇报的。唐太宗大喜，赐薛仁贵"马两匹，绢四十匹，擢授游击将军，云泉府果毅"[4]。游击将军是散官，表示级别，为从五品，果毅是实际军职，为正六品至从五

---

[1] 《旧唐书》卷八十三《薛仁贵传》，第 2780 页。
[2] 《册府元龟》卷八百四十七《总录部·勇》，第 9856 页。
[3] 《旧唐书》卷八十三《薛仁贵传》，第 2780 页。
[4] 《旧唐书》卷八十三《薛仁贵传》，第 2780 页。

品。由此，薛仁贵踏上了仕途。的确，在唐第一次征辽战争中，能有薛仁贵这样的青年英雄脱颖而出，也是唐太宗的一大收获。

虽然小说、戏曲艺术创作不同于史书记述，一个历史人物的艺术形象和历史形象应当被分开看待，但由于我国的史书浩如烟海，加之又是用古文撰写，非专业人士一般不会拿出时间去研读，很多读者观众了解历史人物常常从小说、戏剧入手，潜移默化，就不由自主地把人物的艺术形象当成历史形象。张士贵的反面艺术形象流布甚广，这里有必要就这一问题的产生与发展作一交代。

关于张士贵是何时被何作品处理成反面艺术形象的，杜文玉教授在《关于张士贵家族的几个问题》一文中，专列一节"张士贵的文学形象问题"，对此进行了详细考证，这里简述一下杜先生的研究成果。

杜先生认为，最早对张士贵形象歪曲的是元初佚名所写的话本小说《薛仁贵征辽事略》。元人张国宾所撰《薛仁贵荣归故里》杂剧，保留至今的有明万历刻本，则进一步推波助澜。大意说唐太宗率军征伐高丽，总管张士贵被围，为其部属薛仁贵所救，并击退高丽军，而张士贵反倒夺其功劳，被军师徐茂公（即徐懋功）揭穿，

监军杜如晦也出面作了证明。元末明初人罗贯中所写的《隋唐两朝志传》保留了这种写法。不过罗贯中毕竟熟知史籍，在其书中只写了张士贵冒领薛仁贵之功，并未对其加以陷害。至清代，描写隋唐历史故事的小说与戏曲大盛，鸳湖渔叟的《说唐全传》、如莲居士的《薛仁贵征东》等小说，以及清人李世忠的《梨园集成》《薛蛟观画》等戏曲作品，不仅继续了这一写法，还增加了许多情节，把张士贵塑造成一位无德无能、奸诈卑鄙、无恶不作的佞臣形象。当然有关此事的文学作品并不仅限于此，有关张士贵的故事大同小异，就不一一列举了。

杜先生对出现这些作品的时代背景也做了研究，认为自元代以来，社会上兴起了以隋唐历史故事为题材的文学创作热潮。蒙古亡宋，对文人儒士采取了歧视的政策，许多知识分子压抑已久，唐朝又是中国历史上的鼎盛时期，遂以描写唐军对外战争的胜利，寄托自身的情思。薛仁贵作为唐代著名大将，出身于社会下层，又经历了许多大战，尤其对外战争，当然是最好的创作题材。至清代也是异族统治中国，文字狱更加严酷，薛家将的故事又一次成为文人创作的最好题材，《薛仁贵征东》《薛丁山征西》等无一不是描写对外战争的小说，就

是很好的证明。至于写薛家将的故事，为什么要牵连上张士贵？乃是文学创作规律所致，一般而言，塑造人物总要写其人生坎坷，历经艰险，方显英难本色。那么以谁为薛仁贵的对立面呢？文学家们就选准了张士贵。为什么一定要选张士贵呢？众所周知，唐初实行府兵制，同时配合以募兵，薛仁贵就是通过招募参军的。由于薛仁贵是张士贵招募的军卒，自然在其麾下服役，写薛仁贵屡受压制，必然就会牵连到张士贵[1]。

十、镇压雅、邛、眉等州少数民族动乱

唐第一次征辽战争结束后，张士贵官复正三品大将军。回京后，朝廷授其为茂州都督（治汶山，今茂汶羌族自治县）。同贞观十六年（642）朝廷授张士贵为兰州都督、贞观十八年（644）授张士贵幽州都督的情况相似，唐太宗这次出张士贵为地方都督，也有深层次的政治和军事目的。原来，唐第一次征辽战争结束后，唐太宗对自己没有最终降服高丽很不满意，一心想再征高丽，所以派边将对高丽的袭扰始终没有停止，希望通过不断地袭扰，消耗高丽国力和军队士气，最后再给予致命一击。为了第二次征辽出师即胜，唐太宗很认真地做着大量战前准备工作，如建造排水量极大的战船等。剑南道的雅（治今四川雅安市）、邛（治依政县，今四川邛崃市东南）、眉（治今四川眉山市）等州，临江近水，民善造船，唐太宗便征发这一代民众到长江上游造船，以备征辽。因为任务重、时间紧，"州县督迫严急，民至卖田宅、鬻子女不能供，谷价踊贵，剑外骚然"[2]。几州民众苦不堪命，纷纷聚众闹事。茂州正和雅、邛、眉诸州毗邻，是唐王朝控制这几个州的军事重镇。为了有效地威慑雅、邛、眉诸州民众，确保剑南道的安全，唐太宗才安排在南方少数民族中享有威名的张士贵出任茂州都督。

果然不出唐太宗所料，贞观二十二年（648）八月，雅、邛、眉等州民众因不堪朝廷造船苦役，开始大规模聚众动乱。毫无疑问，唐王朝要给予镇压。唐太宗早就未雨绸缪，已在茂州安排了猛将。朝廷任命张

---

[1] 杜文玉：《关于张士贵家族的几个问题》，《唐都学刊》2017年第3期。
[2] 《资治通鉴》卷一百九十九，贞观二十二年九月条，第6375页。

士贵为雅州道行军总管，对雅、邛、眉三州用兵。张士贵立即以茂州都督府府兵为主力，在右卫将军梁建方的配合下，对三州民众动乱进行了镇压，很快平息了事态。不过这三州民众造反事件具有积极的历史意义，它犹如一盆冷水，直浇日益骄傲的唐太宗头顶。事平后，唐王朝减轻了剑南道数州的税赋，敕令部分造船费用由官府承担。

十一、晚年历官及薨后陪葬昭陵

雅、邛、眉等州民众动乱被平定后，朝廷授张士贵金紫光禄大夫，调任扬州都督府长史。扬州都督府是唐代著名的上都督府，都督为从二品，其职通常由亲王或宰相遥领，长史为实际负责人。据《旧唐书·太宗本纪》、《资治通鉴》卷一百九十九，张士贵为扬州都督府长史时，都督是长孙无忌。长孙无忌是太宗长孙皇后之兄，当时为宰相。张士贵一生征战，很少处理地方行政事务，虽然曾出任过兰州、幽州、茂州都督，但当时朝廷委任其职还是从军事上考虑的多一些，从民政上考虑的少一些。朝廷这次任命张士贵为扬州都督府长史，笔者认为，还是从军事上考虑的要多一些，确切地说，依旧是为征辽战争做准备。扬州控扼大运河和长江入海口，是唐代长江下游水军和粮草集结地，贞观后期和高宗一朝，由于征辽，扬州都督府担负着从大运河向山东半岛输送军需物资和组织战船入海作战的任务。《志文》说张士贵在扬州，能够为民着想，积极疏通河流，造福民众。当然，都督府都督例兼本州刺史，关注民生亦是份内之事。我们以为，上官仪这样写，不过是文人关注民生情怀的表露罢了。

唐高宗永徽二年（651），年近七旬的张士贵奉调回京，拜左领军大将军。安排大臣晚年回京任职，是朝廷对年迈大臣的优待。永徽四年（653），张士贵因年迈，屡次上表请求致仕，朝廷乃授其镇军大将军（武散官，从二品），依旧封为虢国公，准其致仕。显庆二年（657），张士贵从驾东巡洛阳，六月三日病故于洛阳显义坊私宅，享年72岁。高宗诏赠辅国大将军（正二品）、荆州都督，以他"辟土有德""因事有功"[1]，加谥号襄，十一月十八日陪葬昭陵。墓葬在今礼泉县烟霞镇马寨村南，正北距唐太宗昭陵约6千米。墓前原有神道碑，宋欧阳修《集古录》、田概《京兆金石录》有载，无撰书人姓名。墓葬1971年发掘，墓志出土，太子中舍人、弘文馆学士上官仪（龙朔二年以中书侍郎同中书门下三品拜相）奉敕撰，梓州盐亭县尉张玄靓书。《志文》对张士贵的一生给予了很高的评价。

一代名将张士贵，为大唐王朝的建立与强盛，征战一生，鞠躬尽瘁，无愧于唐高祖、唐太宗、唐高宗三代皇帝的信任与眷顾，更无愧于辉煌灿烂的中华历史。

---

[1] （宋）王溥：《唐会要》卷八十《谥法下》，中华书局，1955年，第1468页。

《牛进达墓志》笺疏

志主牛秀，字进达，濮阳雷泽（今山东菏泽市东北）人。隋末入瓦岗军，后归由王世充把持的东都隋皇泰政权，武德二年（619）投唐，以功累除开府。贞观时，历右武卫中郎将、守左卫将军、鄯善道行军副总管、左武卫将军、阔水道行军总管、交河道行军总管、检校右武候大将军、沧海道行军大总管、左武卫大将军等，封琅邪郡公。永徽二年正月十六日（651年2月11日）薨，享年57岁，赠左骁卫大将军、幽州都督、幽州刺史等，谥壮公，同年四月十日（651年5月5日）陪葬昭陵。牛氏在两《唐书》中有点滴记载，但无专传，《资治通鉴》《册府元龟》对牛氏亦有零星记载，志文可补史料之阙。

该墓志1976年4月出土于礼泉县赵镇石鼓村西北约1000米处的牛进达墓中。志盖盝顶，厚13厘米，底边长70.5厘米，四刹饰四神，盖面篆书"大唐故左武卫大将军上柱国琅珸郡开国公牛府君墓志之铭"。正方志石，厚13厘米，边长70.5厘米，四侧饰十二生肖。志文正书39行，满行39字，题"大唐故左骁卫大将军幽州都督琅邪公墓志"，无撰书者姓名（图1、2）。

一、墓志录文

大唐故左骁卫大将军幽州都督琅邪公墓志

君讳秀，字进达，其先陇西人，因官而迁，今为濮阳之雷泽人也。朱宣御历，通爽气于金方；黄虞启运，著薰风于渔泽。是以上地为儒，缺流声于七雄之

图1 牛进达墓志盖拓片

代；陈仓有守，邯发誉于三分之时。自兹厥后，冠冕逾劭。旋祥令迹，絪蕴芳缣。祖定，魏韩州刺史、上柱国、平原县公。德被宣条，荣高苴土。祖双，齐镇东将军、淮北太守。寄隆御侮，政成河润。父汉，清漳令。时雏驯雉，夜渔沉小。君发祥河之祉，蕴惟岳之灵。弱而瑰异，长而奇杰。学书不成，负剑气于冲斗；行遗小节，屏鲛害于沉流。射宓妃于洛滨，投要离于江上。顾山川而累叹，伫风云而永怀。属汉东沦覆，中原潜沸。四渎鲸奔，五方鹊起。君乃言求力士，愤逸气于沙中；直视侠客，且酣歌于榆次。暂臣李密，知卿子之娇亡；甫托杨侗，察秦婴之系组。于时文皇东略，谣均西怨。杖剑辕门，遇优辍洗。蒙受开府，从征汾晋；兼总马军，陪麾巩洛。武周授首，王充舆榇。克翦之勋，事隆赏秩。窦德之西图敖庚，刘闼之东连赵魏。力负拔山，势疑绝纽。君援换抢而扫祲，奋格泽以销氛。战酣移晷，轮埋喋血。白马之津，功标万骑；乌江之上，声冠五侯。文皇帝业践少阳，任先警卫。暨乎嗣膺丕烈，寄重谁何。贞观元年，以右武卫中郎封魏城男，食邑三百户。冯盎潜扇瓯闽，将倾岭峤。君特禀戎律，克静奸回。复龚圣算，西屠夷落。巴濮无虞，彭微以晏。凯旋之日，诏授右卫中郎。八年，迁守左卫将军。于时吐谷浑内扰湟中，王赫斯奋，乃为鄯善道行军副总管。魂驰寇垒，志烈风驱。遥刷河源，遐清导弱。功兼群帅，用畴殊赏。诏授左武卫将军，加爵为侯。后西讨高昌，复资戎算，为交河道行军总管。星言右地，直指前庭。旌旃所临，鱼鸟惊审。翼飚风于闾阖，送归日于崦嵫。仲山之鼎，不足称其伐；博望之言，无以穷其蔓。宠命隆渥，特光茅社。徙封琅邪郡公，食邑三千户，金帛之差，有逾千计。十八年内，从讨辽阴，检校右武候大将军，总督巡警。齐朱绶于

图 2　牛进达墓志底拓片

七萃，整鞬革于六戎。驻跸之时，率先告捷。大风□□，巨麟斯絓。
廿一年，又为沧海道行军大总管。玉舳云兴，雕戈星缛。山鳌息拚，
水若澄流。勒九都之□，□□□之险。特垂纶綍，远加慰谕，仍授
左武卫大将军。太宗升遐，特崇陵寝。禁卫之事，咸委腹心。俄而
正直多违，未轸昊离之叹；高明有瞰，遽闻朝露之歌。以永徽二年
正月十六日薨于雍州万年县宣阳里之私第，春秋五十有七。呜嘑哀
哉，愁遗之哀，已闻于宵极；不知之痛，空结于桃李。爰降纶诰，
赠左骁卫大将军、使持节都督幽易妫檀平燕六州诸军事、幽州刺史，
赙绢布三百段，仍于昭陵赐茔地并赐东园秘器，葬事所须，并令官给。
五品一人监护，仪仗送至墓所。谥曰壮公，依礼也。惟君负逸群之资，
怀超世之量。徇命乃求仁之旨，扬名为事亲之方。自择木钟辰，骞
鸿鹄之志；策名在日，畅熊黑之能。至于葭中扼猛，高贲戎之勇悍；
驰射下山，卫将军之趫捷。遂得功宣帝载，契叶兴王。分甲第于宣平，
疏曲台于上路。哥钟在列，骈驷纷衢。鄙卫尉之耳语，轻棘门之儿戏。
汝阴侯之所重，不遗大侠；关长生之所亲，坐多长者。固已镏铢寇贾，
抑扬樊郦。阅水空驰，奔驹溘远。夫人河东裴氏，父神安，夒州长
史、澄城公。夫人凝辉珠派，发色琼田。香缨在时，已漳婉娩之性；
玉珈盈首，先闻淑慎之姿。逮琴瑟有和，蘋藻惟睦，尸玄霜而表洁，
践绛霜雪而齐明。信闺庭之羽仪，室家之韶令。烟飘弄玉，已居箫
史之前；津双宝剑，自落司空之后。粤以永徽二年四月十日合葬于
昭陵之赐茔。呜嘑哀哉。方使邙山之际，类洧石而标坟；茂陵之下，
拟祁连而为隧。有子七人：师赞、师度、师尚、师友、师德、师明、
师敬。凤禀过庭，乡称颜子；至性所感，人类曾参。仰增岵而崩心；
临寒泉而洒血。如疑之感，竟无追于风树；不朽之规，庶流芳于泉户。
式敷遗美，以旌罔极。其词曰：

秦儒游赵，魏臣抗蜀。缃史遐镜，声明缅烛。乃祖重光，褰襜累躅。
显考垂衮，闻韶继曲。琅邪桓桓，运拒艰难。遽洗方布，杖剑伴韩。
师集垓下，兵屠上兰。锡社苴白，期砺书丹。西涤瑶阴，南浮珠浦。
玉垒收瓥，金丘沸鼓。辅碣援枹，逾蓬绁马。业高镌鼎，功宣缀舞。
与福爽仁，在天迷吊。岱宗敛魄，悲泉沉照。细柳摧营，文昌掩曜。

婴室沦轨，横歌起调。婉彼清阳，宜其嫔室。芝叶齐秀，茗华喻质。如灌闻禽，方弦韵瑟。草无遗露，梁先下日。苍梧之云，茂乡之坟。巇岭芜没，卢山纥纷。玄甲空在，青松已曛。唯余徽谥，千祀流芬。

二、郡望与族系

《志文》云："君讳秀，字进达，其先陇西人，因官而迁，今为濮阳之雷泽人也。"两《唐书》、《资治通鉴》对牛氏有点滴记载，皆言"牛进达"，而不言"牛秀"，是知当年牛氏与尉迟敬德、秦叔宝一样，以字行。牛氏名秀，与其《碑》所载同，《碑》云："其先陇西狄道人。"[1]陇西牛氏，为海内望族，始于东汉护羌校尉牛邯，其后支庶迁徙，又有安定、泾阳、富平、灵台数支，英髦叠秀。《元和姓纂·牛姓》云："宋微子之后，司寇牛父，子孙以王父字为氏。战国时赵有牛翦，秦有牛缺。［陇西］汉牛邯为护羌校尉，居陇西。又有牛崇、牛嘉。魏有牛金。汉牛霸，霸生真。姚秦时牛双。石季龙以韦、杜、牛、辛、皇甫、胡、梁七姓，衣冠华胄，不在戍后限。"[2]

《新唐书·宰相世系表》亦云："牛氏出自子姓。宋微子之后司寇牛父，子孙以王父字为氏。汉有牛邯，为护羌校尉，因居陇西，后徙安定，再徙鹑觚。"[3]

牛进达先祖以陇西为郡望，出自牛邯当无疑问。但牛邯是否为牛缺之后，谱牒无载。隋唐碑版，尤重门阀，铺叙碑、志之主族系，往往罗列夏商周三代以降同姓显贵，附会为先祖，以状族系之盛。《志文》除言牛邯为牛进达先祖外，还铺叙牛缺为其先祖，云："是以上地为儒，缺流声于七雄之代。"上地，通都大邑。缺，即牛缺，战国时秦国大儒。《淮南子·人间》载，牛缺尝往邯郸，遇盗于耦沙之中，尽取其衣装牛车，无忧色，因有名于诸侯。

《志文》铺叙牛邯为牛进达先祖，用一句四六（变体为四八）文与言牛缺句对应，但用典有误，其文云："陈仓有守，邯发誉于三分之时。"此句实讲牛邯为割据陇右的隗嚣大将，镇守瓦亭而降汉光武之事。牛邯在《后汉书·隗嚣传》有附传，其事迹除附传记载外，还互见于《隗嚣传》。《附传》云："牛邯字儒卿，狄道人。有

[1]　张沛：《昭陵碑石·牛进达碑》，三秦出版社，1993年，第122页。

[2]　（唐）林宝撰、岑仲勉校记：《元和姓纂（附岑仲勉四校记）》卷五，中华书局，1994年，第704页。

[3]　（宋）欧阳修、宋祁：《新唐书》卷七十五上《宰相世系表》，中华书局，2011年，第3364页。

勇力才气，雄于边垂。及降，大司空
（空）〔徒〕司直杜林、太中大夫马
援并荐之，以为护羌校尉，与来歙平
陇右。"[1]牛邯降汉事，《隗嚣传》
有载。建武八年（32），光武伐陇。
隗嚣乃命王元拒陇坻，行巡守番须口
（今陕西陇县西北），王孟塞鸡头道
（今宁夏隆德境），牛邯军瓦亭（今
宁夏固原南），筑成一道北起六盘山、
南至陈仓的防线，并以木塞道，汉军
久不得进。此前降汉的隗嚣大将王遵
与牛邯有旧，知邯有降汉之心，乃写
信与之，详陈利害，"邯得书，沈吟
十余日，乃谢士众，归命洛阳，拜为
太中大夫"[2]。牛邯降汉，使隗嚣苦
心经营的三大军事堡垒（番须口、鸡
头道、瓦亭）顷刻瓦解，"于是嚣大
将十三人，属县十六，众十余万，皆
降"[3]。《志文》意在铺陈这一典故，
却将东汉初牛邯守瓦亭以拒汉光武事
误为三国时魏将守陈仓以拒蜀军事。
《志文》铭文部分言此为"魏臣抗蜀"。
此误的产生大致由于《志文》作者误
将隗嚣的三大军事堡垒记为东汉末的
三国鼎立，加之三大堡垒防线的确南
起陈仓一带，而三国时魏、蜀又在陈
仓有过攻守，故在撰写《志文》时，

只求文辞骈对而未详审原典。

牛进达三代直系先祖，《志文》
铺叙为"祖定，魏韩州刺史""祖双，
齐镇东将军、淮北太守""父汉，清
漳令"。《志文》在"祖定"前空一
格未书，当为"曾"字，应是勒石者
疏忽所致。《牛进达碑》记牛氏直
系先祖云"曾祖定，后魏韩□（下
缺）""父汉，隋濮州主簿、洺州
清漳县令"[4]。《牛进达碑》言牛汉
历官，增"隋濮州主簿"。牛定，于
《北史》《魏书》无传，牛双于《北
史》《北齐书》无传，牛汉于《隋书》
无传，生平皆不可考。

隋唐碑版行文惯例，每述碑、志
之主或其先祖官爵，多于官爵后予以
颂扬，或言官爵显赫，或言治绩为最。
《志文》颂扬牛定："德被宣条，荣
高苴土。"宣条，乃汉朝颁行的六条
考察官吏的诏书，由刺史掌奉考察官
员，因以指牛定为韩州刺史，检刺官
吏有政绩。苴土，即以茅草包裹（苴）
帝王社稷坛上代表方位的色土，按诸
侯封地所在方位予之，以分封诸侯。
《志文》意谓牛定爵封平原县公。《志
文》褒美牛双："寄隆御侮，政成河
润。"前句谓牛双为镇东将军，深得

———————————

[1]　（南朝宋）范晔：《后汉书》卷十三《隗嚣附牛邯传》，中华书局，2011年，第531页。
[2]　《后汉书》卷十三《隗嚣传》，第529页。
[3]　《后汉书》卷十三《隗嚣传》，第529页。
[4]　《昭陵碑石·牛进达碑》，第122页。

朝寄；后句谓牛双为淮北太守，善于化民。这些都是习见套词，不详解释。牛汉
为官，已不如父祖显赫，只做到州主簿、县令级别，《志文》颂扬他时所用"时

图 3　牛进达墓门局部《胡人反弹琵琶图》拓片

雉驯雏，夜渔沉小"二典，不太常见，稍作铺陈：

　　"时雉驯雏"，言官员化民，百姓仁爱。用东汉鲁恭治理中牟之典。《后汉书·鲁恭传》载，扶风平陵人鲁恭为中牟令，以德化为理，不任刑罚。螟伤稼禾，不及其境。河南尹袁安使仁恕掾肥亲前往视察。恭随行阡陌，俱坐桑下。有雉过，

图 4　牛进达墓门局部《胡人手持铃铛舞蹈图》拓片

止其旁，旁有童儿。肥亲让小儿捕之，小儿曰："雉方将雏（雉鸟将要喂养小鸟）。"不肯捕之。亲曰："所以来者，欲察君之政迹耳。今虫不犯境，此一异也；化及鸟兽，此二异也；竖子有仁心，此三异也。久留，徒扰贤者耳。"[1]"夜渔沉小"，言官员化民，百姓知礼。用春秋宓子贱治理亶父之典。《吕氏春秋·具备》载，鲁国宓子贱为官治理亶父，以德教化。过了三年，鲁国国君遣使暗访，见夜晚渔人把小鱼又放回水中。遂问其故，渔人言宓子贱教导，莫捕小鱼，故而放还。使者感叹宓子贱的德性达到了最高境界，连百姓都快成了圣人。

牛进达先祖何时因官而迁，以濮阳雷泽为徙地，《志文》没有明确交代。濮阳郡，西晋末改濮阳国置，治所在濮阳县（今河南濮阳县西南）。北魏移治鄄城县（今山东鄄城县北旧城集）。隋开皇十六年（596）改为濮州。唐天宝初改为濮阳郡。雷泽县，隋开皇十六年置，治所在山东菏泽县东北。金贞元二年（1154）废为镇。

三、聚众反隋、参加瓦岗军、委质王世充并归唐事迹

1. 青年豪侠

据《志文》，牛进达薨于唐高宗永徽二年（651），享年57岁，则牛进达当生于隋文帝开皇十五年（595）。牛氏少年时，正处于隋文帝开皇末、仁寿年间及隋炀帝大业初年，无事迹可陈。牛氏青年时期，正值隋炀帝大业末年。《志文》按隋唐碑版惯例，用浮词渲染了一下志主少年时的聪颖与瑰异后，便开始铺陈牛氏的青年时代，云："学书不成，负剑气于冲斗；行遗小节，屏鲛害于沉流。射宓妃于洛滨，投要离于江上。"四典连用，为读者刻画了一个青年豪侠的英雄形象。

"学书不成"一句，用项羽不喜读书、唯好剑术兵法之典。《史记·项羽本纪》："项籍少时，学书不成，去学剑。"[2]这一句中，"负

---

[1]　《后汉书》卷二十五《鲁恭传》，第874页。
[2]　（汉）司马迁：《史记》卷七《项羽本纪》，中华书局，2011年，第295页。

剑气于冲斗"语，实际还用了晋张华得"剑气冲于斗牛"之间宝剑之典，事在《晋书·张华传》中，不过是为突出项羽的英雄气概，为用项羽典服务。《志文》以青年时代的项羽喻牛进达。

"行遗小节"一句，用晋周处不修细行，但能悔过，击蛟除害，终成名臣之典，事在《晋书·周处传》中。此典大家耳熟能详，不详释。

"射宓妃于洛滨"，是从司马相如《上林赋》托演而来。宓妃，即洛神，相传是伏羲之女，溺死在洛水，遂成洛水之神。司马相如在《上林赋》中，写楚王、齐王与天子游猎，纵其随从将校扑杀貔豹豺狼及水中怪物；还写到天子出猎，大获丰收，休息时又有青琴、宓妃之类容貌艳丽的女神相伴。文中并无射杀宓妃之事，《志文》用文学笔法突出牛进达的勇悍。

"投要离于江上"，用春秋刺客要离刺杀吴王子公子庆忌之典。据《吴越春秋·阖闾内传》载，吴公子光（阖闾）用专诸既杀吴王僚，又谋杀王子庆忌。要离向公子光献谋，让公子光断其右手，并杀其妻子，然后诈以负罪出奔，见庆忌于卫。庆忌以为真，乃与要离谋划夺取王位。至吴地，渡江，要离于江上突然刺中庆忌要害。庆忌以要离为英雄，释之，令还吴。

要离渡至江陵，伏剑自尽。《志文》言此典，前加一"投"字，并非以庆忌喻牛进达，而盖言牛进达的勇悍超过要离。

《志文》连用四个表现豪侠的典故来写青年时代牛进达的勇悍，实质是为写牛进达日后以武力通达作铺垫。

2. 为群盗而反隋

《志文》铺陈罢青年时代牛进达的勇悍后，笔锋一转，写道："顾山川而累叹，伫风云而永怀。"谓牛进达顾视山河，慨叹自己浑身武艺而不能拯溺天下，希望自己能像风云聚合那样择时顺势建立功业。实质是为牛进达隋末依恃武功、聚众反隋张本。果不其然，《志文》接着便写隋末丧乱，群雄并起，牛进达依恃武功，自求通达，其文云："属汉东沦覆，中原潜沸。四渎鲸奔，五方鹊起。君乃言求力士，愤逸气于沙中；直视侠客，且酣歌于榆次。"

"汉东"，东晋刘渊在山西离石县东北建立汉政权，后迁都平阳。隋唐碑版常以之指代隋河北诸郡，盖即今河南省东部黄河以北及河北省之地。沦覆，沦陷覆亡。《志文》言此，实指隋末河北群盗竞起，最后通过吞并整合，形成了以窦建德为首的河北起义军集团。《资治通鉴》卷一百八十三，大业十二年十二月条概述大业末年河北群盗竞起之事云："张金称、郝孝德、孙宣雅、高士达、杨公卿等寇掠河北，屠陷郡县；隋将帅败亡者相继，唯虎贲中郎将蒲城王辩、清河郡丞华阴杨善会数有功，善会前后与贼七百余战，未尝负败。"[1]隋王朝接着又派太仆卿杨义臣讨张金称，涿郡通守郭绚讨高士达，张金称、高士达先后被杀，但其后高士达司马窦建德收合余众，连打胜仗，声势日盛，有胜兵十余万。后窦建德据河北诸郡，称夏王。

"中原"，隋唐碑版言之以指隋河南郡中部及西部之地，约相当于今河南省黄河以南及山东省西南部之地。"潜沸"，骚乱沸腾。《志文》言此，实指隋末中原群盗并起，最后通过吞并整合，形成了以李密为首的瓦岗起义军集团。隋大业中期，韦城人翟让为东都法曹，因犯法亡命瓦岗（今河南滑县东）为群盗，同郡单雄信、卫南徐世勣（投唐后得赐国姓，名李世勣，唐高宗时讳太宗名又名李勣）最先入伙，他们引众入荥阳郡、梁郡，掠夺汴水行舟，资用丰给，附

者渐众，聚徒万余人。但在隋军的围剿下，五六年间没有太大的发展。《资治通鉴》卷一百八十三，大业十二年十月条概述李密加入瓦岗军聚合山东、河南群盗云："时又有外黄王当仁、济阳王伯当、韦城周文举、雍丘李公逸等拥众为盗。李密自雍州亡命，往来诸帅间，说以取天下之策，始皆不信。久之，稍以为然。"[2]又云："密察诸帅唯翟让最强，乃因王伯当以见让，为让画策，往说诸小盗，皆下之。"[3]李密加入瓦岗军后，立即显示出卓越的军事指挥才干，破金堤关，下荥阳郡诸县，杀荥阳通守隋名将张须陀，战败张须陀骁将秦叔宝、程知节等，又袭破兴洛仓（今河南巩县东南），败隋东都留守越王侗所遣虎贲郎将刘长恭、光禄少卿方岊等。大业十三年（617年，亦即义宁元年。大业十三年五月，李渊、李世民父子晋阳起兵，十一月攻入长安，立隋代王侑为帝，改元义宁，史称隋恭帝，遥尊在江都郡的隋炀帝为太上皇）二月，翟让乃推李密为主，上密号魏公，庚子，李密"设坛场，即位，称元年"[4]，开启了瓦岗军的全盛时期。

[1]　（宋）司马光：《资治通鉴》卷一百八十三，大业十二年十二月条，中华书局，2012年，第5821页。

[2]　《资治通鉴》卷一百八十三，大业十二年十月条，第5816页。

[3]　《资治通鉴》卷一百八十三，大业十二年十月条，第5817页。

[4]　《资治通鉴》卷一百八十三，义宁元年二月条，第5830页。

"四渎"，犹言四海。"鲸奔"，指大小军事势力吞并争夺。"五方"，东西南北中，犹言天下。"鹊起"，《庄子》云，鹊上城之垝，巢于高榆之上。城坏巢折，陵风而起。故君子之居时，得时则义行，失时则鹊起。因以谓俊杰之士罹乱而起。

《志文》言罢隋末天下丧乱之势后，立即连用二典，以言牛进达聚众反隋事。

"言求力士"一句，用秦末张良访求大力士于博浪沙刺杀秦始皇之典，事在《史记·留侯世家》《汉书·张良传》中，此典人所共知，不详释。

"直视侠客"一句，用春秋著名刺客荆轲遭盖聂直视愤然离开榆次之典。据《史记·刺客列传》载，荆轲曾经游历经过榆次（赵邑名，今山西榆次县），与盖聂谈论剑术。盖聂认为荆轲谈论的不正确，便直目怒视荆轲。荆轲认为盖聂没有礼遇自己，便驾着车子离开榆次而去。

《志文》以张良喻牛进达、张良搜寻力士刺秦，以荆轲喻牛进达、荆轲为报燕仇西行刺秦，说明牛进达在隋末丧乱之际，曾聚众向隋王朝发难。但聚众的规模和具体时间没有交代。规模应该不会很大，当为群小盗之属，因为两《唐书》、《资治通鉴》所载隋末群盗，盖以百计，而不及牛进达。至于聚众之地，应当就在原郡濮阳雷泽一带。濮阳、东郡、韦城、济阴、东平、济阳这些杂陈于现在河南、山东交会处的隋河南道诸郡，是隋炀帝三次征辽征调军士及强征徭役从事粮秣转运、开凿大运河的重灾区，因此大业中后期，这一带群盗蜂起，且后来诸豪帅多归附于李密领导的瓦岗军。从后来牛进达加入瓦岗军的情况来看，牛进达在家乡一带聚众反隋的可能性很大。另外，牛进达聚众反隋之后，沿运河剽窃于江淮一带的可能性很大。当时在今山东、河南交会处所起之群盗，多沿江淮运河、汴水剽窃，正如徐世勣投奔瓦岗为翟让所说："东郡于公与勣皆为乡里，人多相识，不宜侵掠。荥阳、梁郡，汴水所经，剽行舟，掠商旅，足以自资。"[1]《牛进达碑》中一条史料也能够支持这一观点，其文称牛进达隋末聚众，云："公体命遭隋之境，招朋桔柚之乡。咸造和门，策名麾下。"[2] "桔柚之乡"，指淮海之地。《书·禹贡》云："淮、海惟扬州……厥包桔柚。"[3] 瓦岗军后来战斗力非同一般，与其军士中多江淮渔猎之手亦有很大关系。《册府元龟》中一条史料也可作为旁证，其文云："牛进达，濮州雷泽人，少尝穿窬为盗，而藏亡匿死，号为轻侠。隋末，代翟让为骠骑，与秦叔宝、程知节、吴黑闼相友善。"[4] 所谓"穿窬为盗"，即言其聚众反隋，所谓"代翟让为骠骑"，即言其投奔瓦岗军后，与秦叔宝、程知节等同为李密内军骠骑。

3. 加入瓦岗军、归降越王侗

《志文》用一个四六对文写牛进达加入瓦岗军及后来归附隋东都留守越王杨侗事，云："暂臣李密，知卿子之娇亡；甫托杨侗，察秦婴之系组。"

牛进达加入瓦岗军的具体时间，限于史料，无从考证。瓦岗军广泛吸收诸郡群盗，大致有两次高潮，一次是李密刚加入瓦岗军时，往说诸小盗，时在大业十二年十月稍前，前文曾经述及；一次是李密加入瓦岗军后，连战皆捷，于大业十三年（617）二月，李密即魏公位后，《资治通鉴》卷一百八十三，义宁元年二月条云：

> 让于是推密为主，上密号为魏公；庚子，设坛场，即位，称元年，大赦。其文书行下，称行军元帅府；其魏公府置三司、六卫，元帅府置长史以下官属。拜翟让为上柱国、司徒、东郡公，亦置长史以下官，减元帅府之半；以单雄信为左武候大将军，徐世勣为右武候大将军，各领所部；房彦藻为元帅左长史，东郡邴元真为右长史，杨德方为左司马，郑德韬为右司马，祖君彦为记室，其余封拜各有差。于是赵、魏以南，江、淮以北，

---

[1] 《资治通鉴》卷一百八十三，大业十二年十月条，第5816页。

[2] 《昭陵碑石·牛进达碑》，第122页。

[3] 陈戍国点校：《四书五经·尚书·禹贡》，岳麓书社，1991年，第224页。

[4] （宋）王钦若等编纂，周勋初等校订：《册府元龟》卷八百四十八《总录部·任侠》，凤凰出版社，2006年，第9876页。

群盗莫不响应，孟让、郝孝德、王德仁及济阴房献伯、上谷王君廓、长平李士才、淮阳魏六儿、李德谦、谯郡张迁、魏郡李文相、谯郡黑社、白社、济北张青特、上洛周北洮、胡驴贼（张士贵）等皆归密。密悉拜官爵，使各领其众，置百营簿以领之。道路降者不绝如流，众至数十万。乃命其护军田茂广筑洛口城，方四十里而居之，密遣房彦藻将兵东略地，取安陆、汝南、淮安、济阳，河南郡县多陷于密。[1]

《志文》以富有激情的文学语言而不是以严谨朴实的史学语言叙述牛进达归附瓦岗军之事，因此，不能单纯认为所谓的"臣李密"就是李密即魏公位以后事，从雷泽距瓦岗较近来分析，牛进达归附瓦岗的时间应当较早，或在李密初入瓦岗时，甚至在李密还未加入瓦岗军时。

《志文》说牛进达归附李密，预料李密必定败亡，即所谓"知卿子之娇亡"，还是以文学语言言之，因为李密后来败亡，故有此说。卿子，即卿子冠军宋义。原为楚国令尹，秦末丧乱中初属项梁。他见梁骄傲轻敌，曾予婉言规劝，梁不听，遣之使齐。

定陶会战前，他曾断言项梁军必败，后项梁果兵败被杀。梁死，楚怀王任他为上将军，统辖项羽诸将，号卿子冠军，率兵救赵。行至安阳，他逗留四十六日不进，贻误战机，并遣其子宋襄相齐，临行大张宴席，宴请宾客。项羽以他联络齐国阴谋反楚为由将他杀死。"娇亡"，因骄傲而败亡。娇，通"骄"。事在《史记·项羽本纪》中。《志文》以宋义喻李密。

《志文》言李密"娇亡"，实是《志文》作者对李密孤傲性格的总结，同时也是对李密领导瓦岗军一年半时间里军事上冒险骄横、政治上妄自尊大的批判。

李密出身于军事大贵族家庭，文才武略冠绝当世，其时鲜有同辈能入其法眼，颇为隋朝诸显贵青睐，密亦恃才自负。初以门荫入仕，居炀帝执戟之职。炀帝见其气度不凡，颇生疑心，密因弃官，潜心读书，以待时变。

李密入瓦岗军，即魏公位后，隋光禄大夫、河南道讨捕大使裴仁基以虎牢降，密得其骁将裴行俨、秦叔宝、程知节等，其势益盛，与隋东都留守越王侗反复争夺回洛仓。五月，在江都的隋炀帝命监门将军庞玉、虎贲郎将霍世举率关内兵援东都。瓦岗军将

[1] 《资治通鉴》卷一百八十三，义宁元年二月条，第5830～5831页。

领柴孝和建议李密："秦地山川之固，秦、汉所凭以成王业者也。今不若使翟司徒守洛口，裴柱国（裴仁基）守回洛，明公自简精锐西袭长安。既克京邑，业固兵强，然后东向以平河、洛，传檄而天下定矣。方今隋失其鹿，豪杰竞逐，不早为之，必有先我者，悔无及矣！"李密说："此诚上策，吾亦思之久矣。但昏主尚存，从兵犹众，我所部皆山东人，见洛阳未下，谁肯从我西入！诸将出于群盗，留之各竞雌雄，如此，则大业隳矣。"[1]在柴孝和的再三请求下，李密给柴孝和数十骑，使之西行观变，这无疑是驱只羊而入虎群，柴孝和失败在所难免。李密则决计攻打洛阳，但与隋军连战不下，自己又为流矢所中，最终弃回洛而守洛口。大业九年（613）炀帝征辽时，隋礼部尚书杨玄感督粮于黎阳，起兵反隋，召李密为谋主，李密曾为杨玄感出谋说："今天子出征，远在辽外，地去幽州，悬隔千里，南有巨海之限，北有胡戎之患，中间一道，理极艰危。今公拥兵出其不意，长驱入蓟，直扼其喉。前有高丽，退无归路，不过旬朔，赀粮必尽，举麾一召，其众自降，不战而擒，此计之

上也。关中四塞，天府之国，有卫文升，不足为意。若经城勿攻，西入长安，掩其无备，天子虽远，失其襟带。据险临之，固当必克，万全之势，此计之中也。若随近逐便，先向东都，顿坚城之下，胜负殊未可知，此计之下也。"[2]不料杨玄感弃上、中策而用下策，结果顿兵洛阳城外，四十五日不下，炀帝撤辽东之围，驰援东都，玄感屡战败绩，因而自杀。时隔四年，李密却蹈杨玄感覆辙，不愿乘虚入关，而执意攻打洛阳。同是一人，类似一事，为什么从前洞若观火，而今却执迷不悟？究其原因，除了不愿放权于诸将外，更重要的是李密同当年杨玄感太过相信自己的兵力一样，对瓦岗军战斗力太过自信，犯了冒险骄横之错。恰恰与此同时，身居隋太原留守之职的李渊，却采纳了刘文静"乘虚入关，号令天下"[3]的建议，畅毂南辕，直趋关中，并于当年十一月占领长安，通过招延关中豪杰，很快站稳了脚跟，为其以后雄踞关中、吞并八荒奠定了坚实的基础。历史的机遇不容错失，瓦岗军没有西取长安，顿兵洛阳坚城之外，虽然与隋军反复厮杀，血流成河，且在战术层面占有一定优势，但

[1] 《资治通鉴》卷一百八十三，义宁元年五月条，第5843页。
[2] （后晋）刘昫：《旧唐书》卷五十三《李密传》，中华书局，2011年，第2208页。
[3] 《资治通鉴》卷一百八十三，义宁元年四月条，第5838页。

却在战略上处在了江都、洛阳两大隋军兵团夹击的不利态势之下。

大业十三年（617）七月，炀帝增派江都通守王世充率江、淮劲卒，驰援东都越王侗。王世充颇善用兵，加之所率之众"皆江、淮剽勇，出入如飞"[1]，与瓦岗军在洛阳外围反复激战，虽负多胜少，但还是顽固地遏制住了瓦岗军强劲的势头。

李密的骄横还表现在与翟让关系的处理上。翟让起于群盗，虽有仁厚之风而性粗愚，因要求李密左长史房彦藻进贡所掠货财，激愤之下有"魏公，我之所立，事未可知"[2]语，而激起李密杀心。大业十三年（617）十一月戊午，李密设宴，于席间刺杀了翟让，翟让大将瓦岗元从徐世勣亦被刀伤，差点丢了性命。事后虽然李密百般弥缝与众将的关系，且把翟让之众分给单雄信、徐世勣等在瓦岗军有重大影响力的翟让旧将掌管，然整个瓦岗军"将佐始有自疑之心矣"[3]，客观上削弱了瓦岗军的斗志。而李密"既杀翟让，颇自骄矜"[4]，其性格缺陷暴露无遗。

大业十四年（618年，武德元年）三月，隋将宇文化及等在江都弑杀了隋炀帝，凶问传出，李渊在长安逼隋恭帝禅位，自己登上皇位，建国号唐，年号武德；越王侗在洛阳被以王世充为首的留守官奉即帝位，改元皇泰，是为皇泰主。宇文化及弑君后，自称大丞相，总百揆，以皇后令立秦王浩为傀儡皇帝，然后率十余万炀帝从驾骁果北上，扬言要杀回长安。宇文化及拥兵南来，首当其冲的是河南东大门黎阳，此时驻守黎阳的是瓦岗军大将徐世勣。六月，徐世勣与宇文化及接战，由于战术采用得当，还是以劣势兵力遏制住宇文化及的疯狂势头。尽管如此，此时的瓦岗军已陷入极其被动的境地，李密有心解洛阳之围东援，又怕东都议其后；但不东援徐世勣，一旦宇文化及得手，瓦岗军将万劫不复，故而踌躇难决。这个时候，东都皇泰主政权希望招降李密，派盖宗与李密接触，李密知道，如果这次不委屈迁就，恐怕在军事上更加不利，于是上表乞降，自请讨灭宇文化及以赎罪。皇泰主拜密太尉、尚书令、东南道大行台元帅、魏国公，令先平化及，再入朝辅政。七月，李密解东都之围，驰援徐世勣，自己在战斗中又负重伤，

[1]　《资治通鉴》卷一百八十六，武德元年九月条，第5922页。

[2]　《资治通鉴》卷一百八十四，义宁元年十一月条，第5872页。

[3]　《资治通鉴》卷一百八十四，义宁元年十一月条，第5873页。

[4]　《资治通鉴》卷一百八十六，武德元年九月条，第5919页。

好在众将舍命杀敌，终于击溃宇文化及。化及北走魏县，又上演了一出建国号许、黄袍加身的闹剧，旋即被窦建德擒杀。

李密打败宇文化及后，要入朝当太尉，却被把持东都政权的王世充所不容，九月，双方在洛阳城外再开战端。这时的瓦岗军，经过与宇文化及决战，"劲卒良马多死，士卒疲病"[1]，战斗力大不如前，可李密新胜宇文化及，再生骄横，"有轻世充之心"[2]，不设壁垒，结果连战败绩，其下骁将张童仁、裴仁基、秦叔宝、程知节、单雄信等皆为世充所俘，他走投无路，乃西入长安降唐。李密降唐后，依然骄横，唐诸领袖除李世民英毅神采让其折服外，余皆被其嗤之以鼻，因此，很快又叛唐东走，欲联合瓦岗军散落河南诸将东山再起，结果被唐追兵所杀。牛进达作为瓦岗军一名骁将，据现有史料来看，他一直与秦叔宝、程知节等共进退，因此，他应当与秦、程等人同时为王世充所擒。

《志文》说牛进达归附皇泰主，就明察到皇泰主政权很快将会垮台，即所谓"察秦婴之系组"，还是以文学语言言之，因为皇泰主后来被王世充废掉，并遭到杀害，故有此谓。秦婴，即秦国子婴，秦朝末代王。前207年，丞相赵高弑秦二世，他被立为王，去帝号。刘邦兵至霸上，他"素马白车，系颈以组"[3]而降。后为项羽所杀，在位仅四十六日。事在《史记·秦始皇本纪》《史记·高祖本纪》中。系组，用绳子系住脖颈。指秦子婴投降。《志文》言此，实为牛进达抛弃皇泰主投唐作铺垫。王世充打败瓦岗军后，皇泰主以"世充为太尉、尚书令、（总督）内外诸军事，仍使之开太尉府，备置官属，妙选人物"[4]，实质上王世充已揽皇泰政府军政大权于一身，皇泰主成了傀儡皇帝。因此，与其说牛进达不看好皇泰主，不如说不看好王世充。

4. 投唐事迹

《志文》写牛进达投唐事云："于时文皇东略，谣均西怨。杖剑辕门，遇优辍洗。"

"文皇"，指时为唐秦王的唐太宗李世民。因其崩后谥号文皇帝，庙

---

[1] 《资治通鉴》卷一百八十六，武德元年九月条，第5920页。
[2] 《资治通鉴》卷一百八十六，武德元年九月条，第5922页。
[3] 《史记》卷八《高祖本纪》，第362页。
[4] 《资治通鉴》卷一百八十六，武德元年十月条，第5928页。

号太宗，《志文》又作于高宗时，故有此谓。"东略"，指秦王李世民率军向东经略河南。义宁及武德年间，李世民率军经略河南凡三次。第一次在义宁元年（617）十二月，时李世民被隋恭帝封为秦国公，"为右元帅，总兵十万徇东都"[1]，讨越王侗。第二次在武德元年（618）十二月，时李世民为唐秦王，在陇右大破薛举、薛仁杲父子封建军事集团后，被唐王朝"拜太尉、陕东道行台尚书令，镇长春宫"[2]，节度关东兵马，讨皇泰主。第三次在武德三年（620）七月，李世民刚在山西消灭刘武周封建军事集团后，立即兵锋南转，"总率诸军攻王世充于洛邑"[3]。《志文》所言，指武德元年十二月李世民出镇长春宫节度关东兵马这一次，因为李世民第一次东徇东都时牛进达还在瓦岗军，第三次攻王世充时牛进达已投唐，并参加了唐对刘武周的战争。另外，牛进达于李世民第二次经略河南时投唐还被不同的史料所记载，下文将征引。

"谣均西怨"一典，出于《书·仲虺之诰》，云："惟王不迩声色，不殖货利，德懋，懋官，功懋，懋赏……东征西夷怨；南征北狄怨。"[4]谓商汤向一方征伐，则另一方人民埋怨他不先来解救自己。后用此典言百姓盼望有道之君前来解救。谣，民谣，指民众的呼声。均，等同。

"杖剑辕门"，谓牛进达投奔秦王辕门。言杖剑者，谓牛进达乃武士。牛进达投唐具体时间应在武德二年（619）闰正月。《资治通鉴》卷一百八十七，武德二年闰正月条：

> 己未，世充寇榖州。世充以秦叔宝为龙骧大将军，程知节为将军，待之皆厚。然二人疾世充多诈，知节谓叔宝曰："王公器度浅狭而多妄语，好为咒誓，此乃老巫妪耳，岂拨乱之主乎！"世充与唐兵战于九曲，叔宝、知节皆将兵在陈，与其徒数十骑，西驰百许步，下马拜世充曰："仆荷公殊礼，深思报效；公性猜忌，喜信谗言，非仆托身之所，今不能仰事，请从此辞。"遂跃马来降。世充不敢逼。上使事秦王世民，世民素闻其名，厚礼之，以叔宝为马军总管，知节为左三统军。[5]

这条史料虽没有提及牛进达，但清楚地记载了秦叔宝等人投唐的具体时间，

[1] 《旧唐书》卷二《太宗本纪》，第 23 页。
[2] 《旧唐书》卷二《太宗本纪》，第 24 页。
[3] 《旧唐书》卷二《太宗本纪》，第 26 页。
[4] 《四书五经·尚书·仲虺之诰》，第 230 页。
[5] 《资治通鉴》卷一百八十七，武德二年闰正月条，第 5956 页。

而牛进达与秦叔宝、程知节一同投唐，见于《旧唐书·秦叔宝传》，其文云：

> 后密败，又为王世充所得，署龙骧大将军。叔宝薄世充之多诈，因其出抗官军，至于九曲，与程咬金、吴黑闼、牛进达等数十骑西驰百许步，下马拜世充曰："虽蒙殊礼，不能仰事，请从此辞。"世充不敢逼，于是来降。高祖令事秦府，太宗素闻其勇，厚加礼遇。从镇长春宫，拜马军总管。[1]

牛进达与秦叔宝、程知节、吴黑闼等人投唐，被高祖安排于秦王幕府，颇得李世民礼遇，《志文》用"遇优辍洗"一典来比喻。该典讲刘邦礼遇郦食其之事，据《史记·郦生陆贾列传》载，儒生郦食其是陈留县（今河南开封市东南陈留镇）高阳乡（今河南杞县西南）人，欲拜谒刘邦以成大事。刘邦举兵住在高阳传舍，派人召见郦食其。郦生来到，刘邦正叉开腿坐在床上，让两个女子为他洗脚，便叫郦生来见。郦生进来，只行了一个拱手礼，没有跪拜，说道："足下欲助秦攻诸侯乎？且欲率诸侯破秦也？"刘邦骂道："竖儒！夫天下同苦秦久矣，故诸侯相率而攻秦，何谓助秦攻诸侯乎？"郦生说："必聚徒合义兵诛无道秦，不宜倨见长者。"刘邦这时感觉到郦食其不是普通人，于是"辍洗，起摄衣，延郦生上坐，谢之"[2]。

秦叔宝、程知节投唐，立即有"马军总管""左三统军"之类实职所授，牛进达名望稍逊于秦、程，但亦应有实职所授，但《志文》未载，可能当时所授实职较低，故讳而未书。尽管如此，《志文》还是在叙述罢牛进达投唐事后写道"蒙授开府，从征汾晋"。授牛进达"开府"一职，有两种理解似皆可通，一是唐王朝安排牛进达在秦王幕府时即有斯授，二是又过了九个月，牛进达跟随秦王北上抵御刘武周时所授。这里的"开府"，是沿用旧隋官制而授，全称是"开府仪同三司"，为从一品散官。周、隋二代及唐代武德中期以前，设诸如仪同三司（正二品）、开府仪同三司（从一品）、上开府仪

---

[1] 《旧唐书》卷六十八《秦叔宝传》，第 2502 页。
[2] 《史记》卷九十七《郦生陆贾列传》，第 2692 页。

图 5 牛进达墓红陶彩绘击鼓女坐俑

同三司（亦是从一品，加上更尊荣）之类散官"以酬勤劳"[1]，实职七品以下获一二品散官非常普遍。需要说明的是，这和唐代官制基本定型后只有三品以上职事高官方可获"开府仪同三司"（从一品）文散官有所不同。

---

[1] （唐）李隆基撰，（唐）李林甫注：《大唐六典》卷二"开府仪同三司"条，三秦出版社，1991年，第27页。

三、武德朝军事生涯

《志文》叙述罢牛进达武德二年（619）闰正月投唐事后，即用90余字的篇幅，概括叙述了牛进达投唐后于武德朝的军事生涯及所立战功，从"蒙授开府，从征汾晋"到"乌江之上，声冠五侯"一段即是。

这段文字文约事丰，全面讲述了牛进达参与秦王李世民在统一战争中于黄河流域组织的四大战役中的后三大战役，即平定刘武周封建军事集团的晋西南战役、消灭王世充伪郑及窦建德伪夏政权的河南战役、击溃刘黑闼军事集团的洺水战役，时间跨度达四年之久。这段历史，两《唐书》之《高祖本纪》《太宗本纪》《刘武周传》《王世充传》《窦建德传》《刘黑闼传》以及《资治通鉴》卷一百八十七至一百九十记载颇详，诸战役进程多为人所知，故这里只结合《志文》文辞，稍作点窜。

《志文》所谓的"蒙授开府，从征汾晋"及"武周授首"即言牛进达跟随秦王李世民讨伐刘武周事。

刘武周是隋河间景城（今河北沧州市西景城）人，骁勇善射，隋末为鹰扬府校尉，驻节边州马邑郡（隋时与朔州互置，治今山西朔州市朔城区）。大业十三年（617）二月，刘武周杀马邑太守王仁恭起事，颇得突厥支持，突厥封其为"定杨可汗"[1]，寻又自称帝，改元天兴。李渊、李世民父子大业十三年五月于晋阳（太原郡晋阳县，郡治所在，隋时郡与并州互置，治今太原市区西南）起兵后，也曾得到突厥的支持。因此，李唐建国之初，突厥没有支持刘武周南下。武德二年，唐与突厥关系恶化，突厥支持刘武周南下。武德二年四月，刘武周任命宋金刚为西南道大行台令，入侵并州，兵锋甚劲。唐高祖李渊派太常少卿李仲文讨击，仲文大败，一军全没。复遣右仆射裴寂拒战，战又败绩。武周进逼，唐镇守太原的齐王李元吉逾城而遁，武周遂据太原。宋金刚进攻晋州，右骁卫大将军刘弘基被擒。短短半年之期，刘武周已将唐军压缩在晋西南弹丸之地。唐高祖颁下手敕："贼势如此，难与争锋，宜弃河东之地，谨守关西而已。"[2] 在这种险恶形势下，

[1]　《旧唐书》卷五十五《刘武周传》，第2253页。
[2]　《旧唐书》卷二《太宗本纪》，第25页。

以长春宫为指挥部，主要负责河南战事的秦王李世民坚决不同意放弃河东，上表请战，并立下誓言："愿假精兵三万，必能平殄武周，克复汾、晋。"高祖同意，乃"悉发关中兵以益之"[1]，使击武周。武德二年（619）十一月，秦王悉率其在河南战场搜罗的勇将秦叔宝、程知节、张士贵等，组织军队自龙门乘坚冰渡河，屯于柏壁关与刘武周先锋将宋金刚对峙。在这次战役中，秦王采取坚壁不战的方略，只令部将乘间抄掠敌军，以挫宋金刚锐气。经过五个月的相持，宋金刚锐气大挫。武德三年（620）四月，"宋金刚军中食尽"[2]，被迫北撤，秦王倾军击之，屡战屡胜，连夺吕州、介休、并州等，很快，"武周所得州县皆入于唐"[3]。刘武周与宋金刚逃往突厥，为突厥所杀。

《志文》所谓的"兼总马军，陪麾巩洛"及"王充舆榇"即言牛进达跟随秦王讨灭王世充事。王充，即王世充。唐太宗在位，发《二名不偏讳令》，申明"其官号、人名及公私文籍，有"世"及"民"两字不连读者，并不须避"[4]，唐高宗于贞观二十三年（649）六月即位后，立即要求"世"

与"民"不相连者亦须避先帝讳，《志文》作于唐高宗时，故避太宗讳书王世充为王充。《志文》里以"王世充"与"刘武周"为对文，因又书刘武周为武周，所略者为其姓。为适合骈文对偶需要，后文又书窦建德为窦德，刘黑闼为刘闼。由于行文节奏需要，《志文》以"窦建德"与"刘黑闼"为对文，但战争的实际进展情况是，李世民在河南战场，一战而擒二王（窦建德、王世充），因此，史界通常情况下把李世民擒窦建德、王世充作为一次大的战役来叙述。这里依照史界成说，简略交代一下战役概况。

武德三年七月，秦王李世民从山西战场下来，立即组织兵力出关东讨。要补充交代的是，早在武德三年二月，东都皇泰主封王世充为郑王，加相国，假黄钺，总百揆。四月，王世充废皇泰主，自立为帝，改元开明，国号郑；而河北窦建德在王世充称帝后，亦称夏帝，都洺州（今河北永年县东南）。李世民北上抵御刘武周时，所带将领虽多是在河南战场网罗的骁将，而军队则以关中兵士为主，从前在河南战场与王世充对阵的部队大部分还留在河南与王世充继续周旋。至李世民此

《牛进达墓志》笺疏 昭陵文物研究

[1] 《旧唐书》卷二《太宗本纪》，第 25 页。
[2] 《资治通鉴》卷一百八十八，武德三年四月条，第 5991 页。
[3] 《资治通鉴》卷一百八十八，武德三年四月条，第 5993 页。
[4] （清）董诰等编：《全唐文》卷四太宗皇帝《二名不偏讳令》，中华书局，1983 年，第 49 页。

次出关东讨时，唐王朝留在河南的军队，已经基本控制住了河南局势，将王世充压缩在西起新安、东到虎牢（唐避先祖李虎讳改为武牢）这一狭长地域内。因此，李世民此次出关东讨，势如破竹，很快兵至洛邑，王世充退守洛阳。武德三年八九月，唐军在洛阳城外与王世充激战数次，杀伤甚众，逼得王世充"不敢复出，但婴城自守，以待建德之援"[1]。虽如此，但洛阳城守御极严，唐军"四面攻之，昼夜不息，旬余不克"[2]。

唐郑相持，王世充请求窦建德支援，窦建德也怕唇亡齿寒，因此倾国援郑，"使其将范愿守曹州，悉发孟海公、徐圆朗之众，西救洛阳"[3]，军于酸枣；窦建德又陷荥阳、阳翟等县，"水陆并进，泛舟运粮，泝河西上"[4]，与王世充大将郭士衡相会，合众十余万，号三十万，进逼虎牢关。此前不久，唐将徐世勣、王君廓袭击虎牢得手，他们控扼要隘，使窦建德一时不能长驱洛阳。但窦建德驻军虎牢东原，对围困洛阳的唐军构成巨大威胁。在这种情况下，唐的大部分将领、谋士，甚至高祖皇帝都主张退回关中，伺机再出，但李世民采纳了谋士薛收的建议，决定围城打援。武德四年（621）三月，李世民留齐王元吉、大将屈突通率主力继续围困洛阳，自己则率秦叔宝、尉迟敬德、程知节诸勇将及三千五百敢死之士东趋虎牢关。五月戊午，唐、夏在虎牢东原展开决战，李世民率骁勇东涉汜水，卷旆而入，大破夏军，俘获窦建德。王世充见窦建德败，乃于丙寅日以洛阳城降。《志文》所谓"窦德之西图敖庾"，"西图"，即指窦建德率众西来。"敖庾"，第一字仅见右下部，当为"敖"字。敖庾即敖仓，秦代所建仓名。在今河南荥阳县东北敖山上。《志文》意谓窦建德西来攻取虎牢关，援救王世充。

《志文》所谓"刘闼之东连赵魏"，则是指窦建德故将刘黑闼起兵反唐事。刘黑闼是隋贝州漳南（今河北故城县东北故城）人，初为瓦岗军裨将，瓦岗军败，归王世充，又亡归窦建德。窦建德败，

[1]　《旧唐书》卷二《太宗本纪》，第26页。
[2]　《资治通鉴》卷一百八十八，武德四年二月条，第6017页。
[3]　《资治通鉴》卷一百八十八，武德四年三月条，第6020页。
[4]　《资治通鉴》卷一百八十八，武德四年三月条，第6020页。

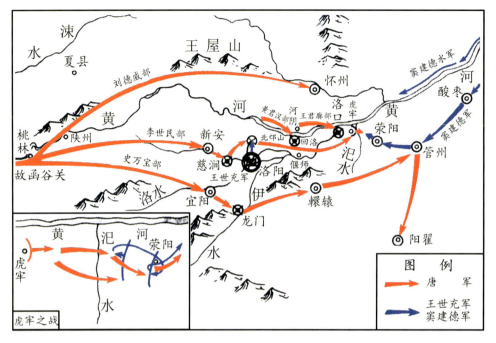

图6 东都及虎牢关之战示意图

其众四散，他"自匿于漳南，杜门不出"[1]。唐灭窦建德伪夏政权及在长安杀害窦建德后，在处理河北问题时决策上有所失误，要求窦的部将主动到长安自首，又将参加过窦建德集团的士兵残酷杀害。于是，刘黑闼与窦建德旧将范愿、高雅贤等，于武德四年（621）七月在漳南起兵，而"建德将士往往杀官吏以应"[2]，势力迅速壮大，仅用半年时间，"悉复建德故地"[3]。武德五年（622）正月，刘黑闼自称汉东王，改元天造，定都洺州。唐王朝在河北诸军作战不利的情况下，于武德四年十二月，命秦王李世民督军征讨。武德五年三月，唐军在洺水南岸坚壁不战，与刘黑闼对峙，双方相持六十余日，黑闼粮尽，南渡洺水攻唐。李世民提前在洺水上游作堰，战时决之，洺水大至，冲溃刘军，黑闼大败，与范愿等二百余骑逃奔突厥。《志文》以"力负拔山，势疑绝纽"形容窦建德、刘黑闼势力之盛，言牛进达率兵跟随秦王李世民出讨，云："君援搀抢而扫祲，奋格泽以销氛。""搀抢"，也作天枪。彗星名，即天搀、天抢。后以指长而

[1] 《旧唐书》卷五十五《刘黑闼传》，第2258页。
[2] 《旧唐书》卷五十五《刘黑闼传》，第2259页。
[3] 《旧唐书》卷五十五《刘黑闼传》，第2259页。

锐利的武器。"祲"，阴阳二气相侵所形成的象征不祥的云气。常以指妖气。《志文》指窦建德、刘黑闼的割据势力。"格泽"，星名。一名鹤泽，如炎火之状，黄白。后以指明亮锐利的武器。《志文》言牛进达对窦建德、刘黑闼作战的英勇，云："战酣移晷，轮埋喋血。"言牛进达对窦建德、刘黑闼作战的功勋，云："白马之津，功标万骑；乌江之上，声冠五侯。"前句用建安五年（200），关羽于白马津刺杀袁绍大将颜良之典，事在《三国志·蜀书·关羽传》中；后句用楚汉决战，汉将王翳、杨喜、吕马童、吕胜、杨武五人追杀项羽，因各得项羽肢体一块皆封侯之典，事在《史记·项羽本纪》中。

诸旧史记载诸将随秦王李世民平定刘武周、王世充、窦建德、刘黑闼者，人数甚众，但鲜有提及牛进达的，《册府元龟》仅记其一事，云："牛进达，初为秦王府左一马军总管，从击王世充，率骑直攻其军，杀数十人。流矢贯目，勇气弥厉，战罢始令拔箭。"[1]可见牛进达的勇悍。诸旧史对牛氏武德初年事迹记述较少，也说明牛氏当时作为一名中级军官，对参战战役进程所起的作用有限。另外，从与牛进达一同投唐的秦叔宝、程知节二人在这些战役中，一直作为秦王中军将领出现在战场的情况分析，牛进达当时所担任的角色应当与秦、程辈相仿佛。秦王帐下诸将，所率皆国家精粹，具有野战军将领性质，不过这些将领虽然参加了无数场恶战，而史书却往往将这些战斗记于秦王名下，换言之，这些野战军将领，其军事活动的亮点都被秦王的光环所笼罩，反而不为人们所熟知。倒是一些身兼地方行政职务的将领，如某州总管、刺史之类，或因反复向背，或因所辖州郡处交战双方野战之地，反被史书多所提及。

牛进达墓志行文以文学色彩见长，对牛进达官爵的记载不很详细。据《志文》，牛进达在贞观元年（627）职务升迁为右武卫中郎将（正四品下），爵封魏城男（从五品上），依理，其在武德六年（623）唐的统一战争基本结束时，大概应有五品上下的实职，或是因为五六品级别偏低之故，《志文》作者一直未书。

四、协助秦王发动玄武门事变

《志文》对发生于武德九年（626）六月四日的玄武门事变未着点墨，之所以有牛进达协助李世民发动玄武门事变的推断，是基于牛进达在玄武门事变后职

---

[1]　《册府元龟》卷三百九十六《将帅部·勇敢第三》，第4470页。

务的调整。

《志文》云："文皇帝业践少阳，任先警卫。"少阳，即太子。本指东方的极地，因太子之宫名东宫，在中宫之东，故以之而代。李世民率领其秦府私党发动玄武门事变，杀死皇位继承者、他的兄长太子李建成后，很快就取而代之，被立为太子。李世民被立为太子的具体时间诸史记载微有出入。《旧唐书·太宗本纪》记为武德九年（626）六月甲子，即六月八日，而《资治通鉴》卷一百九十一，武德九年六月条记为六月癸亥，即六月七日，《新唐书·高祖本纪》之载与《资治通鉴》同。现在史界一般倾向于六月癸亥说。李世民当上太子后，牛进达"任先警卫"，实质是说牛进达担任了太子东宫有警卫职责的官职。

唐制，太子东宫有文、武两套官僚系统。文官系统简单地说，有太子三师、太子三少、太子宾客、太子詹事府、太子司直、太子左春坊、太子左谕德、崇文馆、司经局、典膳局、药藏局、内直局、典设局、宫门局、太子右春坊、太子右谕德、太子通事舍人、太子内坊、太子内官、太子家令寺、食官署、典仓署、司藏署、太子率更寺、太子仆寺、厩牧署。其主要官名有太子太师、太子太傅、太子太保、太子少师、太子少傅、太子少保、太子宾客、詹事、少詹事、左庶子、右庶子等。其中三师品阶最为显赫，达到从一品，三少品阶正二品，宾客品阶正三品，詹事品阶正三品，少詹事品阶正四品上，左庶子品阶正四品上，右庶子品阶正四品下。

武官系统官衔有六，兹依据《大唐六典·太子左右卫率及诸率府》罗列其名目及官员配备情况：

太子左右卫率府：率各一人，正四品上；副率各2人，从四品上；长史各1人，正七品上；录事参军事各1人，从八品下；兵曹参军事各1人，从八品上，胄曹参军事各1人，从八品下，司阶各1人，从六品上；中侯各2人，从七品下；司戈各2人，从八品下；执戟各3人，从九品下。

左右率府亲府勋府翊府：中郎将各1人，从四品上；左右郎将各1人，正五品下。

太子左右司御率府：率各1人，正四品上；副率各2人，从四品上。长史以下官名、职数、品阶与左右卫率府同。

太子左右清道率府：率各1人，正四品上；副率各2人，从四品下。长史以下官名、职数、品阶与左右卫率府同。

太子左右监门率府：率各1人，正四品上，副率各2人，从四品上；

长史各 1 人，从七品上；录事参军事各 1 人，正九品上，兵曹参军事各 1 人，正九品下；胄曹参军事各 1 人，正九品下。

太子左右内率府：率各 1 人，正四品上，副率各 1 人，从四品上。长史以下官名、职数、品阶与左右监门率府同。

从国家政体上来讲，太子东宫属官由朝廷统一安排，其主要官员的任命体现当朝皇帝的意愿。但李世民为太子，完全掌控了大唐王朝的国家机器，高祖实质上已有名无实。《资治通鉴》载，李世民为太子，高祖下诏："自今军国庶事，无大小悉委太子处决，然后闻奏。"[1]《旧唐书·高祖本纪》也说李世民当上太子后，"总统万机"[2]。《旧唐书·太宗本纪》说李世民当上太子后，"庶政皆断决"[3]。因此，李世民为太子，东宫属官的人选可以看作是完全体现了李世民的意愿。

《志文》只含混地说李世民为太子，牛进达"任先警卫"，没有说具体官名，原因恐怕是职务较低而有所隐讳。太子东宫的军官，除率、副率、中郎将和郎将品秩稍高外，余皆太低。《志文》未书牛进达职官，很可能是他没有担任上述几种职务。这里要说明的是，李世民为秦王时，在战争中搜罗了一大批名扬海内的著名将领，如秦叔宝、尉迟敬德、程知节、侯君集等，他又在朝廷里担任着尚书令（宰相，武德元年六月授[4]）、中书令（宰相，武德八年十一月授[5]）职务，因此，要提拔某个心腹至三四品实职轻而易举，但李世民却没有将他所网罗的这些骁将推荐到中央禁军里担任高级将领，而是把他们统统留在秦王府（含以秦王府名义所领天策上将府）或他所兼职的陕东道大行台官僚队伍里，为夺权积蓄力量。由于亲王府军官配置比太子东宫要低，陕东道大行台官僚系统职官品阶虽对应中央直属官僚系统，但职数有限。因此，秦府勇将，在李世民没有夺得太子地位，特别是登上帝位前，其品阶都显得普遍较低，而

---

[1]　《资治通鉴》卷一百九十一，武德九年六月条，第 6124 页。
[2]　《旧唐书》卷一《高祖本纪》，第 17 页。
[3]　《旧唐书》卷二《太宗本纪》，第 29 页。
[4]　《旧唐书》卷一《高祖本纪》，第 7 页。
[5]　《旧唐书》卷一《高祖本纪》，第 16 页。

在李世民夺得太子地位，特别是登上皇位后升迁很快，其中一些人，在短短数月内，升迁至将军、大将军。

李世民当上太子后，其东宫属官的配置，全用秦府私党，尤以玄武门事变功臣为主，这在史料里有很多反映。当年随李世民入玄武门发动事变的主要人物，旧史有多处记载。《旧唐书·太宗本纪》云："九年，皇太子建成、齐王元吉谋害太宗。六月四日，太宗率长孙无忌、尉迟敬德、房玄龄、杜如晦、宇文士及、高士廉、侯君集、程知节、秦叔宝、段志玄、屈突通、张士贵等于玄武门诛之。"[1]《旧唐书·长孙无忌传》云："六月四日，无忌与尉迟敬德、侯君集、张公谨、刘师立、公孙武达、独孤彦云、杜君绰、郑仁泰、李孟尝等九人，入玄武门讨建成、元吉，平之。"[2]《新唐书·长孙无忌传》之载与《旧唐书》本传同[3]，以上史料中，提及跟随李世民入玄武门有姓名者凡 19 人。这 19 人多在两《唐书》里有传，且部分人的墓碑见于金石著作，部分人的墓志也已出土。尽管李世民当太子仅 61 天就登上帝位（八月甲子登基），但以上 19 人的传记或碑版还是不乏对他们在李世民当太子时职务的记载，兹罗列如下：

（1）长孙无忌

《旧唐书·长孙无忌传》："太宗升春宫，授太子左庶子。"[4]

《新唐书·长孙无忌传》："王（秦王）为皇太子，授左庶子。"[5]

（2）尉迟敬德

《旧唐书·尉迟敬德传》："太宗升春宫，授太子左卫率。"[6]

《新唐书·尉迟敬德传》："王（秦王）为皇太子，授左卫率。"[7]

许敬宗《尉迟敬德碑》："九年六月，二凶伏辜。虽天道祸淫，盖杖君之箨也，擢拜左卫大将军兼太子左卫率。"[8]

无名氏《尉迟敬德墓志铭》："武德九年……加太子左卫率。"[9]

[1] 《旧唐书》卷二《太宗本纪》，第 29 页。
[2] 《旧唐书》卷六十五《长孙无忌传》，第 2446 页。
[3] 《新唐书》卷一百五《长孙无忌传》，第 4017～4018 页。
[4] 《旧唐书》卷六十五《长孙无忌传》，第 2446 页。
[5] 《新唐书》卷一百五《长孙无忌传》，第 4018 页。
[6] 《旧唐书》卷六十八《尉迟敬德》，第 2499 页。
[7] 《新唐书》卷八十九《尉迟敬德传》，第 3754 页。
[8] 《昭陵碑石·尉迟敬德碑》，第 146 页。
[9] 《昭陵碑石·尉迟敬德墓志铭》，第 142 页。

（3）房玄龄

《旧唐书·房玄龄传》："及太宗入春宫，擢拜太子右庶子。"[1]

《新唐书·房玄龄传》："王（秦王）为皇太子，擢右庶子。"[2]

无名氏《房玄龄碑》："俄而内难廓清，英威纂统，引公为右庶子。"[3]

（4）杜如晦

《旧唐书·杜如晦传》："及事捷（玄武门事变胜利），与房玄龄功等，擢拜太子左庶子。"[4]

《新唐书·杜如晦传》："王（秦王）为皇太子，授左庶子。"[5]

（5）宇文士及

《旧唐书·宇文士及传》："再转太子詹事。太宗即位，代封伦为中书令。"[6]本传虽未载授太子詹事具体时间，然据行文，为武德九年六月四日事变后事无疑。

《新唐书·宇文士及传》："武德八年，权检校侍中，兼太子詹事。王（秦王）即位，拜中书令。"[7]此处"八年"为"九年"之误。李世民为太子，授宇文士及太子詹事，《资治通鉴》卷一百九十一，武德九年六月条有载，云："戊辰，以宇文士及为太子詹事，长孙无忌、杜如晦为左庶子，高士廉、房玄龄为右庶子，尉迟敬德为左卫率，程知节为右卫率，虞世南为中舍人，褚亮为舍人，姚思廉为洗马。"[8]

（6）高士廉

《旧唐书·高士廉传》："太宗升春宫，拜太子右庶子。"[9]

《新唐书·高俭传》："王（秦王）为皇太子，授右庶子。"[10]高士廉，名俭，以字显。

许敬宗《高士廉茔兆记》："太宗入备前星，引为右庶子。"[11]

[1]　《旧唐书》卷六十六《房玄龄传》，第 2461 页。
[2]　《新唐书》卷九十六《房玄龄传》，第 3854 页。
[3]　《昭陵碑石·房玄龄碑》，第 123 页。
[4]　《旧唐书》卷六十六《杜如晦传》，第 2468 页。
[5]　《新唐书》卷九十六《杜如晦传》，第 3859 页。
[6]　《旧唐书》卷六十三《宇文士及传》，第 2410 页。
[7]　《新唐书》卷一百《宇文士及传》，第 3935 页。
[8]　《资治通鉴》卷一百九十一，武德九年六月条，第 6125 页。
[9]　《旧唐书》卷六十五《高士廉传》，第 2442 页。
[10]　《新唐书》卷九十五《高俭传》，第 3840 页。
[11]　《昭陵碑石·高士廉茔兆记并侧》，第 126 页。

（7）侯君集

侯君集在两《唐书》中俱有专传，然均未载李世民为太子时侯君集职务。

（8）程知节

《旧唐书·程知节传》："六月四日，从太宗讨建成、元吉。事定，拜太子右卫率。"[1]

《新唐书·程知节传》："事平（玄武门事变胜利），拜太子右卫率。"[2]

许敬宗《程知节碑》："九年六月四日纵兵宫闼，太宗亲奉（下缺）/（上缺）计，其月，授右卫□，寻转右武卫大将军。"[3] 所授"右卫□"，当指"右卫率"。

无名氏《程知节墓志》："九年夏末，二凶作乱。太宗受诏，宣伐禁中。公任切爪牙，效勤心膂。事宁之后，颁乎大赍，赏绢六千匹，骏马两匹、并金装鞍辔，及金胡瓶、金刀、金碗等物，加上柱国，授东宫左卫率，寻拜右武卫大将军。"[4] 此条言"左卫率"，属误，当为"右卫率"。

（9）秦叔宝

秦叔宝在两《唐书》中俱有专传，

均载武德九年（626）六月四日事后，拜左武卫大将军，不言为东宫属官。

（10）段志玄

段志玄在两《唐书》中俱有专传，均载武德九年六月四日事后，累迁右骁卫大将军，不言为东宫属官。

（11）屈突通

屈突通在两《唐书》中俱有专传，均载武德九年六月四日事后，为检校陕东道大行台尚书仆射，不言为东宫属官。

（12）张士贵

张士贵在两《唐书》中俱有专传，均未载传主参与玄武门事变事，亦未载传主在李世民当太子时为东宫属官事。然上官仪《张士贵墓志》云："太宗仪天作贰，丽正升储，凤邸旧僚，咸栖鹤禁，除太子内率。"[5] 仪天作贰，指被立为太子。丽正升储，指在丽正殿即太子位。凤邸，藩王府邸。指秦王府。鹤禁，指太子东宫。

（13）张公谨

张公谨在两《唐书》中俱有专传，均载武德九年六月四日事后，以功累授左武候将军，不言为东宫属官。

[1]《旧唐书》卷六十八《程知节传》，第 2504 页。
[2]《新唐书》卷九十《程知节传》，第 3773 页。
[3]《昭陵碑石·程知节碑》，第 160 页。
[4]《昭陵碑石·程知节墓志铭》，第 158 页。
[5]《昭陵碑石·张士贵墓志铭》，第 133 页。

（14）刘师立

《旧唐书·刘文静附刘师立传》："太宗之谋建成、元吉也，尝引师立密筹其事，或自宵达曙。其后师立与尉迟敬德、庞卿恽、李孟尝等九人同诛建成有功，超拜左卫率。"[1]。

《新唐书·裴寂附刘师立传》："建成之衅，师立参奉密议，后与尉迟敬德、庞卿恽、李孟尝等九人录功拜左卫率，迁左骁卫将军。"[2]

前引文所言庞卿恽，在《旧唐书·刘文静传》《新唐书·裴寂传》后亦有附传，均载传主参与玄武门事变，然不言李世民为太子后传主在东宫为属官，仅泛言累拜右骁卫将军。

（15）公孙武达

公孙武达在《旧唐书·刘文静传》《新唐书·裴寂传》后有附传，皆未载传主参与玄武门事变事，亦未载李世民为太子时传主为东宫属官。

（16）独孤彦云

两《唐书》无传。

（17）杜君绰

两《唐书》无传。李俨《杜君绰碑》于叙述武德后期事处泯灭特甚，有"矢及宸闱"[3]语，当指玄武门事变事，言之以诬建成、元吉谋反。

（18）郑仁泰

两《唐书》无传。无名氏《郑仁泰墓志》记载志主参与了玄武门事变，然不言李世民为太子后志主为东宫属官。

（19）李孟尝

李孟尝在《旧唐书·刘文静传》《新唐书·裴寂传》后有附传，均寥寥数言，未载传主参与玄武门事变事，然李安期《李孟常碑》载李氏参与玄武门事变及事后任太子东宫属官，云："于时，武德九年六月四日也，重离启圣，即授右监门副率，赐物五千段，黄金五百两。"[4]

《旧唐书》之《太宗本纪》《长孙无忌传》所载随太宗入玄武门的19人，史料明确记载他们在太宗当上太子后为东宫属官的就有长孙无忌、尉迟敬德、房玄龄、杜如晦、宇文士及、高士廉、程知节、张士贵、刘师立、李孟尝等10人，正如《张士贵墓志》所言"凤邸旧僚，咸栖鹤禁"。其实，史料没有记载为东宫属官的9人，情况也分数种。屈突通早在义宁、武德之初，就官居刑部尚书、工部尚书等，实职早达到了正三品，李世民发动玄武门事变后，为稳定内

[1] 《旧唐书》卷五十七《刘文静附刘师立传》，第2298页。
[2] 《新唐书》卷八十八《裴寂附刘师立传》，第3742页。
[3] 《昭陵碑石·杜君绰碑》，第153页。
[4] 《昭陵碑石·李孟常碑并阴》，第164页。

外局势，立即安排他为检校陕东道大行台仆射，"驰镇洛阳"[1]。洛阳是李世民所理陕东道大行台的根据地，是他武德后期与中央抗衡的军事重镇。因此，对屈突通的任命，倚重程度比东宫属官有过之而无不及。秦叔宝早在秦王府时，因战功名望已有翼国公从一品爵位，因此，六月四日事后，他被直接任命为左武卫大将军，进入中央禁军高层，这样的任命自然比东宫属官更重要。侯君集是玄武门事变主要策划者之一，史书甚至说"建成、元吉之诛也，君集之策居多"[2]。玄武门事变后，他被直接任命为左卫将军，成为染指中央禁军实权炙手可热的人物。至于公孙武达、独孤彦云、杜君绰、郑仁泰辈，六月四日事变前，地位本来就不高，又在两《唐书》中无传，或亦有东宫属官之授，不过史料阙载罢了。

还要说明的是，东宫属官文官序列里的三师、三少等显官，通常都是由中央三省六部长官兼任，或是由德望重于朝野的元老来担任。李世民为太子，三师、三少之类职务肯定不会轻易授予父皇亲近的那些大臣，而自己秦府私党里的文魁房玄龄、杜如晦等人，当时品阶声望又皆不匹，因此，也只授予房、杜等人左右庶子之类官职。

综上，我们认识到，李世民为太子时能够出任东宫武官的人，一定是协助李世民发动玄武门事变的秦府私党。牛进达与秦叔宝、程知节一样，早在武德二年（619）就被李世民网罗为心腹，且一直跟随李世民四处征讨，因此，我们有理由推断，牛进达在李世民当上太子后出任东宫武官，一定是协助李世民发动了玄武门事变。

毫无疑问，当年随李世民入玄武门发动政变的人远非前面所列的19人，协助李世民发动玄武门事变的人数更要远远多于随李世民进入玄武门的人数，这在史料里也有着很多的反映，《资治通鉴》卷一百九十一记当时玄武门战斗情形云：

> 建成、元吉至临湖殿，觉变，即跋马东归宫府（秦王府在玄武门西，太子东宫和齐王府在玄武门东）。世民从而呼之，元吉张弓射世民，再三不彀，世民射建成，杀之。尉迟敬德将七十骑继至，左右射元吉坠马。世民马逸入林下，为木枝所絓，坠不能起。元吉遽至，夺弓将扼之，敬德跃马叱之。元吉步欲趋武德殿，敬德追射，杀之。[3]

[1] 《旧唐书》卷五十九《屈突通传》，第2322页。

[2] 《旧唐书》卷六十九《侯君集传》，第2509页。

[3] 《资治通鉴》卷一百九十一，武德九年六月条，第6122页。

尉迟敬德一人所将就达七十骑，可见当时入玄武门者之众。另外，当时还有许多秦府私党留守秦王府，还有一些将士被安排到其他宫门以备不测。如昭陵陵园出土的安元寿墓志，记述安氏在玄武门事变时，被秦王安排"披甲于嘉猷门宿卫"[1]。《旧唐书·尉迟敬德传》记述敬德鼓动秦王发动政变，说："王今处事有疑，非智；临难不决，非勇。王纵不从敬德言，请自决计，其如家国何？其如身命何？且在外勇士八百人，今悉入宫（指秦王府），控弦被甲，事势已就，王何得辞！"[2] 这八百人，一部分应当进入玄武门，而绝大部分应当留在秦王府。事实上，史书上没有提及参加玄武门事变的一些将领的碑版，对这些将领参加玄武门事变有记载的，如前文已经提到的安元寿，还有与牛进达同时投唐且与牛进达一样一直供职秦王幕府的吴黑闼，其碑现藏昭陵博物馆，无名氏撰文，云："九年六月，与段志玄等立功于玄武门，事宁，授右勋卫中郎将。"[3] 亦是太子属官。现藏乾陵博物馆的曹钦墓志，无名氏撰文，记载志主武德九年（626）六月四日参与玄武门事变云："既而望箯亏良，承华怗乱。已构流言之隙，方成弄兵之祸。太宗道凝区外，识洞机前。聊陈命子之雄，用防宫甲之变。以公为柏堂左右，恩同卧内，寄深牖下。家难克清，预有其力，赐物三千段，金带一具，拜新城府别将。"[4] 依理论之，武德九年六月四日秦府之私党，在京城者不管是否进入玄武门，都应当看成是协助李世民发动玄武门事变的有功之臣，因此，尽管史料里没有提及牛进达跟随李世民进入玄武门发动事变，并不能对我们依据牛进达在玄武门事变后职务的调整，从而推断牛进达协助李世民发动玄武门事变的结论构成影响。

或言，武德九年六月四日之玄武门事变，乃唐王朝的第一次中央革命，对李唐历史进程至关重要，其参与者为古今所关注，牛进达既然参与，何以《志文》不言？我们说，李世民当年发动玄武门事变，有悖封建纲常。虽然李世民后来为了给自己发动政变披上合法的外衣，一直强调太子建成、齐王元吉思欲谋反，有类周初管叔、蔡叔，而自己则如周公诛杀管、蔡一

---

[1] 《昭陵碑石·安元寿墓志铭》，第 201 页。

[2] 《旧唐书》卷六十八《尉迟敬德传》，第 2498 页。

[3] 《昭陵碑石·吴黑闼碑》，第 170 页。

[4] 吴钢主编：《全唐文补遗》第三辑《大唐故左骁卫大将军上柱国云中县开国公曹（钦）府君墓志铭并序》，三秦出版社，1996 年，第 405 页。

样诛杀了他们。李世民甚至要求按照这个基调在本朝史书中来写玄武门之事。当时朝廷文诰当然得按李世民的意思来写，诬建成、元吉以谋反，甚至还歪曲事实，言李世民是奉诏诛贼。但当时撰写参与玄武门事变者碑版的作者，写作的自由度要高于撰写文诰者，他们中一部分人对李世民弑兄戮弟内心颇有微词，因此，在撰写碑版时，对于碑版之主参与玄武门事变事，能隐则隐，不以渲染此功为荣。这方面的例子也不少见，如前文已经述及的《尉迟敬德墓志》，不言武德九年（626）六月尉迟敬德参与玄武门之事，只言其年敬德有太子左卫率之职，这种扬善隐恶的碑版笔法显然和史书追求不隐恶、不虚美的笔法有很大的不同。前文述及的《张士贵墓志》也是一样，不言张士贵入玄武门事，只言李世民为太子，志主出任太子内率。司马光撰写《资治通鉴》时，于唐太宗所作所为极力袒护，然于武德九年六月条也对李世民发动玄武门事变提出批评，云："蹀血禁门，推刃同气，贻讥千古。"[1] 应当说，唐代文人持这种观点的不在少数。因此，牛进达《志文》没有直书志主参与武德九年六月四日事，并不能证明牛进达没有协助李世民发动玄武门事变。

五、贞观朝军事生涯

1. 对岭南冯盎的军事准备

《志文》在叙述罢牛进达于李世民为太子时出任东宫武官事后，接着写唐太宗登基，贞观元年（627）对牛进达职务的调整，云："以右武卫中郎将封魏城男。"唐制，右武卫中郎将，武职事官，正四品下，魏城男，爵官，从五品上。

《志文》接着云："冯盎潜扇瓯闽，将倾岭峤。君特禀戎律，克静奸回。复龚圣算，西屠夷落。巴濮无虞，彭微以晏。"讲贞观初唐中央对岭南半割据将领冯盎的军事行动。单看《志文》，似乎唐中央与冯盎有过战争，且牛进达在此次战争中立有功勋。但结合诸史，会发现《志文》这段写的并不十分准确。

---

[1] 《资治通鉴》卷一百九十一，武德九年六月条，第6125页。

　　唐初，冯盎与唐中央的关系，《新唐书·冯盎传》、《资治通鉴》卷一百九十二记载颇详。冯盎，字明达，高州良德（今广东高州市东北）人，冼夫人之孙。隋文帝时，以战功官汉阴太守，后随炀帝征辽，迁左武卫大将军。隋亡，回归岭南，招集各少数民族首领，逐渐控制岭南二十余州，自号总管。武德四五年，当唐还在长江流域经略萧铣、杜伏威等割据政权之际，有人建议冯盎："隋季崩荡，海内震骚。唐虽应运，而风教未孚，岭越无所系属。公克平二十州，地数千里，名谓未正，请上南越王号。"冯盎以冯氏五世以来，皆中原王朝牧伯，"常恐忝先业"[1]，断然拒绝。武德五年（622），唐将李孝恭、李靖解决了长江流域问题，与岭南能够交通，冯盎乃率部归降。唐以其地为高、罗、春、白、崖、儋、林、振八州，以盎为高州总管、上柱国、越国公，旋徙封耿国公，拜其子智戴为春州刺史、智彧为东合州刺史，于是"岭南悉平"[2]。由此而观，冯盎在武德年间，为国家的统一做出了巨大贡献。

　　应当说，冯盎归降以后，唐中央仍把主要精力放在统一北方及处理与突厥的关系上，对岭南并没有实行有效的管理，冯盎实质上处于一种既归附于朝廷但又带有一定割据色彩的特殊地位。武德后期及贞观初年，冯盎在岭南与其他部族有所争斗，给毗邻诸州官员造成他背叛朝廷的错觉，因此，江南、岭南诸州纷纷向中央报告盎有谋反之状。太宗乃召右武卫将军蔺謩发江、淮甲卒，准备讨伐。《志文》所谓"冯盎潜扇瓯闽，将倾岭峤"及"君特禀戎律"，即指此而言。牛进达当时职为右武卫中郎将，正巧隶属于职为右武卫将军的蔺謩，随蔺謩对冯盎做军事准备是毫无疑问的。但《志文》所谓的"克静奸回"，却与史料之载相悖。真实的情况是，贞观元年（627），唐中央虽然对冯盎有过战争动员，然最终战争并未爆发，而是很快消除误解，中央弭兵，促进了冯盎向中央的靠拢。《资治通鉴》卷一百九十二，贞观元年九月、十月条云：

　　岭南酋长冯盎、谭殿等迭相攻击，久未入朝，诸州奏称盎反，

[1]　《新唐书》卷一百一十《冯盎传》，第4112页。
[2]　《资治通鉴》卷一百九十，武德五年七月条，第6065页。

前后以十数；上命将军蔺謩等发江、岭数十州兵讨之。魏徵谏曰："中国初定，岭南瘴疠险远，不可以宿大兵。且盎反状未成，未宜动众。"上曰："告者道路不绝，何云反状未成？"对曰："盎若反，必分兵据险，攻掠州县。今告者已数年，而兵不出境，此不反明矣。诸州既疑其反，陛下又不遣使镇抚，彼畏死，故不敢入朝。若遣信臣示以至诚，彼喜于免祸，可不烦兵而服。"上乃罢兵。冬，十月，乙酉，遣员外散骑侍郎李公掩持节慰谕之，盎遣其子智戴随使者入朝。上曰："魏徵令我发一介之使，而岭表遂安，胜十万之师，不可不赏。"赐徵绢五百匹。[1]

《新唐书·冯盎传》亦有类似的记载，所异者云朝廷所遣使者是散骑常侍韦叔谐。牛进达《志文》作者，好以文学语言叙史事，用词铿锵，如武士击节，这里可能为了突出牛进达事迹，故用"克静奸回"来渲染。

不过，《志文》所谓"复龚圣算，西屠夷落。巴濮无虞，彭微以晏"数语，似有所指。"复龚圣算"，谓又遵从太宗谋略。"西屠夷落"，谓在岭南西部对少数民族用兵。"巴""濮""彭""微"，皆周代部族名。巴部族位于今重庆市和湖北西部一带，濮部族位于今湖南省西北部，彭部族与微部族，皆与濮部族相邻。《书·牧誓》："王曰：'嗟！我友邦冢君御事，司徒、司马、司空、亚旅、师氏、千夫长、百夫长，及庸、蜀、羌、髳、微、卢、彭、濮人，称尔戈，比尔干，立尔矛，予其誓！'"[2] 唐时已无这些部族，碑版言之以指南方少数民族。《志文》在言罢此事后即言贞观八年（634）牛进达职务调整事，因此，说牛进达贞观八年以前对岭南边疆民族用兵应当站得住脚。如此，则《志文》这里所言，当指贞观五年（631）唐中央对岭南西部罗窦诸洞少数民族用兵事。其事《新唐书·冯盎传》、《资治通鉴》卷一百九十三均有载。《新唐书·冯盎传》云："（贞观）五年，盎来朝，宴赐甚厚。俄而罗、窦诸洞獠叛，诏盎率众二万为诸军先锋。贼据险不可攻，盎持弩语左右曰：'矢尽，胜负可知矣。'发七矢

---

[1] 《资治通鉴》卷一百九十二，贞观元年九月、十月条，第 6151～6152 页。
[2] 《四书五经·尚书·牧誓》，第 244 页。

毙七人，贼退走，盎纵兵乘之，斩首千余级。帝诏智戴还慰省，赏予不可计，奴婢至万人。"[1] 这里所言"盎率众二万为诸军先锋"，说明为此次平叛，唐中央所派诸军亦参与，牛进达所率或许就是诸军之一。当然，《志文》所言，亦不排除是讲贞观元年唐中央罢兵后，前线主要将领对岭南诸少数民族地区进行巡视，以耀朝廷之威，这在当时亦有先例可循。

牛进达从岭南还朝，职务由右武卫中郎将调整为右卫中郎将，还是正四品下阶。需要说明的是，唐王朝对中央禁军将领职务的调整非常频繁，且平调的比例很大，这可能是为了防止禁军将领将、兵相结的举措。

2. 为行军副总管出讨吐谷浑

《志文》言，贞观八年，牛进达"迁守左卫将军"，进入高级将领行列。守，唐制，官阶高而所理职低者称行，官阶低而所理职高者称守，而官阶又由文、武散官决定。《旧唐书·职官志》云："凡九品以上职事，皆带散位，谓之本品。"[2] 又云："贞观令，以职事高者为守，职事卑者为行，仍各带散位。"[3] 然《志文》至此，并未言及牛进达武散官名号，相信其武散官品阶不会超过从三品（左卫将军，职事官，从三品）。

接着，《志文》用50余字的篇幅记述了贞观八至九年牛进达参与唐对吐谷浑战争及战后牛进达官爵升迁事，文从"吐谷浑内扰湟中"至"加爵为侯"。

吐谷浑在《隋书》、两《唐书》中俱有专传。它是鲜卑族建立起来的封建王朝，与隋室有姻亲关系，在隋和唐初据有今青海省北部和新疆西南地区，都伏俟城（今青海省青海湖西岸布哈河附近）。武德初年，吐谷浑国王伏允遣使入贡，名义上成为唐的附庸国。但至贞观前期，它又不断内扰，唐边州与之小规模冲突从未间断，战役层面的冲突也有数次之多，规模最大的一次战役层面的冲突发生在贞观八年五月至十月。《资治通鉴》卷一百九十四，贞观八年五月条云：

> 初，吐谷浑可汗伏允遣使入贡，未返，大掠鄯州而去。上遣使让之，征伏允入朝，称疾不至，仍为其子尊王求婚；上许之，令其亲迎，尊王又不至，乃绝婚，伏允又遣兵寇兰、廓二州。伏允年老，信其臣天柱王之谋，数犯

---

[1] 《新唐书》卷一百一十《冯盎传》，第4113页。
[2] 《旧唐书》卷四十二《职官志一》，第1785页。
[3] 《旧唐书》卷四十二《职官志一》，第1785页。

边；又执唐使者赵德楷，上遣使谕之，十返；又引其使者，临轩亲谕以祸福，伏允终无悛心。六月，遣左骁卫大将军段志玄为西海道行军总管，左骁卫将军樊兴为赤水道行军总管，将边兵及契苾、党项之众以击之。……冬十月，……辛丑，段志玄击吐谷浑，破之，追奔八百余里，去青海三十余里，吐谷浑驱牧马而遁。[1]

《志文》所谓"吐谷浑内扰湟中"，就是对吐谷浑数寇唐境的概说，而"王赫斯奋"，则是指吐谷浑不记教训，复于贞观八年（634）十一月丁亥，大举入寇凉州，令太宗震怒，决定对吐谷浑发动战争层面的打击，赶伏允下台，扶持一个亲唐派领袖来统治吐谷浑。《资治通鉴》卷一百九十四，贞观八年十二月条云：

> 辛丑，以靖为西海道行军大总管，节度诸军。兵部尚书侯君集为积石道、刑部尚书任城王道宗为鄯善道、凉州都督李大亮为且末道、岷州都督李道彦为赤水道、利州刺史高甑生为盐泽道行军总管，并突厥、契苾之众击吐谷浑。[2]

《旧唐书·吐谷浑传》《新唐书·吐谷浑传》所载与《资治通鉴》基本相同，唯行军道名稍异，如"鄯善道"，《新唐书》同，而《旧唐书》作"鄯州道"；"且末道"，《新唐书》同，而《旧唐书》作"且沫道"[3]。

关于这次战争的进程，这里简而述之。唐军在李靖的指挥下，发起了一系列战役，多次击破吐谷浑主力，追击伏允至且末（今新疆且末县一带）、突伦川（今新疆且末与和田之间）等地，穷其西境，正如《志文》所言"遥涮河源，遏清导弱"。（导弱，弱水源头，在今青藏高原北部）贞观九年（635）四月，伏允率千余骑逃入碛中，为左右所杀，献首军门。李靖遵照太宗安排，立伏允子大宁王慕容顺为国王。慕容顺乃伏允长子，隋之外甥，隋亡，在唐生活多年，对中原王朝颇有感情，因此，即位后请举国内附，唐封其为西平郡王。

《志文》言牛进达在唐对吐谷浑的战争中，任"鄯善道行军副总管。魂驰寇壤，志烈风驱。遥刷河源，遏清导弱"，《册府元龟》亦有相似记载，云："吐谷浑反，以进达为鄯善道行军副总管，常为前锋深入，历海岛，经犁山，穷于河源，爰至雪山，建（逮）于黑党项，摧锋接战，身先士卒，俘馘甚众。"[4] 战后，朝廷"诏

---

[1] 《资治通鉴》卷一百九十四，贞观八年五月至十月条，第6218~6219页。
[2] 《资治通鉴》卷一百九十四，贞观八年十二月条，第6220~6221页。
[3] 《旧唐书》卷一百九十八《西戎·吐谷浑传》，第5298页。
[4] 《册府元龟》卷三百九十六《将帅部·勇敢第三》，第4470页。

授"牛进达左武卫将军。还是从三品职官，但这次授官，官衔前已无"守"字，本品达到了从三品（说明朝廷还给了牛进达从三品的武散官，贞观时，从三品武散官是云麾将军）。同时，牛进达的爵位也从魏城男升迁为魏城县开国侯，也达到了从三品。

3. 出讨高昌

《志文》写罢牛进达贞观九年对吐谷浑用兵之后，即写贞观十四年（640）牛进达出讨高昌及战后官爵升迁事，文从"后西讨高昌"到"金帛之差，有逾千计"。然诸旧史多载牛进达贞观十二年（638）为行军总管抵御吐蕃入侵事，这里作一交代，以为《志文》补阙。

吐蕃是我国藏族建立起来的奴隶制地方政权，出于西羌，在两《唐书》中俱有专传。唐初，其领袖弃宗弄赞（松赞干布）统一诸羌，建牙于逻些（今拉萨），据有青藏高原南部之地（今西藏之地）。武德及贞观初，吐蕃与唐无官方往来。贞观八年（634），弃宗弄赞"始遣使朝贡"[1]，太宗遣行人冯德遐前往抚慰。弃宗弄赞得知突厥、吐谷浑皆尚公主，乃遣使随冯德遐入朝，多赍金宝，奉表求婚，太宗不许。使者还，言于弃宗弄赞说：

"初至大国，待我甚厚，许嫁公主。会吐谷浑王入朝，有相离间，由是礼薄，遂不许嫁。"[2] 弄赞大怒，发兵击吐谷浑。吐谷浑不能支，遁于青海之北，民畜多为吐蕃所掠。接着，吐蕃又不断侵掠唐西南边州，至贞观十二年，已对唐西南边疆构成严重威胁。因此，太宗决定予以还击，树立唐威，名扬史册的松州（唐武德元年置，治在嘉诚县，今四川松潘县）战役就此拉开帷幕。《资治通鉴》卷一百九十五，贞观十二年八、九月条云：

> 吐蕃进破党项、白兰诸羌，帅众二十余万屯松州西境，遣使贡金帛，云来迎公主。寻进攻松州，败都督韩威；羌酋阎州刺史别丛卧施、诺州刺史把利步利并以州叛归之。连兵不息，其大臣谏不听而自缢者凡八辈。壬寅，以吏部尚书侯君集为当弥道行军大总管，甲辰，以右领军大将军执失思力为白兰道、右武卫将军牛进达为阔水道、左领军将军刘简（一作兰）为洮河道行军总管，督步骑五万击之。吐蕃攻城十余日，进达为先锋，九月，辛亥，掩其不备，败吐蕃于松州城下，

---

[1] 《旧唐书》卷一百九十六上《吐蕃传上》，第 5221 页。
[2] 《旧唐书》卷一百九十六上《吐蕃传上》，第 5221 页。

斩首千余级。弄赞惧，引兵退，遣使谢罪，因复请婚。上许之。[1]

尽管松州战役唐王朝取得胜利，但并未给吐蕃军队以毁灭性打击，加之松州战役前期，唐诸将与吐蕃战，败绩居多，使唐太宗认识到羁縻吐蕃的重要性，因此，当战后弄赞再次请婚时，太宗答应了。文成公主入藏，成就了一段民族团结千古佳话。

高昌在《隋书》、两《唐书》中俱有专传。它位于今新疆吐鲁番地区，乃西汉车师前王庭、东汉戊己校尉故地，后魏高昌王麹嘉首立国家，都高昌城，即车师前王庭首府交河城，地在今新疆吐鲁番县西北雅尔和屯。这个城邦国家是一个以汉人为主的地方割据政权。隋时，国王麹伯雅与中原关系密切，隋朝以贵族宇文氏女为华容公主而妻之。唐朝初年，麹伯雅死，子麹文泰继位，并在贞观四年（630）亲自到长安拜谒唐太宗。唐太宗还以国姓赐麹文泰妃宇文氏，并封之为"常乐公主"[2]。

唐与高昌关系恶化的起因与丝路贸易有关。过境贸易是丝路沿途国家一项重要经济来源。隋末丧乱，大碛路关闭不通，西域各国的朝贡使臣和商队都须经过高昌到大唐，高昌通过垄断商路获得很大利益。贞观六年（632），高昌西边小国焉耆（治今新疆焉耆回族自治县西南四十里）请求唐王朝主持重开大碛路，唐太宗表示同意。高昌为此对唐产生不满，后来，它干脆投靠西突厥，对唐"朝贡脱落，无藩臣礼"[3]。另外，它还不顾唐与焉耆的友好关系，与西突厥联合攻击焉耆，唐派使者李道裕前去调解，并诏麹文泰入朝，麹文泰称病不至。贞观十三年（639）十二月，唐太宗决定对高昌大规模用兵。

唐此次对高昌用兵，诸旧史载牛进达为行军总管参与者唯《新唐书·高昌传》，其文云："乃拜侯君集为交河道大总管，左屯卫大将军薛万均、萨孤吴仁副之，契苾何力为葱山道副大总管，武卫将军牛进达为行军总管，率突厥、契苾骑数万讨之。"[4] 这里只言牛进达为行军总管，不言行军道名，《志文》谓为"交河道行军总管"，尽管可补史料之阙，却与有关史料有抵牾。

旧史提及初唐名将阿史那社尔在此次唐讨高昌行军中亦担任交河道行军总管，前文提及的曹钦墓志，又载

[1] 《资治通鉴》卷一百九十五，贞观十二年八月、九月条，第 6252～6253 页。

[2] 《新唐书》卷二百二十一上《西域上·高昌传》，第 6220 页。

[3] 《旧唐书》卷一百九十八《西戎·高昌传》，第 5294 页。

[4] 《新唐书》卷二百二十一上《西域上·高昌传》，第 6221 页。

曹钦还在此次唐伐高昌之役中担任交河道行军总管。《新唐书·阿史那社尔传》："十四年，以交河道行军总管平高昌。"[1] 乾陵博物馆藏曹钦墓志云："仍除明威将军，拜香谷府折冲都尉，交河道总管。"[2] 此段紧接曹钦贞观九年出讨吐谷浑事而写，叙述贞观十四年（640）事无疑。这样看来，此次唐讨高昌，光交河道行军总管就有三人之众。唐代前期授某道行军总管临时职务，似无同时授多人同一行军道名之制，出现这种情况，或是史料记述有误。当然，希望能有更多类似问题出现，以帮助我们对初唐某道行军总管职务授予制度进行探索。

下面将此次战争进程略作交代。麴文泰得到唐王朝出兵的谍报，对其所亲说："吾往者朝觐，见秦、陇之北，城邑萧条，非复有隋之比。设今伐我，发兵多则粮运不给，若发三万以下，吾能制之。加以碛路艰险，自然疲顿。吾以逸待劳，坐收其弊，何足为忧也！"[3] 贞观十四年盛夏，侯君集驱动大军，向前跋涉。麴文泰得知唐军已到碛口（高昌城东

沙海边缘），惊惧而死，其子麴智盛（据岑仲勉先生考证，原名麴智茂，唐避温王李重茂讳改"茂"为"盛"，后世史书因之）立为国王。侯君集率军攻克田城后，夜袭高昌城，高昌军战败。唐大军围高昌城，麴智盛婴城自守，以待西突厥之援。侯君集乃遣偏师攻击与高昌相援的可汗浮图城（今新疆吉木萨尔县西北破城子，唐灭高昌后置庭州及北庭都护府治此），西突厥将领阿史那步真不战而降。麴智盛见大势已去，放弃抵抗，举城而降。侯君集又分兵攻取高昌属地，高昌百姓对麴氏父子的腐朽统治早就不满，心慕王风，当唐军还未走出沙塞时，高昌百姓就编童谣云："高昌兵马如霜雪，汉家兵马如日月，日月照霜雪，回手自消灭。"[4] 因此，唐军所到之处，军民争相开城迎接。很快，高昌国二十二城全为唐军占领。麴智盛被带回长安，太宗拜其为左武卫将军，封金城郡公。唐在高昌故地设立西州，在西突厥可汗浮图城设立庭州，加上此前设立的伊州（贞观四年置西伊州，六年改为伊州。在今新疆哈密市一带），成为历史上有名的伊、西、庭

[1] 《新唐书》卷一百一十《阿史那社尔传》，第 4115 页。

[2] 吴钢主编：《全唐文补遗》第三辑《大唐故左骁卫大将军上柱国云中县开国公曹（钦）府君墓志铭并序》，三秦出版社，1996 年，第 405 页。

[3] 《旧唐书》卷一百九十八《西戎·高昌传》，第 5295 页。

[4] 《旧唐书》卷一百九十八《西戎·高昌传》，第 5296 页。

三州，又置安西都护府于交河城，留兵镇之，为贞观后期唐的势力向西域腹地深入、建立安西四镇、彻底控制西突厥奠定了坚实的基础。

《志文》言牛进达随侯君集出讨高昌得胜还朝后，朝廷加封，徙其爵为"琅邪郡公"，达到正二品。牛进达墓志盖题"琅邪"为"琅玡"，琅邪为郡之本名，后常书为琅玡，故牛进达墓志盖、底二书，并无错误。

下面将《志文》叙述牛进达讨高昌之文词略作解释。"星言右地"，星，谓天上某星宿（对应地上西方之地）。言，助词。右地，西方之地。指高昌。"前庭"，即交河城，自西汉至北魏，车师前王国皆都此。"翼飚风于阊阖"，翼，凭借。飚风，疾风。阊阖，《淮南子·天文》谓西风名阊阖。意谓席卷高昌，疾若西风。"送归日于崦嵫"，崦嵫，山名，在今甘肃天水市西。《山海经·西山经》及其《注》言崦嵫为日入之处。《志文》谓深入西域，灭亡高昌。"仲山之鼎，不足称其伐"，仲山，也作中山，在今陕西泾阳县西北，与礼泉、淳化二县交界。仲山之鼎，用汉武帝得宝鼎于河东汾阴之典。《史记》卷十二《武帝本纪》载，汉武帝元狩年间，汾阴人得大鼎，武帝乃命迎鼎至甘泉宫。百官随行，武帝献祭。迎鼎队伍走到仲山时，天气变得晴暖，有块黄云飘在空中，刚好有只麃子跑过，武帝亲自射得，以之祭祀。后武帝用宝鼎进献祖庙，珍藏在甘泉宫天帝的殿廷中，改元元鼎，成为一时之盛事。伐，功劳。三代时常镌功于钟鼎之属，故鼎成为记载功劳的重器。《志文》意为镌之于鼎，也记不尽牛进达西讨高昌的战功。乃碑版铺陈的浮词。"博望之言，无以穷其薑"，博望之言，谓张骞之言。汉武帝时，张骞出使西域有功，被封为博望侯，取远瞻广博之意。据《汉书》卷六十一《张骞传》，建元二年（前139），张骞出使大月氏、大宛、康居和大夏等中亚国家，途中两次被匈奴拘留达十余年之久。元朔三年（前126），匈奴内乱，始脱身归国。元狩四年（前119），又出使乌孙，在乌孙分遣副使至大宛、康居、大夏和月氏等地，与中亚各国正式通好。《志文》言之，是指张骞在西域说服各国与汉合作，共击匈奴之言。以之比喻牛进达在高昌战场上为唐做出了很大贡献。薑，草名，类似茅草。

比喻多。此句亦是碑版铺陈浮词。"特光茅社"，指受封为郡公。古代帝王社祭之坛，以五色土筑成，分封诸侯时，按封地所在方向取坛上一色土，以茅包之，称为茅土，给受封者在国内立社，合称茅社。

4. 两次出讨高丽

《志文》在叙述罢牛进达出讨高昌事后，即用约 100 字的篇幅，记述牛进达贞观后期两次出讨高丽之事。文云："十八年内，从讨辽阴……大风□□，巨麟斯毙。"谓牛进达贞观十八年（644）至十九年跟随唐太宗东征高丽；再云："又为沧海道行军大总管……仍授左武卫大将军。"谓牛进达贞观二十一年（647）与诸将征高丽事。

高丽在两《唐书》中俱有专传，本传及《资治通鉴》卷一百八十七至一百八十八记述贞观朝唐与高丽关系颇详，亦对牛进达参与两次讨伐高丽战争有详细记载。辽东古营州城外有古朝鲜国，为周初箕子的封地。汉初卫氏继之，为武帝所灭，其南部为三韩诸国，皆属于汉。后为高句丽（五代以后称高丽）、新罗、百济三国。唐初，辽东半岛诸国名义上皆为唐之属国。武德七年（624），唐封高丽王建武为上柱国、辽东郡王、高丽王。贞观中前期，唐与高丽使者往来，从未中断，高丽以藩臣礼事唐。贞观十六年（642），高丽国西部大人（《资治通鉴》卷一百九十六、《新唐书·高丽传》作东部大人，《旧唐书·高丽传》作西部大人）盖苏文发动政变，杀国王建武，立建武弟子藏为王，自立为莫离支，这一职务，相当于唐王朝的兵部尚书兼中书令，自是揽军政大权于一身。唐太宗对盖苏文弑君非常不满，总想借机除掉他。贞观十八年（644），高丽攻打与唐关系密切的新罗，唐劝阻无效后，太宗不顾大臣褚遂良、尉迟敬德等人的反对，决定亲总诸军，讨伐高丽。

贞观十八年十一月，唐太宗颁布了唐军征辽诸道行军大总管、副大总管行军基本序列：刑部尚书郑国公张亮为平壤道行军大总管，左领军将军常何、泸州都督左难当为之副，率江、淮、岭、硖兵四万，长安、洛阳募士三千，战舰五百艘，自莱州泛海趋平壤；太子詹事、左卫率李世勣为辽东道行军大总管，江夏王道宗为之副，率步骑六万及兰、河二州降胡趋辽东。各行军大总管、副大总管又下辖数总管，还有许多大臣和大将军、将军以本职随军听命。《志文》言牛进达以"检校右武候大将军"随军出讨。检校，唐属散官，指诏除而非正名的加官。牛进达此前正式职事官为从三品左卫将军，此时为检校右武候大将军，职事官类同正三品，这是唐太宗为鼓励诸将作战的加荣方式。《志文》又谓牛进达"总督巡警"，说明此番战争牛进达是作为中军将领跟随太宗出讨的。《志义》所谓的"齐朱绶于七萃，整鞶革于六戎"即是言牛进达统帅帝王禁卫之师（在前线自然也要参加野战）的浮词。《志文》言牛进达战功："驻跸之时，率先告捷。"帝王出行，中途暂住，谓之驻跸。太宗在辽东前线，先后四五个月，驻跸不止一次，然唐史言太宗驻跸辽东，皆指贞观十九年（645）六月戊午（二十二日）驻跸辽东安市城（今辽宁海城县东南营城子）外与高丽援兵决战事。

这里顺便简述一下安市决战前战争进展情况。贞观十九年春三月，太宗亲统六军从洛阳出发北上，三月，到达定州。李世勣亦于三月兵发柳城，多张形势，若趋怀远镇者，而潜师北趋甬道，出高丽不意。四月戊戌，李世勣自通定渡辽水，至玄菟（北魏延和元年徙郡治于幽州界，今址未详），高丽大骇，城邑皆闭门自守。壬寅，辽东道行军副大总管江夏王道宗将兵数千至新城（今河北无极县西）。李世勣军拔玄菟，壬子，又拔盖牟城（今辽宁抚顺市）。五月，李世勣军至辽东城（今辽宁辽阳市）下。庚午，太宗车驾至辽泽，布土做桥，行泥淖二百余里，与李世勣合军。己亥，高丽步骑四万来救辽东，江夏王道宗率四千骑大破之，甲申，唐军克辽东，以其城为辽州。六月，丁酉，唐军克白岩城（今辽宁辽阳市东北）。丁未，车驾发辽东，丙辰，至安市城外，进兵攻之。

下面陈述太宗"驻跸之时"与高丽援兵决战安市城外事。六月丁巳，高丽北部耨萨延寿、惠真帅高丽、靺鞨兵十五万来救安市。围城打援是太宗惯用的战术，当年在河南战场，太宗以此战术，一战而擒二王。这次太宗还要用此战术，欲擒延寿。延寿引军直进，距安市城四十里下寨，太宗恐其徘徊不至，命左卫大将军阿史那社尔率突厥千骑以诱之，兵始交而伪走，延寿不知是计，驱兵乘进，至安市城东南八里，依山结阵。太宗乃与长孙无忌等数百骑乘高望之，观山川形势，可以伏兵及出入之所。是夜，太宗召文武计事，安排次日决战事宜，"遣李勣（即李世勣）率步骑一万五千于城西岭为阵，长孙无忌率牛进达等精兵一万一千以为奇兵，自山北于狭谷出，以冲其后；太宗自将步骑四千，潜鼓角，偃旌帜，趋贼营北高峰之上，令诸军闻鼓角声而齐纵"[1]。关于次日的决战，《资治通鉴》卷一百九十八，贞观十九年六月条云：

---

[1] 《旧唐书》卷一百九十九上《东夷·高丽传》，第5324页。

戊午，延寿等独见李世勣布阵，勒兵欲战。上望见无忌军尘起，命作鼓角，举旗帜，诸军鼓噪并进，延寿等大惧，欲分兵御之，而其陈已乱。会有雷电，龙门人薛仁贵著奇服，大呼陷陈，所向无敌；高丽兵披靡，大军乘之，高丽兵大溃，斩首二万余级。上望见仁贵，召拜游击将军。仁贵，安都之六世孙，名礼，以字行。延寿等将余众依山自固，上命诸军围之，长孙无忌悉撤桥梁，断其归路。己未，延寿、惠真帅其众三万六千八百人请降，入军门，膝行而前，拜伏请命。上语之曰："东夷少年，跳梁海曲，至于摧坚决胜，故当不及老人，自今复敢与天子战乎？"皆伏地不能对。[1]

唐太宗高超的军事指挥艺术为此役的胜利奠定了基础，长孙无忌所率奇兵直插敌背及士兵薛仁贵大呼陷阵无疑在此役中有点睛之妙。不过，长孙无忌以太宗布衣之交和太宗长孙皇后胞兄之故，最得太宗信任，虽数领大将军衔，然其以谋略见长，不善冲杀，

以冲杀见长的牛进达，作为长孙无忌的副将，毫无疑问，为此役的胜利立有重大功勋。

唐太宗颇以此役之胜而感骄傲，《资治通鉴》说，战后太宗"更名所幸山曰驻跸山"[2]。此事两《唐书》亦多有记载，如：《旧唐书·太宗本纪》记述太宗六月戊午大捷后云："延寿等以其众降，因名所幸山为驻跸山，刻石纪功焉。"[3]《旧唐书·高丽传》记述太宗六月戊午大捷后云："因名所幸山为驻跸山，令将作造《破阵图》，命中书侍郎许敬宗为文勒石以纪其功。"[4]《新唐书·高丽传》记述太宗六月戊午大捷后云："因号所幸山为驻跸山，图破阵状，勒石纪功。"[5]

《志文》又言"大风□□，巨麟斯絓"，是对牛进达随太宗征辽战功的溢美之辞。巨麟，指大恶人。絓，粗紬。引申为绊住。当然，众所周知，太宗贞观十九年征辽，并未达成战争目的。虽然唐军在安市城外取得消灭高丽主力的伟大胜利，却久攻安市不克。九月，太宗"以辽左早寒，草枯水冻，士马难久留，且粮食将尽"[6]，乃下令

[1] 《资治通鉴》卷一百九十八，贞观十九年六月条，第 6338～6339 页。
[2] 《资治通鉴》卷一百九十八，贞观十九年六月条，第 6340 页。
[3] 《旧唐书》卷三《太宗本纪下》，第 58 页。
[4] 《旧唐书》卷一百九十九上《东夷·高丽传》，第 5325 页。
[5] 《新唐书》卷二百二十《东夷·高丽传》，第 6193 页。
[6] 《资治通鉴》卷一百九十八，贞观十九年九月条，第 6343 页。

班师。太宗回京途中，身患疾病，至贞观二十年（646）二月己巳，才回到京城。

太宗为第一次征辽未达成战争目的，耿耿于怀，一直想再征高丽，但自班师以后，疾未痊愈，加之贞观二十年唐又把注意力放在消灭北方薛延陀汗国上，所以这一年未对高丽用兵。是年底，唐已顺利解决了薛延陀问题，加之这时候，"盖苏文益骄恣，虽遣使奉表，其言率皆诡诞，又待唐使者倨慢，常窥伺边隙"[1]，因此，太宗又把讨伐高丽提上议事日程，并打算亲征，朝议以为："高丽依山为城，攻之不可猝拔。前大驾亲征，国人不得耕种，所克之城，悉收其谷，继以旱灾，民太半乏食。今若数遣偏师，更迭扰其疆场，使彼疲于奔命，释耒入堡，数年之间，千里萧条，则人心自离，鸭绿之北，可不战而取矣。"[2]唐太宗表示认可，并以此作为唐对高丽的战争对策。贞观二十一年（647）牛进达等诸将再次出讨高丽，就是践行这一军事方略。

《志文》云，贞观二十一年唐军征辽，牛进达为"沧海道行军大总管"与诸旧史记载不符。《旧唐书·太宗本纪》《旧唐书·高丽传》失载贞观二十一年唐伐高丽事，《新唐书·太宗本纪》、《新唐书·高丽传》、《资治通鉴》卷一百九十八，均记贞观二十一年唐伐高丽，授牛进达临时军职为青丘道行军大总管，未知孰是。另据《志文》，牛进达为左武卫大将军是其在高丽前线，朝廷"特垂纶綍，远加慰谕"而遥授，而上述诸史均言牛进达为青丘道行军大总管时已有此职，当以《志文》所载为是。

牛进达等将领贞观二十一年袭扰高丽之战，《新唐书·高丽传》记述其始末云：

三月，诏左武卫大将军牛进达为青丘道行军大总管，右武卫将军李海岸副之，白莱州渡海；李勣为辽东道行军大总管，右武卫将军孙贰朗、右屯卫大将军郑仁泰副之，率营州都督兵，繇新城道以进。次南苏、木底，虏兵战不胜，焚其郭。七月，进达等取石城，进攻积利城，斩级数千，乃皆还。[3]

当然，《志文》叙述牛进达此番跨海征辽，仍以碑版惯例，堆砌辞藻，溢美战功。"玉舳"，是对唐军战舰的美称。"雕戈"，是对唐军武器的美称。"山螯"，一种甲壳类动物，是对高丽军队的蔑称。"水若"，传说中的海神名，能兴风作浪，是对高丽军队的诬称。"勒丸都之□，□□□之险"，泐文较多，难

[1] 《资治通鉴》卷一百九十八，贞观二十年九月条，第6354页。

[2] 《资治通鉴》卷一百九十八，贞观二十一年二月条，第6358页。

[3] 《新唐书》卷二百二十《东夷·高丽传》，第6194页。

知全意，但从"丸都"一词可知，此二句亦谓牛进达渡海击辽，取得了巨大胜利。据《三国志·魏书·公孙康传》《三国志·魏书·高句丽传》《三国史记》等史料记载，鸭绿江以西的高句丽人，其政治中心于山上王十三年（209）由国内城迁于丸都（均在今吉林吉安市）。北魏初年，当高句丽广开土王时期和长寿王时期，高句丽势力开始强大，在辽东发展。长寿王十五年（427），高句丽的政治中心移于平壤。魏晋以降碑版，常以"丸都"指代高句丽（国家、军队、城池等）。

六、薨亡及陪葬昭陵

《志文》在写永徽二年（651）牛进达薨亡事之前，以"太宗升遐，特崇陵寝。禁卫之事，咸委腹心"16字简述太宗驾崩及禁军将领戒严京师事。太宗于贞观二十三年（649）五月己巳崩于翠微宫含风殿。辛未，太子等护送大行皇帝乘舆还京。壬申，发丧于太极殿，太子即位。六月庚寅，葬大行皇帝于昭陵，庙号太宗，谥号文皇帝。国丧期间，禁军将领加强戒备，宿卫诸宫，甚或护送先帝灵柩入葬，实乃例行公事。《志文》作者加此一笔，实乃为表现牛进达有孝思君父之情，又深得新君的器重。

《新唐书·忠义传》列载武德、贞观功臣数十人名讳官衔，其中有"左卫大将军、琅邪郡公牛进达"[1]，而《志文》所载牛进达终官为"左武卫大将军"，当以《志文》所载为是。

《志文》云牛进达"以永徽二年正月十六日薨于雍州万年县宣阳里之私第"，唐长安城东市西有二坊，北平康而南宣阳，清徐松《唐两京城坊考》卷三宣阳坊失载牛进达宅，今人李健超《增订唐两京城坊考》宣阳坊已增"左骁卫大将军幽州都督琅邪公牛秀宅"[2]，并据《昭陵碑石·牛进达墓志》略陈牛进达生平，可见牛进达墓志对学界之裨益。

《志文》云："仍于昭陵赐茔地并赐东园秘器，葬事所须，并令官给。五品一人监护，仪仗送至墓所。谥曰壮公，依礼也。"昭陵是唐太宗与其皇后长孙氏的合葬陵，位于今陕西礼泉县东北22.5千米的九嵕山上，因

---

[1]　《新唐书》卷一百九十一《忠义传上》，第5523页。

[2]　（清）徐松撰，李健超增订：《增订唐两京城坊考》卷三，三秦出版社，2006年，第94页。

山为陵，始建于贞观十年（636，该年长孙皇后崩，始厝九嵕山石室，陵名昭陵），基本建成于贞观二十三年（649，该年太宗崩，葬昭陵地宫，同时把当年临时安厝在九嵕山石室中的长孙皇后迁至昭陵地宫）。唐王朝在营建昭陵时，还确立了勋臣贵戚陪葬制度。贞观十一年（637）二月，太宗发《九嵕山卜陵诏》，申明"自今以后，功臣密戚及德业尤著，如有薨亡，宜赐茔地一所，给以秘器，使窀穸时丧事无阙。所司以此营备，称朕意焉"[1]。所言"给以秘器"，即指朝廷赐以棺椁、陪葬明器等，也叫"东园秘器"。汉有官署称东园，掌管王公贵族墓内器物的制作，故称棺木及墓内器物为东园秘器。唐时已无东园官署，为王公贵族制作棺木及陪葬明器的部门是将作监，但仍习惯称棺椁及陪葬明器为东园秘器。所言"所司依此营备"，是指建造墓葬及葬仪所须，均由朝廷负担。因此，初唐皇亲国戚、文武勋臣皆以陪葬昭陵为荣，迄今已发现昭陵有陪葬墓200余座，陵园面积20000公顷。唐代还有安排大臣为陪葬者监护丧事的制度，《大唐六典·鸿胪寺》云："凡诏葬大臣，

一品则卿护其丧事，二品则少卿，三品丞一人往，皆命司仪以示礼制也。"[2]《旧唐书·职官志》《新唐书·百官志》亦有类似的记载。鸿胪卿，正三品，少卿，从四品下（《旧唐书·职官志》作上），丞，从六品上。但在实际安排上，往往有所变通，且不一定由鸿胪寺官员监护。牛进达生前职事官至正三品（左武卫大将军），爵官也至正三品（琅邪郡开国公），薨后赠官亦至正三品（左骁卫大将军），依理应由四品官员监护丧事，但因其非皇亲，亦非功业特别显著者，故只安排五品一人监护丧事。牛进达谥号曰壮，《唐会要·谥法上》云："威德刚武曰壮，胜敌志强曰壮，死于原野曰壮，好力致勇曰壮，屡行征讨曰壮，武而不遂曰壮，敌国克服曰壮。"[3]这七条，能达到其一者即可加谥曰壮。纵观牛进达一生之风云际遇和所历战阵，可以说这七条，他能达到的多达五条。《唐会要》记载谥"壮"诸臣，即有"赠幽州都督琅玡郡公牛进达"[4]。

《志文》云，牛进达与夫人裴氏以永徽二年（651）四月十日合葬于昭陵之赐茔，然不载裴氏薨亡具体时间。牛进达薨于永徽二年正月十六，

---

[1] 《全唐文》卷五太宗皇帝《九嵕山卜陵诏》，第69页。
[2] 《大唐六典》卷十八《鸿胪寺》，第361页。
[3] （宋）王溥：唐会要》卷七十九《谥法上》，中华书局，1955年，第1464页。
[4] 《唐会要》卷七十九《谥法上》，第1464页。

至四月十日埋葬，时隔 80 余日，从逻辑上讲，不排除裴氏薨于牛进达从薨到葬这段时间。但据《志文》"烟飘弄玉，已居萧史之前；津双宝剑，自落司空之后"二句来判断，裴氏先亡于牛进达。"烟飘弄玉"句，用秦穆公嫁女萧史之典。据《列仙传》《能改斋漫录·女婿乘龙》等杂书记载，春秋时有一男子叫萧史（也作箫史），善吹箫，可为凤鸣之音，秦穆公以女弄玉妻之，为作凤台以居。一夕，萧史吹箫引来龙（有说引来龙凤），与弄玉共升天而去。《志文》言"烟飘弄玉"，谓裴氏薨亡升天；言"已居萧史之前"，谓裴氏先牛进达薨亡。"津双宝剑"句用晋张华得剑复失之典。张华，字茂先，晋惠帝时，迁为司空。据《晋书·张华传》、《太平御览·雷焕别传》载，豫章人雷焕妙达纬象，见牛斗之间颇有异气，当是宝剑之精，上彻于天，乃言于张华，华因安排雷焕作丰城令。雷焕在丰城得到宝剑两口，一名龙泉，一名太阿，一口送于张华，一口留于自己。后来张华被奸臣谋害，其剑不知所终。雷焕卒后，其子雷华为官，持其父所留之剑，一日过延平津，其剑突然从腰间跳出落入水中，雷华使人入水寻找，不见宝剑，却见得两条各数丈的巨龙在水中翻滚，波光惊沸，光彩照人。雷华认为两条巨龙就是其父与张华的那两口宝剑所化。隋唐碑版常用此典，以喻夫妇合葬。《志文》即谓裴氏与丈夫合葬。

《志文》又言牛进达夫人乃"河东裴氏"，其父"神安，夔州长史、澄城公"。魏晋以降，裴氏世为河东望族，诸旧谱牒记河东裴氏世系颇夥，但皆不及澄城公神安，故其族系，只好付诸阙如。

唐代前期墓志，行文较前代明显加长，常于叙述志主生平（即《序》）之后，又铺排典故，虚美志主（即《铭》），或有行文与叙述生平事迹篇幅相侔者，《志文》即是这样。其所用诸如李广、周亚夫、夏侯婴、关云长、寇恂、贾复、樊哙、郦商等历史名将典故，或言志主与之比肩，或言志主尚可睥睨，极尽虚美之能事，因与志主本事无关，故阙而不考。

昭陵唐墓壁画题材五种对前代的继承与嬗变

昭陵有 200 余座陪葬墓，20 世纪 70 年代以来，国家先后发掘清理了 40 座。这些墓葬，当年绝大多数在内壁绘有壁画，不过因为年代久远，一部分墓葬的壁画脱落殆尽，只隐约留下一些遗迹，尽管如此，仍有 15 座墓葬保留有一定数量较为完整的壁画，而且纪国太妃韦氏（韦贵妃）、长乐公主、新城长公主、李震等人墓葬壁画保存较为完整，能够较为系统科学地反映当时官员和贵族墓葬壁画的题材。本文试图通过对这些墓葬壁画题材的考察，就这一时期（约为太宗、高宗两朝）官员和贵族墓葬壁画五种题材对前代的继承及嬗变略陈管见，以求教于先进。

在昭陵已发掘的 15 座有整幅壁画遗存的墓葬中，共发现壁画约 380 幅，面积约 1200 平方米，共揭取壁画 86 幅，面积约 400 平方米。这 15 座墓葬的墓主及葬年分别是：杨恭仁，贞观十四年（640）葬。长乐公主，贞观十七年（643）葬。李思摩（夫人延陀氏合袝），贞观二十一年（647）葬。段蕑璧，永徽二年（651）葬。新城长公主，龙朔三年（663）葬。郑仁泰，龙朔三年（663）葬。程知节（夫人崔氏合袝），麟德二年（665）葬。李震（夫人王氏合袝），麟德二年（665）葬。纪国太妃韦氏，乾封元年（666）葬。李勣（夫人英国夫人合袝），咸亨元年（670）葬。越国太妃燕氏（燕德妃），咸亨二年（671）葬。阿史那忠（夫人定襄县主李氏合袝），上元二年（675）葬。安元寿（夫人翟氏合袝），光宅元年（684）葬。契苾夫人，开元九年（721）葬。佚名（02 号墓墓主），葬年不详，据出土的三彩马造型判断，当在开元年间。

　　限于篇幅，难以把上述墓葬壁画具体内容进行罗列，下面随文作必要交代。我们通过对15座墓葬380余幅壁画的汇总考察，总结出唐代前期特别是贞观十七年（643）长乐公主墓至上元二年（675）阿史那忠墓这一时段官员贵族墓葬壁画的题材与布局的特征，即在墓道和第一天井两壁绘制《青龙图》《白虎图》《仪卫图》《车马图（含牛车、马车、驼马）》《门吏图》；在第一、第二过洞口上方绘制《楼阁图》；在第一或第二天井绘制《列戟图》；在天井、过洞、甬道、前后墓室绘制《侍女图》；在过洞、天井绘制《宦官图》；在甬道和后墓室绘制《乐舞图》；在墓室棺床南、西、北三面绘制《屏风图》；在墓室（双墓室的指安置棺椁的后墓室）穹隆顶绘制《天象图》。

　　我国的传统文化千百年来，既一脉相承，不曾中断，又兼蓄并收，不断出新，正因如此，昭陵唐墓壁画的题材与布局，既与前代有着千丝万缕的继承关系，又表现出很多自己独特而奇异的光彩。

图1　长乐公主墓道东壁壁画线稿图

图2　长乐公主墓道西壁壁画线稿图

墓道东壁

0   100厘米

图 3　新城长公主墓道东壁壁画线稿图

墓道西壁

0   100厘米

图 4　新城长公主墓道西壁壁画线稿图

0   50厘米

图 5　韦贵妃墓道东壁壁画线稿图

墓道西壁

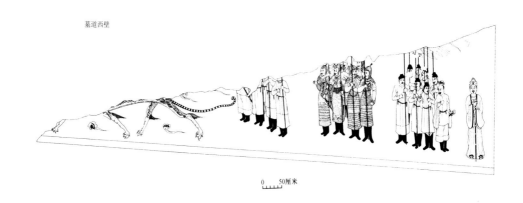

0   50厘米

图6   韦贵妃墓道西壁壁画线稿图

一、关于《仪卫图》的题材继承和主题嬗变

在昭陵唐墓壁画中，有6座墓葬墓道壁画保存较为完整，使我们能够比较准确地了解墓道壁画的题材与布局。这6座墓葬墓道的壁画，都绘制着《仪卫图》，若东西壁壁画保存完整，会发现所绘的仪卫，东西壁对称，或1组，或2～3组。由此可见，这一时期的唐代官员和贵族墓葬，应当在墓道两壁上都对称地绘制着《仪卫图》。兹分述如下：

（1）长乐公主墓：墓主为唐太宗女，正一品外命妇。墓道东壁绘两组仪卫，由南至北分别是《袍服仪卫图》，绘8人，《铠甲仪卫图》，绘6人。墓道西壁的《仪卫图》与东壁对称。两壁共绘仪卫28人[1]（图1、2、7、8）。

（2）新城长公主墓：墓主为唐太宗女，高宗时进封新城长公主，正一品外命妇。墓道东壁绘两组仪卫，由南至北分别是《袍服仪卫图一》，绘6人，《袍服仪卫图二》，绘8人。墓道西壁《仪卫图》与东壁对称。两壁共绘仪卫28人[2]（图3、4）。

（3）郑仁泰墓：墓主爵封同安郡公，从二品。墓道东壁绘两组仪卫，由南至北分别是《袍服仪卫图一》，绘5人，《袍服仪卫图二》，绘4人。墓道西壁

[1] 昭陵博物馆：《长乐公主墓发掘简报》，《文博》1988年第3期，第20～22页。

[2] 陕西省考古研究所、陕西历史博物馆、昭陵博物馆：《唐昭陵新城长公主墓发掘简报》，《考古与文物》
     1997年第3期，第16～17页。

图7　长乐公主墓铠甲执旗佩刀仪卫图

图 8　长乐公主墓袍服执旗佩刀仪卫图（摹品）

《仪卫图》与东壁对称。两壁共绘仪卫 18 人[1]。

（4）李震墓（夫人王氏合祔）：墓主官至梓州（上州）刺史，从三品。墓道东壁壁画残损严重，不见《仪卫图》。墓道西壁同样残损严重，仪卫内容仅存一幅《袍服仪卫图》，绘 6 人。该墓墓道较短，可能每壁只绘一组仪卫，若如此，则该墓墓道两壁当共绘仪卫 12 人[2]。

（5）纪国太妃韦氏墓：墓主为唐太宗贵妃，高宗时进封纪国太妃，正一品内命妇。墓道东壁绘三组仪卫，由南至北分别是《袍服仪卫图一》，绘 4 人，《铠

---

[1]　陕西省博物馆、礼泉县文教局唐墓发掘组：《唐郑仁泰墓发掘简报》，《文物》1972 年第 7 期，第 34 页。

[2]　李震墓于 1986 年发掘清理，未发表发掘报告，所用资料由昭陵博物馆提供。

图6　韦贵妃墓铠甲仪卫图

昭陵唐墓壁画题材五种对前代的继承与嬗变

甲仪卫图》，绘7人，《袍服仪卫图二》，绘7人。墓道西壁同样绘三组仪卫，位置与东壁对称，但图中人物数量稍有差别。《袍服仪卫图一》中绘5人，《袍服仪卫图二》绘8人。该墓东西壁《仪卫图》人数不对等，应当是画家起稿时疏忽所致，为研究科学合理起见，把西壁人数也按东壁计算。如此，则两壁共绘仪卫36人[1]（图5、6、9、10）。

[1] 陕西省考古研究院、昭陵博物馆：《唐昭陵韦贵妃墓发掘报告》，科学出版社，2017年，第89～97页。

图10　韦贵妃墓袍服仪卫图

　　（6）阿史那忠墓（夫人定襄县主李氏合袝）：墓主爵封薛国公，从一品。墓道东壁绘二组仪卫，由南至北分别是《袍服执旗仪卫图》，绘5人，《袍服佩剑仪卫图》，绘6人。西壁《仪卫图》脱落，当与东壁对称。如此，则两壁共绘仪卫22人[1]。

　　在墓葬壁画中绘制仪卫扈从，始于东汉，至南北朝时，画家在墓道里对这一题材的反映极尽张扬，列骑卷尘，动辄数十。甚至为

---

[1]　陕西省文物管理委员会、礼泉县昭陵文管所：《唐阿史那忠墓发掘简报》，《考古》1977年第2期，第133～134页。

了铺排场面，尽量多地绘制卫队人物骏马，还把墓道分为上下两栏或两栏以上，绘制扈从，尽情铺张。但是，从东汉到南北朝，墓葬壁画中的扈从列骑和仪卫，似乎只反映出当时贵族官僚出行部众的盛大，其骏马人物数量不能与墓主身份进行科学的对应。但是，通过对昭陵壁画墓中《仪卫图》的仪卫分组及每组人物的多少与墓主人身份作对比，会发现二者之间存在正比例关系，品阶或尊荣高的，仪卫人数多，反之则少。例如，正一品内命妇纪国太妃韦氏墓《仪卫图》的仪卫人数为 36 人，而正一品外命妇长乐公主墓和新城长公主墓《仪卫图》的仪卫人数均为 28 人，这是因为按照唐代礼制，同品阶的命妇，内命妇尊荣高于外命妇。限于篇幅，不一一解析。这说明，昭陵唐墓壁画中出现《仪卫图》，既是对东汉以降传统的继承，又有所发展和变化，表现封建等级秩序的功能更突出。

二、关于《车马图》的题材继承与主题嬗变

在昭陵墓葬壁画中，发现仅有 7 座墓葬壁画中保存有《牵驼马图》《牵马图》《马车图》《牛车图》《担子（轿子）图》，这些内容均与墓葬壁画中的《仪卫图》相配套，实际反映了当时官员和内外命妇的乘舆情况。现将 7 座墓葬的乘舆情况简述如下：

（1）长乐公主墓：该墓在东西两壁《青龙图》和《白虎图》之后，各绘一幅《云中车马图》，等大，构图基本一样。车为双厢，上有华盖，车后两侧分别插着一面红色七旒旗，旗上绘有黻号。二马驾车奔驰，乘御者凡 5 人。车厢下方有一大鱼，张大嘴巴，吹得水珠四溅[1]（图 11）。

（2）新城长公主墓：该墓在墓道东西两壁绘有四幅乘舆壁画。东壁在第一幅《袍服仪卫图》之后绘《牵马图》一幅，图中绘二名控夫各牵一匹骏马。西壁在第一幅《袍服仪卫图》后亦绘《牵马图》一幅，同样绘二名控夫各牵一匹骏马。东壁在《牵马图》后绘《担子图》一幅。担子（两《唐书》、《唐会要》等文献作"檐子"，"檐"有二音二释，其一音、义俱同"担"，为"檐子［轿子］"的专用音义，今学术界为方便读者，常直书为"担子"），即肩舆，也叫轿子。图中担子为仿建筑结构，浅蓝

---

[1]　《长乐公主墓发掘简报》，第 20 页。

图 11　长乐公主墓西壁《云中车马图》（摹品）

色庑殿顶。抬担子者 4 人（图 12）。西壁在《牵马图》之后绘《牛车图》一幅，与东壁《担子图》相对应[1]。

　　（3）郑仁泰墓：该墓壁画残损严重。在墓道东壁《袍服仪卫图》之前绘《牵驼马图》一幅，图中绘一驼一马二御者，皆残缺特甚。西壁在《袍服仪卫图》之前绘《牛车图》一幅，图中绘一牛一车二御者，残损特甚，仅见牛腿部、车轮下部和御者小腿部[2]。

　　（4）李震墓（夫人王氏合祔）：该墓壁画保存比较丰富。在东壁《青龙图》之后绘《牵驼马图》一幅，绘一驼一马二御者。在西壁《白虎图》之后绘《牛车图》一幅，绘一车一牛一御者，二侍女[3]。

　　（5）程知节墓（夫人崔氏合祔）：墓主爵封卢国公，从一品。该墓壁画残损殆尽，墓道东壁仅存一幅《牵驼马图》，绘一驼一马二控夫[4]。

　　（6）纪国太妃韦氏墓：在第一天井东西两壁各绘一幅《牵马图》，图中均绘二名控夫和一匹骏马[5]（图 13）。

[1]　《唐昭陵新城长公主墓发掘简报》，第 16～18 页。
[2]　《郑仁泰墓发掘简报》，第 34 页。
[3]　所用资料片由昭陵博物馆提供。
[4]　程知节墓于 1986 年部分清理，未发表发掘报告，所用资料由昭陵博物馆提供。
[5]　《唐昭陵韦贵妃墓发掘报告》，第 111～114 页。

图 12　新城长公主墓《担子图》

（7）阿史那忠墓（夫人定襄县主李氏合祔）：在墓道东壁《青龙图》后绘《牵驼马图》一幅，图中绘一驼一马二控夫。在墓道西壁《白虎图》后绘《牛车图》一幅，图中绘一牛一车二御者[1]（图14）。

在墓葬壁画中普遍绘制车马，始于东汉。东汉后期墓葬的主要内容就是反映墓主人生前的属吏及车马仪卫，往往车马数十，场面宏大。这一传统经过南北朝一直持续到唐代贞观初年。但是，考古界至今无法将这些壁画中的连车列骑数量与墓主身份等级作出科学的对应，只笼统地认为这些壁画反映了当时贵族官僚的奢华生活。唐代是我国古代社会继西周和西汉之后的又一个全盛时期，自贞观中期以后，虽享国尚浅，但国势日隆，按理，这一时期皇亲国戚和文武大臣墓葬的乘舆壁画、驼马骑卫、连车列骑的画面较前代应更加壮阔，但是在发掘的为数不少的唐代前期大型墓葬中，驼马车辆壁画内容并不像东汉、魏晋南北朝那样

[1]　《唐阿史那忠墓发掘简报》，第133~134页。

图13 韦贵妃墓《牵马图》

图14 阿史那忠墓《牛车图》（摹品）

恣肆张扬,特别是贞观十七年(643)长乐公主墓之后至高宗末年这一时段,反映墓主出行乘舆的壁画内容更显得低调含蓄。以昭陵发掘的7座反映乘舆的壁画而言,大都反映的是一马一驼、一牛一车,最多也不过二马一车或一轿一车。我们认为,这一时期的唐墓壁画乘舆题材,虽然是对前代墓葬同类壁画题材的继承,但其表现的内涵却发生了嬗变。前代的车马壁画内容,以反映墓主生前拥有的巨大财富、生活的奢华显贵为主旨,而昭陵唐墓乘舆壁画的内容,却以准确反映墓主身份等级、体现国家封建秩序为要义。用唐代乘舆制度衡量上述7座墓葬壁画中的乘舆规格,我们不难得出这一结论。同时发现,夫妇合葬或有可能要夫妇合葬的墓葬,墓道东壁反映男性官员乘舆制度,西壁反映官员夫人乘舆制度;单纯的贵族妇女墓葬,则墓道东西两壁均反映贵族妇女乘舆制度。

为了说明方便,现将前文所述乘舆壁画反映的身份与乘舆等级汇总如下:

男性官员身份与乘舆等级:

反映的从一品官员(程知节、阿史那忠)乘舆是马。

反映的从二品官员(郑仁泰)乘舆是马。

反映的从三品官员(李震)乘舆是马。

女性命妇身份与乘舆等级:

反映的正一品内命妇(纪国太妃韦氏)乘舆是马。

反映的正一品外命妇(长乐公主、新城长公主)乘舆是二马驾车、马、担子、一牛驾车。

反映的从二品外命妇(从夫爵的郑仁泰夫人)乘舆是一牛驾车。

反映的从三品外命妇(从夫秩的李震夫人王氏)乘舆是一牛驾车。

反映的正二品外命妇(阿史那忠夫人定襄县主李氏)乘舆是一牛驾车。

用文献记载的唐代乘舆制度对上述官员和内外命妇身份与乘舆等级进行比对,我们会发现壁画的反映是准确的。

《旧唐书·舆服志》记载王公以下及内外命妇车辂制度云:

> 亲王及武职一品,象饰辂。自余及二品、三品,革辂。四品,

木辂。五品，轺车。象辂，以象饰诸末，朱班轮，八鸾在衡，左建旂，旂画龙，一升一降。右载闟戟。革辂，以革饰诸末，左建旃，通帛为旃，余同象辂。木辂，以漆饰之，余同革辂。轺车，曲壁，青通幰。诸辂皆朱质朱盖，朱旂旃。一品九旒，二品八旒，三品七旒，四品六旒，其鞶缨就数皆准此。内命妇夫人乘厌翟车，嫔乘翟车，婕妤已下乘安车，各驾二马。外命妇、公主、王妃乘厌翟车，驾二马。自余一品乘白铜饰犊车，青通幰，朱里油纁，朱丝络网，驾以牛。二品已下去油纁、络网，四品青偏幰。有唐已来，三公已下车辂，皆太仆官造贮掌。若受制行册命及二时巡陵、婚葬则给之。自此之后，皆骑马而已。[1]

由此可以看出，唐代对文武官员乘舆制度的设计，除"受制行册命及二时巡陵、婚葬"这些特殊情况给车外，其余情况（上下朝、日常公务甚或祭祀天地）一概乘马。在昭陵7座乘舆墓壁画中，4座反映从一品至从三品官员乘舆墓的壁画，内容均为"马"，说明昭陵乘舆壁画反映官员乘舆制度是准确的。同样，昭陵唐墓乘舆壁画反映的定襄县主、郑仁泰夫人、李震夫人这三位正二品至从三品外命妇乘舆为牛车的情况，与《旧唐书·舆服志》所载的除正一品外命妇公主和王妃外，自余一品及一品以下外命妇乘犊车相吻合。

纪国太妃韦氏是正一品内命妇，按《旧唐书·舆服志》所规定的一品内命妇乘舆制度，应当是二马驾翟车，但韦贵妃墓乘舆壁画中的却是马。长乐公主和新城长公主都是正一品外命妇，按《旧唐书·舆服志》所规定的外命妇正一品公主、王妃乘舆制度，应当是二马驾厌翟车。长乐公主墓乘舆壁画中的便是二马驾车。由于史料记载此类车子的用材及细部名称很难用绘画的形式表现出来，加之画家不是礼官和乘舆制造专家，故而所绘车子大概只具象征意义，所以所驾之车是否就是厌翟车，我们姑且不论，权且认为二马驾车便符合朝廷乘舆制度。但新城长公主墓乘舆壁画中正一品外命妇公主乘舆情况是"马、担子、犊车"，便与《旧唐书·舆服志》的规定有较大出入。我们说，正一品外命妇公主乘犊车实属正常，根据唐代服舆制度"上得兼下，下不得拟上"[2]的规定，内外命妇皆可乘比其品阶低或尊荣等级低的命妇乘舆。同时我们认为，《旧唐书·舆服志》所规定的内外命妇乘舆制度，只是朝廷的礼法规定，而内外命妇在乘舆的实际使用上，往往

[1]　（后晋）刘昫：《旧唐书》卷四十五《舆服志》，中华书局，2011年，第1935页。
[2]　（宋）欧阳修、宋祁：《新唐书》卷二十四《车服志》，中华书局，2011年，第511页。

对制度有所突破。昭陵唐墓壁画乘舆中看似逾礼的内容，如乘马、乘担等，反映的正是当时命妇的实际乘舆情况，这一点同样可以与史料的记载相互印证。

唐代宫女骑马，始于立国之初，《旧唐书·舆服志》即有"武德、贞观之时，宫人骑马者，依齐、隋旧制，多著羃䍦，虽发自戎夷，而全身障蔽，不欲途路窥之"[1]的记载。永徽以后，公私妇人为了展露月貌花容，开始弃羃䍦而著帷帽，托裙至颈，渐为浅露。龙朔三年（663），朝廷也曾下诏禁断，初虽渐息，旋又仍旧。至咸亨年间，内外命妇不但大胆跟随宫女自由着装的风尚，同时开始弃车而乘马、乘担。《唐会要·羃䍦》记载咸亨二年（671）朝廷禁断内外命妇著帷帽、乘担子的《诏书》云："百官家口，咸预士流，至于衢路之间，岂可全无障蔽。比来多著帷帽，遂弃羃䍦，曾不乘车，别坐檐子，递相效仿，浸成风俗，过为轻率，深失礼容。前者已令渐改，如闻犹未止息。理须禁断，自后不得更然。"[2]但是，贵族妇女恃娇蒙宠，依旧我行我素，朝廷也只好听之任之。中宗即位后，宫禁宽弛，内外命妇们甚至可以"靓妆露面""露髻驰骋"，还可以"著丈夫衣服靴衫"，形成"尊卑内外，斯一贯矣"[3]的唐代内外命妇乘舆着装特色。由于唐代内外命妇骑马出行早在高宗时就已成风俗，所以，唐王朝后来不得不把这一风俗给以正名，使其成为内外命妇乘舆制度的一部分。《唐会要·命妇朝皇后》条载景云年间内外命妇朝皇后云："诸亲五等已上，内命妇才人已上，并外命妇朝参乘马者，听乘至命妇朝堂。"[4]长乐公主葬于贞观十七年（643），当时内外命妇对朝廷乘舆制度贯彻得较好，所以，长乐公主墓乘舆壁画中的正一品外命妇公主乘舆是"二马驾车"，完全符合朝廷乘舆制度的规定。而新城长公主葬于龙朔三年，纪国太妃韦氏葬于乾封元年（666），这一时期，正是贵族妇女抛弃车子，为乘马、乘担与朝廷封建礼法"抗争"之时，她们墓葬乘舆壁画中的乘舆是马、担子，正是这一历史的真实再现。

---

[1] 《旧唐书》卷四十五《舆服志》，第1957页。
[2] （宋）王溥：《唐会要》卷三十二《羃䍦》，中华书局，1955年，第585页。
[3] 《旧唐书》卷四十五《舆服志》，第1957页。
[4] 《唐会要》卷二十六《命妇朝皇后》，第493页。

图 15　段蕳壁墓《群侍图》

图 16　段蕑壁墓《群侍图》（摹品）

图 17　燕德妃墓《捧羃䍦侍女图》

图 18　韦贵妃墓《束抹额男装女侍图》

　　这里顺便解释两个问题：其一，前文所述的长乐公主墓《云中车马图》，虽然是对公主乘舆制度的准确反映，但该图中的车马行于云水之上，鲸鲵夹毂，在艺术手法上明显吸收了顾恺之《洛神赋图》的构图特色，同时也或多或少带有两汉墓葬壁画《升天图》的意识。其二，前文所述的官员乘舆是马的壁画中，所绘皆为《牵驼马图》，图中均绘一驼一马，而不是二马，这是因为这些官员品阶皆不及正一品，若绘成二马，便有逾制之嫌（二马为正一品外命妇公主、王妃以上乘舆所用），但绘制成一马，画面又显单调，为使画面丰富，便部分继承了前代墓葬壁画绘制成群驼马的传统，给画面里添上一匹骆驼，不过其反映的主题已与前代有本质的区别。

三、关于《乐舞图》的题材继承与主题嬗变

在昭陵壁画墓葬中，发现有四座墓葬在后甬道或墓室里绘有《乐舞图》，分别是纪国太妃韦氏墓、李思摩墓、李勣墓、越国太妃燕氏墓。纪国太妃韦氏墓在后甬道东西两壁各绘《奏乐女伎图》四幅、《舞蹈女伎图》一幅，共十幅[1]（图19-28）。李思摩墓在墓室西壁绘《弹琵琶女伎图》《弹箜篌女伎图》各一幅[2]（图29、30）。李勣墓在墓室北壁东铺绘《女伎舞蹈图》一幅，在墓室东壁北铺绘《奏乐女伎图》一幅[3]。越国太妃燕氏墓在墓室北壁东铺绘《女伎舞蹈图》一幅，在墓室东壁北铺绘《奏乐女伎图》一幅[4]。在墓室绘制《宴乐图》是东汉以降我国墓葬壁画绘制的传统，昭陵唐墓壁画绘制的《乐舞图》，显然是对传统的继承，但同时在题材与绘制取舍上有着自己的特色。首先，昭陵壁画中的《乐舞图》，只绘制乐伎和舞伎，不出现墓主形象及其饮宴场面。其次，唐以前在墓室里绘制《宴饮图》，对墓主的身份似乎没有严格的要求，而昭陵壁画唐墓中绘制《乐舞图》的墓主，男性都有正一品的身份或待遇，而女性都是正一品的内命妇。纪国太妃、越国太妃的身份品阶前文已述，李思摩是突厥内附将领，有唐封的从二品怀化郡王爵位，还有唐授的乙弥泥孰可汗职务，这一特殊职务名义上地位有类唐之亲王，应当享受正一品待遇。李勣，生前为司空，也是正一品。唐制，同品阶的内命妇尊于外命妇，从封建秩序上来讲，贵为嫡出的公主，虽然还是正一品，但因是外命妇，尊荣仍不能与正一品内命妇比肩，故而，嫡出的长乐公主、新城长公主墓内壁画都没有《乐舞图》。由此可见，昭陵唐墓壁画中的《乐舞图》，只追求对封建秩序的反映，不追求对墓主奢华生活的反映。

---

[1] 《唐昭陵韦贵妃墓发掘报告》，第135～140页。

[2] 昭陵博物馆：《昭陵唐墓壁画》，文物出版社，2006年，第48～49页。

[3] 昭陵博物馆：《唐昭陵李勣（徐懋功）墓清理简报》，《考古与文物》，2000年第3期，第10～11页。

[4] 《昭陵唐墓壁画》，第174～175页。

图19 韦贵妃墓《舞蹈女伎图》（东壁）

图20 韦贵妃墓《敲磬女伎图》（东壁）

图 21　韦贵妃墓《弹筝筷女伎图》（东壁）

图 22　韦贵妃墓《吹竿篥女伎图》（东壁）　　　图 23　韦贵妃墓《吹箫女伎图》（东壁）

图 24　韦贵妃墓《舞蹈女伎图》（西壁）　　图 25　韦贵妃墓《抚琴女伎图》（西壁）

图 26　韦贵妃墓《吹排箫女伎图》（西壁）

昭陵唐墓壁画题材五种对前代的继承与嬗变

图27 韦贵妃墓《弹琴女伎图》（西壁）

图28 韦贵妃墓《吹舌笛女伎图》（西壁）

图 29　李思摩墓《弹箜篌女伎图》　　　　　　　图 30　李思摩墓《弹琵琶女伎图》

四、关于《屏风图》题材的创新与继承

由于墓室象征着墓主生前的寝室，所以在昭陵壁画墓中，一部分仿照墓主生前寝室卧床三面围屏风的实际，在墓室的南壁西铺、西壁及北壁西铺绘制《屏风图》，通常都作 12 条屏，笔法模拟两晋，内容以列仙、孝道故事为主。这些虽然是这一时期唐墓壁画题材的创新，但或许还有某些继承的元素。这些列仙、孝道内容的画面，是否就是墓主生活时期贵族寝室的屏风内容，恐怕还不能完全确定，是的成分固然有，但我们以为，这些内容抑或不能排除吸收了两汉墓葬壁画《升天图》和《历史故事图》的部分思想。这说明，唐墓壁画中一些看似重起炉灶的题材，抽丝剥茧，仍能窥见前代墓葬壁画的烙印。在昭陵唐墓壁画中，因为很多墓室壁画脱落殆尽，只发现越国太妃燕氏墓室在南壁西铺、西壁、北壁西铺绘制了《十二条屏屏风图》[1]（图 31），李勣墓室在西壁北铺和北壁西铺绘制了《六条屏屏风图》[2]。李勣墓室南壁西铺、西壁南铺壁画已经脱落，估计当年绘制的也是《十二条屏屏风图》。

五、关于佛教题材《飞天图》的出现

在昭陵壁画墓葬中，只发现 02 号墓在第一过洞口上方绘有《飞天图》，图中绘二飞天持花（果）盘对飞[3]。佛教自东汉末年传入我国后，反映佛教题材的壁画很快充满佛教寺院，但其题材向我国墓葬壁画的渗透似乎很迟缓，南北朝墓葬壁画虽已有一些佛教元素出现，如忍冬纹、莲花瓣、手持佛教经卷的非僧侣人物，可纯粹的佛教内容壁画仍鲜见踪迹，但唐墓壁画中却屡有反映。建于贞观五年（631）的李寿墓，在甬道南北两端上方即绘有《飞天图》，南端的绘二飞天对飞，北端的绘六飞天对飞[4]。南北朝以前墓葬壁画中无佛

[1] 《昭陵唐墓壁画》，第 179 ~ 184 页。
[2] 《唐昭陵李勣（徐懋功）墓清理简报》，第 11 ~ 12 页。
[3] 02 号墓 1973 年发掘清理，未发表发掘简报，所用资料由昭陵博物馆提供。
[4] 陕西省博物馆、文管会：《唐李寿墓发掘简报》，《文物》1974 年第 9 期，第 74 页。

图 31　燕德妃墓《十二条屏屏风图》

教题材，这是因为我国的墓葬壁画，自战国以来，以神仙道教题材和现实生活为主，虽有变化，然自成体系，外来宗教的渗透尚需时日。唐墓壁画中开始出现佛教内容，表现出了一种新的气象。

结语

昭陵唐墓壁画题材，基本都能找到与前代墓葬壁画的渊源承继关系，其最大的特色是在继承传统的同时，为看似同一或相似的题材注入新的时代内涵。淡化神仙道家升天思想、放弃反映豪强贵族奢华显贵生活、重视封建等级秩序体现、维护中央集权政治，成为其极力表现的主题。正所谓"文变染乎世情"[1]，这些嬗变也是初唐国家得到统一、政治日益清明、封建秩序逐渐巩固的反映。

[1]　（南朝宋）刘勰撰，王志彬译注：《文心雕龙》，中华书局，2012 年，第 511 页。

昭陵壁画中的宦官形象研究

唐朝是中国封建社会发展的高度繁荣时期，强盛开放的年代造就了蓬勃向上、积极达观的民族精神，也铸造了具有经典艺术魅力的唐墓壁画。唐太宗昭陵陵园内众陪葬墓出土的壁画，主要反映唐代社会风情，其创意独特、画风各异，闪耀着大唐文明浓厚的人文主义色彩。宦官特殊的职业环境，也使他们成为唐墓壁画所表现的重要内容之一。

一、宦官百态

古代中国是一个以男性为主体的封建专制社会，在这样的社会大背景下，一群身居要位、身份特殊但却丧失了男性生理特征的男子，其自卑压抑的心理状态必然导致心理和性格的畸形变态，进而影响到他们正常的处世和生活态度。唐太宗昭陵陪葬墓出土的十多幅宦官形象壁画，分别从侧面体现了不同时代、不同社会层次的宦官生活状况。

宦民形象组图一，共四幅（图1、2、3、4），出自于长乐公主墓。长乐公主，名丽质，是太宗李世民的第五个女儿。因其系长孙皇后所生，且天资聪颖，故为"太宗特所钟爱"[1]。贞观十七年（643）长乐公主病亡时，尚健在的太宗为爱女举行了十分隆重的葬礼。画中宦者都是

---

[1] （后晋）刘昫：《旧唐书》卷五十一《后妃上·太宗文德皇后长孙氏传》，中华书局，2011年，第2165页。

图 1　长乐公主墓《给使图》

图 2　长乐公主墓《给使图》

图 3　长乐公主墓《给使图》

图 4　长乐公主墓《给使图》

头戴黑色幞头，身穿青色圆领袍服，腰部系有一红色囊袋，脚蹬长筒黑靴。不同的是，图 1 中人物拱手持笏，侧目左视，似在注视某事或与人交谈。图 2 中人物侧身而立，左手笏板抵于下颌处，一副深思熟虑的样子。图 3 中人物则手拄拐杖，躬身站立，是一副年迈体衰、夕阳西下的老者形象。图 4 中人物面部肥硕，表情冷峻，俨然一副春风得意、心宽体胖的长官气派。

　　宦官形象组图二，共四幅（图 5、6、7、8），出自邳国夫人段蕑璧墓。画中人物都头戴黑色幞头，身穿圆领窄袖袍衫，束腰系带，脚蹬长筒黑靴。有所区别的是，图 5 中人物表情冷漠，右手持笏，左手叉开二指，似在指指点点，喋喋不休地训斥他人。图 6 中人物侧目斜视，弯腰拱手，一副奴颜卑膝、谄上欺下的奴才形象。图 7 中宦官则是挤眉弄眼，指东望西，似在讥讽指责，搬弄事非。图 8 中人物侧身站立，曲臂竖右手大拇指，俨然一副骄横跋扈、得意忘形的样子。段氏于永徽二年（651）葬于昭陵陵区。这几幅作品全部采用白描的表现手法，线条舒畅，笔法谨细，人物更是形神兼得。

　　宦官形象组图三，共四幅（图 9、10、11、12），是韦贵妃墓中的部分壁画珍品。韦贵妃名珪，字泽，京兆杜陵（今陕西省长安县）人，贞观元年（627）被册封为贵妃，位居后宫嫔妃之首，深得太宗宠爱。乾封元年（666）葬于昭陵，其墓距昭陵陵山仅一沟之隔，是昭陵 190 多座陪葬墓中距昭陵最近、规格最高

图 5 段蕑壁墓《给使图》

图 6 段蕑壁墓《给使图》

图 7 段蕑壁墓《给使图》

图 8 段蕑壁墓《给使图》

的一座陪葬墓。在这几幅壁画中，图 9、10 中人物都是头戴黑色幞头，身穿淡黄色圆领袍衫，束腰系带，脚蹬黑色长筒靴。其中图 9 中人物躬身拱手持笏，眉角下垂且双眼睐视。图 10 中人物弯腰低头，曲右手于胸前，左手后指，一副恭迎主人的神态。图 11、12 中人物与前述图 9、10 两幅作品中人物衣装穿戴款式相同，但袍衫颜色却另为白色，人物形象也比较消瘦，不是扭扭捏捏就是神精沮丧，心存忐忑。

宦官形象组图四，共两幅（图 13、14），墓主人是臣服于李唐王朝的突厥族将领阿史那忠，原名泥孰，因擒献颉利可汗有功而被唐太宗李世民赐名"忠"。唐高宗上元二年（675）亡故，陪葬昭陵。这几幅壁画中的人物也都是头戴黑色幞头，身穿圆领窄袖袍衫，脚蹬长筒黑靴。有所不同的是，图 13 中宦官袍衫为红色，图 14 中宦官袍衫却为黄色。另外，图 13 人物手提鞶囊，回首后顾，似在与人边走边谈；图 14 中人物弯腰曲臂，右手隐于长袖，袖筒下垂，左手指点，头前倾，噘嘴翘鼻，稀疏八字眉，双目下视，一副状若恭敬领命但却另有所思、心不在焉的样子。

宦官形象组图五，共两幅（图 15、16），出自另一异族将领安元寿墓。安元寿卒于公元 683 年，凉州姑臧（今甘肃武威市）人，曾在玄武门兵变中"奉

图 9　韦贵妃墓《淡黄袍给　　　　图 10　韦贵妃墓《淡黄袍给使图》
　　　　使图》

图 11　韦贵妃墓《白袍给使图》　　　图 12　韦贵妃墓《白袍给使图》

图 13　阿史那忠墓《给使图》（摹品）　　　　图 14　阿史那忠墓《给使图》（摹品）

敕被甲于嘉猷门宿卫"[1]，深得太宗皇帝的赏识。武则天光宅元年（684）葬于昭陵。这两幅壁画，人物都已年老体迈，且面容枯槁，脸颊深陷，下颚前伸，步履蹒跚，佝偻难行。不同的是，前者身着土黄色袍衫，手拄拐杖，后者则为淡青色长袍，双臂摇摆不已。

二、宦官官装

服装样式体现百年时尚，服装颜色严格反映官品等级，宦官出入宫禁，因此

---

[1]　张沛编著：《昭陵碑石·安元寿墓志铭》，三秦出版社，1993 年，第 201 页。

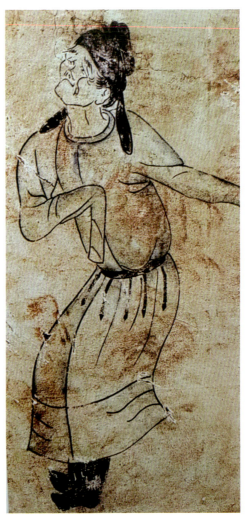

图 15 安元寿墓《给使图》（摹品）　　　　图 16 安元寿墓《给使图》（摹品）

衣饰颜色尤其讲究。

　　从这批宦官形象的壁画中，我们可以很直观地发现这些宦官除神态各有特点外，其服饰颜色及佩戴饰物也是因人而异。这些壁画分别出自不同年代的几座陪葬墓中，时间跨度几十年，但画中人物所穿服装皆为黑色幞头，圆领袍衫，长筒黑靴。因此足以说明这种穿着方式是唐代比较盛行的男子服装组合。事实上，不仅是宦官内侍，当时上至帝王百官，下至庶民商贾，都很流行这种穿戴方式。《旧唐书·舆服志》载，贞观四年（630）唐制规定："三品已上服紫，五品已下（当为上）服绯，六品、七品服绿，八品、九品服以青，带以鍮石，妇人从夫色。虽有令，仍许通著黄。"[1] 由此可见，虽然唐时人们着装比较开放，但在服装颜色上却有十分严格的规定，颜色从一个侧面反映着穿戴者的官品级别和身份地位，而作为经常出入深宫禁地的宦官，其服装颜色就显得更为讲究。

在上述宦官形象中，韦贵妃等墓壁画中部分宦官还佩戴鱼袋，据《唐会要》载："永徽二年四月二十九日，开府仪同三司，及京官文武职事四品、五品，并给随身鱼袋。"[2] 鱼袋，是用来盛放鱼符的小袋。鱼符则是古时官员出入宫廷禁地的信物凭证，一般分为两半，一半存于宫廷内部，另一半由官员随身佩戴，以供查验对证之用。

三、宦官制度

在古代中国，人们普遍信奉"事死如生"，都希望亡者能够继续享受生前的生活。上面的这些壁画中，其墓主人不仅有身居宫廷深院的贵妃公主，还有地位显要的王公重臣。可见，宦官在当时不但帝王身边有，而且一些高官重臣及命妇的府邸也有，只不过他们在称谓上有所区别罢了。

《新唐书·宦者传》载："唐制：内侍省官有内侍四，内常侍六，内谒者监、内给事各十，谒者十二，典引十八，寺伯、寺人各六。又有五局：一曰掖庭，主宫嫔簿最；二曰宫闱，扈门阃；三曰奚官，治宫中疾病死丧；四曰内仆，主供帐镫烛；五曰内府，主中藏给纳。局有令，有丞，皆宦者为之。"[3] 太宗皇帝亦颁有诏令："内侍省不立三品官，以内侍为之长，阶第四，不任以事，惟门阁守御、廷内除扫、廪食而已。"[4] 显然，唐代初期的宦官人数规模及其职业分工都有着十分严格的规定和限制，对他们管理还是比较规范有序的。

然而后来一些限制性政策日益放宽。《新唐书·宦者传》载："开元、天宝中，宫嫔大率至四万，宦官黄衣以上三千员，衣朱紫千余人，其称旨者辄拜三品将军，列戟于门。"[5] 至此以后，宦官人数日益增多，官品级别一再提高，打破了初唐以来的限制政策。

---

[1] 《旧唐书》卷四十五《舆服志》，第 1952 页。
[2] （宋）王溥：《唐会要》卷三十一《鱼袋》，中华书局，1955 年，第 579 页。
[3] （宋）欧阳修、宋祁：《新唐书》卷二百七《宦者传上》，中华书局，2011 年，第 5855 页。
[4] 《新唐书》卷二百七《宦者传上》，第 5855 页。
[5] 《新唐书》卷二百七《宦者传上》，第 5856 页。

这些宦官内侍们利用陪侍帝王政要身边的有利职业环境，挖空心思，一味讨好，使得朝政大权在灯红酒绿、轻歌曼舞中日渐旁落，甚至发展到最后连皇帝的生死废立都操纵在宦官手中的局面，形成了中国历史上典型的"宦官专政"政治格局。

从唐燕妃墓壁画透视唐代文明

　　燕妃，涿郡昌平人（今北京昌平区人），年少聪颖，美丽多才，喜好诗词歌赋，13 岁时应纳为秦王李世民妃。贞观元年（627）被册封为贤妃，是为皇后长孙氏之下四皇妃（贵妃、淑妃、德妃、贤妃，皆正一品内命妇，尊荣以排序先后稍有区别）之一，贞观十八年（644）晋升为德妃。唐高宗永徽元年（650），援朝例册封越国太妃（子为越王李贞），咸亨二年（671）七月二十七日，因病而亡，享年 63 岁，陪葬昭陵。

　　燕妃墓位于今陕西省礼泉县内的唐太宗昭陵陵园之中，是陵区内一座丧葬规格较高的陪葬墓，墓内壁画《捧冪䍦侍女图》绘一宫廷侍女身穿窄袖长衫，套红色半臂（短袖），系红白纹长裙，披长帛，双手捧送一冪䍦，是一幅典型的反映唐代宫廷生活的古代绘画作品（图1）。该画作者虽然目前尚无法考证，但就其画面内容来讲，足以让我们领略到当时的社会风情。据《礼记·内则》载，男女无故不相授器，不共水井，不通寝席，不通衣裳。女子出门，必拥蔽其面[1]。冪䍦，就是在这一古代礼俗教条影响之下而专门用于"拥蔽其面"的女性专用帽饰。它通常以黑纱为料制作，戴时上盖头顶，下垂于背，近脸面

---

[1] 刘元方、刘松来、唐满先编著：《十三经直解》第二卷下《礼记直解·内则第十二》，江西人民出版社，1993 年，第 424 页。

图 1 《捧羃羅侍女图》

处开小孔可露眼鼻，是曾经颇为流行的妇女出行必备之物。燕
氏贵为皇妃，其美貌娇容非常人可以得见，这幅《捧羃羅侍女图》
就形象地描绘了燕妃出行之前宫女侍奉穿戴的场景，进而表明
了古人"视死如再生"、希望逝者能够继续享受人间生活的封

图2　《奏乐图》

建迷信思想。

　　唐朝是中国历史上少有的大一统、大开放、大发展时期，政治稳定，经济繁荣，社会开放。幂䍦，作为一种体现封建保守思想的社会产物，在这种开放的时代背景下，因其不合时宜而受到了冲击直至被淘汰。《旧唐书·舆服志》载："永徽之后，皆用帷帽，拖裙到颈，渐为浅露，……则天之后，帷帽大行，幂䍦渐息。中宗即位，宫禁宽弛，公私妇人，无复幂䍦之制。"[1] 可以看出，帷帽是在幂䍦基础上产生的另一种女用帽饰，它是在笠帽上装一圈丝网以露部分面目的服饰，戴时上及头顶，下至颈部，较之幂䍦具有适应时代发展的开放性和创新性，因而，它很快便取而代之，成为新的社会时尚物。据此可见，无论是障蔽面目的幂䍦，还是浅露娇容的帷帽，或者是最后的靓妆露面，无复障蔽，都是人类社会进程中从封建保守走向文明开放的历史过程，它使一直处于"笑不能露齿，行不得露面"

---

[1]　（后晋）刘昫：《旧唐书》卷四十五《舆服志》，中华书局，2011年，第1957页。

图 3 《二女子对舞图》

的古代女性从沉重的封建道德束缚之下得到的一次彻底解放，体现了唐王朝空前开放的时代风貌。

燕妃生活的年代，也是唐王朝从百废待兴走向日益强盛的时期，其墓中的另一组壁画《奏乐图》（图 2）和《二女子对舞图》（图 3）便是这一时期音律歌舞艺术发展水平的集中体现。这两幅壁画作品在燕妃墓室共同构成了一幅歌舞升平的生活画面。图 3 中两位年轻女子，神情专注，衣带飘拂，翩翩起舞。图 2 中四女子站立，其中三女子各执琵琶、箫等不同乐器，似乎正在认真演奏，另外一女则空手侍立一旁，看似专心赏乐观舞，实际极有可能是一位准备随时上场表演的舞伎。整幅画面，足以把人带入一种歌舞升平、怡然自得的境界，显示了唐代上层社会的安逸生活，也从一个侧面说明了当时政治稳定、经济繁荣的社会局面。

在中国古代，歌舞艺人是一个政治地位非常低的社会阶层，他们不能拥有丝毫的个人兴趣与爱好，只能是为统治者提供享乐服务的奴仆。到了唐朝，随着社会经济的日益繁荣，文明程度不断提高，形成了一片欣欣向荣的社会发展景象，歌舞艺人的社会地位和生活状况也开始有了一定的提高与改善。尤其是唐玄宗年间，出现了从宫廷贵族到民间百姓人人喜好乐舞的社会风气，一些舞技高超的民间艺人甚至还可以入选进宫演出，得见皇帝龙颜，这种特殊礼遇以前是寻常百姓想也不敢想的事情。《新唐书·礼乐志》记载："玄宗既知音律，又酷爱法曲，选坐部伎子弟三百教于梨园，声有误者，帝必觉而正之，号'皇帝梨园弟子'。宫女数百，亦为梨园弟子，居宜春北院。"[1] 这里所说的宜春院就是当时集中和管理高级女性歌舞艺人，并专司为皇帝演出的机构。由于以玄宗皇帝为代表的历代唐室帝王都喜好音律舞蹈，加之崇尚乐舞的社会风气极度盛行，以女性居多的歌舞艺人在这一时期已经深受社会的普遍欢迎，特别著名的有"一舞剑气动四方"[2] 的民间舞蹈艺人公孙氏和以一曲《霓裳羽衣曲》而深受玄宗喜爱的杨玉环。如今，虽然不能再一睹这些古代女性的翩翩舞姿，但燕妃墓的《二女子对舞图》足以使人感受到她们当年的高超舞技和迷人风采。

　　另外，唐代妇女服饰的演变也从一个侧面反映着社会的文明程度。唐朝初期，女性衣着打扮还比较拘谨和保守，燕妃墓出土的《捧羃䍦侍女图》中，无论是该女所捧之羃䍦还是其衣着穿戴都能体现出这种风格。但是，伴随着社会的不断进步，妇女服饰也在发生着日新月异的变化，她们大胆打破了单纯的女装界限，不但出现了女性穿男服、着戎装的现象，还产生了和传统道德观念格格不入的"袒露装"。这种新款服装往往是穿戴者不着内衣，仅以轻纱蔽体，正所谓"绮罗纤缕见肌肤"[3]，"粉胸半掩疑晴雪"[4]，充分证实了唐代人的服装已经从单纯意义上的遮羞蔽体发展到装扮人体、展示人体自然美的更高境界，从妇女生活的一个侧面说明了唐代社会锐意改革、大胆进取、空前开放的社会现实。

[1]　（宋）欧阳修、宋祁：《新唐书》卷二十二《礼乐志十二》，中华书局，2011 年，第 476 页。
[2]　《全唐诗》（增订本）卷二二二杜甫《观公孙大娘弟子舞剑器行并序》，中华书局，1999 年，第 2361 页。
[3]　《全唐诗》（增订本）卷八九六欧阳炯《浣溪沙》，第 10194 页。
[4]　《全唐诗》（增订本）卷六五一方干《赠美人四首》之一，第 7529 页。

阎立本昭陵三组石雕墨稿发微

昭陵始建于贞观十年（636）太宗文德皇后病故时，基本建成于贞观二十三年（649）太宗过世时。高宗即位，又对该陵建置不断完善。十余年间，太宗、高宗先后在陵山列置了《昭陵六骏浮雕石刻屏》（下或简称《昭陵六骏》）、《昭陵十四番君长圆雕石刻像》（下或简称《十四君长像》）、《鸵鸟浮雕石刻屏》（下或简称《鸵鸟像》）等三组共 20 品石雕。三组石雕作品，不但艺术地反映了唐太宗的文治武功，还对昭陵以后唐代帝陵部分石刻的题材内容、雕刻形式和列置位置起到了参照作用。同时，从三组石雕遗存的作品来看，其艺术成就令人躬叹，无不为珍贵文物。历代学者对这批经典作品的历史背景和雕刻艺术颇为关注，但对其墨稿作者的探索相对较少，究其原因，是有关文献对墨稿的记载付阙或语焉不详。但千余年来，关于《昭陵六骏》和《十四君长像》的墨稿作者在坊间传言甚广，多将其中一组或两组归于阎立本之笔，不过限于资料，均以揣度而言，不曾论证。本文通过钩沉历代画史和考察阎立本艺术创作，结合昭陵三组石刻雕刻背景，将三组石刻墨稿作者定为阎立本，算是为同好发声。兹略陈论据，敬请方家指正。

一、阎立本创作成熟期与三组石雕刊刻时间高度重合

　　阎立本（601～673）是初唐画坛领袖，也是其时封建官吏，总章元年（668）入阁为相，两《唐书》有传，《册府元龟》《资治通鉴》对他也有多处记载，唐、宋画史著作对他的记载更为丰富。

　　文献记录阎立本绘画作品多达数十种，其中创作年代最早的当为《秦府十八学士图》。秦王府文学馆设置较早，武德四年（621），秦王（太宗）加封天策上将，设文学馆，延召杜如晦、房玄龄等十八人以本官入馆。晚唐张彦远《历代名画记》云："（阎立本）初为太宗秦王库直。武德九年，命写秦府十八学士。"[1] 阎立本完成的作品，据张彦远所见，题名《秦府十八学士驾真图》，勒成一卷，张氏还誊录了此图的《序》，《序》中称太宗庙号，可见该《序》作于太宗过世之后。《序》文征引了武德四年秦王所发延召十八学士的教（帝令称诏，王令称教）和武德七年（624）十八学士之一薛收病故，以刘孝孙补其位，并注明绘画作者，云"库直阎立本图形貌，俱题名字爵里，仍教文学褚亮为之像赞"[2]。这两条资料说明，最晚在武德九年（626），阎立本的绘画艺术已经成熟，可以为皇家创作重大题材的作品。

　　阎立本最晚的绘画作品是什么，现在还难以弄清。文献记载他曾在高宗朝创作《永徽朝臣图》[3]、《虢王元凤南山射虎图》[4]，可见到永徽之际（650～655），阎氏还保持着旺盛的创作生命力。有关阎立本的史料大都不避雷同地记载，贞观时，太宗与词臣泛舟春苑，诏阎氏写真，侍臣直呼"画师阎立本"。阎氏此时已官居主爵郎中（吏部官员，从五品上），闻诏"奔走流汗，俯伏池侧，手挥丹粉，瞻望座宾，不胜愧赧"，回家后告诫诸子："勿习此末伎！"然其本人"为性所好，欲罢不能也"[5]。由此观之，阎氏恐怕直至暮年都喜好创作。还有一例可以证明，阎氏总章元年拜右相，与左相姜恪共掌枢密。时人认为姜恪往为将军，立功沙塞，粗鄙少文，立本善于图画，非宰辅之器，因仿《千字文》中"宣威沙漠，驰誉丹

[1]　（唐）张彦远：《历代名画记》卷九《唐朝上·阎立本》，浙江人民美术出版社，2019年，第137页。

[2]　《历代名画记》卷九《唐朝上·阎立本》，第138页。

[3]　《历代名画记》卷九《唐朝上·阎立本》，第140页。

[4]　《历代名画记》卷九《唐朝上·阎立本》，第139页。

[5]　（后晋）刘昫：《旧唐书》卷七十七《阎立本传》，中华书局，2011年，第2680页。

什伐赤　　　　　　　　　　拳毛䯄　　　　　　　　　　特勤骠

青"语，讥讽姜、阎"左相宣威沙漠，右相驰誉丹青"[1]。可见至阎氏拜相前，依旧耽爱绘事。

通常情况下，从事艺术创作的巨擘，不愿有负盛名，如果没有病痛身残、政令约束等特殊情况，一般都会终生享受其艺术创作的乐趣，因此，可把阎立本为皇家创作绘画作品的时限框定在武德九年（626）至其过世之时（673），时间跨度几近50年。

昭陵三组石雕的刊刻年代，史有明文，据此可推测其墨稿创作年代。

1.《昭陵六骏》墨稿创作年代。《太宗实录》（今佚）云贞观十年（636）十一月太宗首葬文德皇后于昭陵，同时也决定将昭陵作为自己的陵墓来营建，因诏曰："朕所乘戎马，济朕于难者，刊名镌为真形，置之左右。"[2]《旧唐书·丘行恭传》亦云："贞观中，诏刻石为人马，象拔箭状，立昭陵阙前。"[3]《新唐书·丘行恭传》所载与《旧唐书》相同[4]。北宋元祐四年（1089），游师雄令醴泉地方官于唐太宗庙（宋建，在宋醴泉县城西门外）内立《昭陵陆骏碑》一通，镌宋人

[1]　《旧唐书》卷七十七《阎立本传》，第 2680 页。
[2]　胡元超编著：《昭陵文史宝典》第一编第二章《陵山石刻群·昭陵六骏石刻屏》，三秦出版社，2006年，第10页。
[3]　《旧唐书》卷五十九《丘行恭传》，第 2327 页。
[4]　（宋）欧阳修、宋祁：《新唐书》卷九十《丘行恭传》，中华书局，2011 年，第 3779 页。

白蹄乌　　　　　　　　　　青骓　　　　　　　　　　飒露紫

图 1　昭陵六骏

按比例缩小的《昭陵六骏》线刻画及马名、马赞和原型战马立功事迹。游氏为该碑撰写《题记》上石，《题记》引《唐陵园记》（已佚）之意云："太宗葬文德皇后于昭陵，御制刻石文并六马像赞，皆立于陵后，敕欧阳询书。"[1]《昭陵六骏》各有名号，分别是白蹄乌、特勤骠、飒露紫、青骓、什伐赤和拳毛䯄，以高肉浮雕法镌刻，每骏独立成屏，每屏大小相若，宽约 200 厘米，高约 165 厘米、厚约 35 厘米，凿槽嵌入石底座，分两行立于昭陵北阙，马头皆朝南。20 世纪初，《昭陵六骏》中的飒露紫和拳毛䯄两骏流落到国外，现藏美国费城宾夕法尼亚大学博物馆，其余四骏现藏西安碑林博物馆。综上，可把《昭陵六骏》墨稿创作年代定在贞观十年底或稍后（图 1）。

　　2.《十四君长像》墨稿创作年代。较早系统记载《十四君长像》的文献有成书于宋太宗建隆二年（961）的《唐会要》、成书于宋神宗元丰七年（1084）的《资治通鉴》等。前者载，贞观二十三年（649）八月高宗葬太宗于昭陵后，上"欲阐扬先帝徽烈，乃令匠人琢石，写诸蕃君长，贞观中擒服归化者形状，而刻其官名。……列于陵司马北门内，九嵕山之阴，以旌武功"[2]。又于此条下加

---

[1]　《昭陵文史宝典》第二编第二章《宋金明修唐太宗庙和祠·昭陵陆骏碑》，第 33 页。
[2]　（宋）王溥：《唐会要》卷二十《陵议》，中华书局，1955 年，第 395 页。

阎立本昭陵三组石雕墨稿发微

昭陵文物研究

图2　十四君长像残躯及题名像座

图 3　乾陵鸵鸟浮雕石刻屏

　　注罗列了石刻像底座上所镌的突厥、吐蕃、薛延陀、高昌、新罗等十一个边疆民族邦国十四位可汗、赞府、国王的国别和姓名，如颉利可汗、突利可汗、阿史那思摩、阿史那社尔、金真德（石刻底座上刻名字数较多，此用简称）等。后者在贞观二十三年（649）八月条载："庚寅，葬文皇帝于昭陵，庙号太宗。阿史那社尔、契苾何力请杀身殉葬，上遣人谕以先旨不许。蛮夷君长为先帝所擒服者颉利等十四人，皆琢石为其像，刻名列于北司马门内。"[1] 其实，比此二书成书更早的《旧唐书》（后晋开运二年，945 年），在记述《十四君长像》原型人物邦国或本人的传记中，大都记载了他们在太宗过世后，高宗刻其形象列于昭陵北阙事迹。《十四君长像》采用圆雕工艺，像均高 150 厘米

[1]　（宋）司马光：《资治通鉴》卷一百九十九，贞观二十三年八月条，中华书局，2012 年，第 6382 页。

左右，与石底座榫卯相接，与《昭陵六骏》一样，分东西两组列置在昭陵北阙，位置居《昭陵六骏》之南，底座上有殷仲容总章二年（669）书丹的国别人名。今该组石刻损毁严重，留下百余块大小不等的石像残躯和7方像座。综上，可把《君长石刻像》墨稿创作年代定在贞观二十三年底至永徽初年（图2）。

3. 《鸵鸟像》墨稿创作年代。昭陵列置《鸵鸟像》仅见于史学文献。《册府元龟》云："永徽元年五月，吐火罗国献大鸟，高七尺，帝以太宗怀远所致，献于昭陵，仍刻像于陵之内。"[1]吐火罗国所献"大鸟"，两《唐书》都将其释为鸵鸟。《旧唐书·高宗本纪》记永徽元年（650）五月，"吐火罗遣使献大鸟如驼，食铜铁，上遣献于昭陵"[2]。《新唐书·吐火罗传》云："永徽元年，献大鸟……俗谓鸵鸟。"[3]历代金石文献不载昭陵鸵鸟石刻，应当入土或损毁较早，现代考古也未发现其踪迹，故列置位置和雕刻形式不明。不过，以《昭陵六骏》和《十四君长像》都列置于昭陵北阙来分析，《鸵鸟像》亦当列置于北阙，当然也不排除列置于陵南献殿前或陵西南寝殿前。鸵鸟两腿甚细，不好用圆雕表现，结合《昭陵六骏》和唐诸帝陵《鸵鸟像》均为浮雕来判断（图3），昭陵《鸵鸟像》亦当为高肉浮雕，应为两件，雌雄各一。据前述，可把《鸵鸟像》墨稿创作年代定在永徽元年（650）。

上述昭陵三组石雕作品的墨稿，创作最早的年代在贞观十年或稍后，最晚的年代在高宗永徽初年，时间跨度十余年，正处在阎立本绘画成熟期和创作高峰期，这使得阎立本创作昭陵三组石雕墨稿成为可能。

[1] （宋）王钦若等编纂，周勋初等校订：《册府元龟》卷三十《帝王部（上）·奉先第三》，凤凰出版社，2006年，第302页。
[2] 《旧唐书》卷四《高宗本纪》，第68页。
[3] 《新唐书》卷二百二十一下《西域下·吐火罗传》，第6252页。

二、阎立本多次奉诏为太宗、高宗朝重大政治、外交活动写真及多画科创作实践使其成为绘制昭陵三组石雕摹本的首选画家

兹依据文献列表反映阎立本所绘鞍马、人物、花鸟的重要作品（宗教题材作品不录）列表如下。

表 1　阎立本鞍马、人物、花鸟主要作品表

序号	作品名称 （文献无画名者据内容定名，右上角加"＊"）	主要记录文献	备注
1	《秦府十八学士图》	《旧唐书·阎立本传》[1]、《册府元龟·图画》[2]、《唐朝名画录·阎立本》[3]、《历代名画记·阎立本》、《宣和画谱·阎立本》[4]	奉教写真。人物画
2	《太宗泛舟观鸟写真图》＊	《旧唐书·阎立本传》[5]、《新唐书·阎立本传》[6]、《册府元龟·图画》[7]、《唐朝名画录·阎立本》[8]、《历代名画记·阎立本》[9]、《宣和画谱·阎立本》[10]	奉诏写真。人物、花鸟画
3	《凌烟阁二十四功臣图》	《旧唐书·阎立本传》[11]、《册府元龟·图画》[12]、《唐朝名画录·阎立本》[13]、《历代名画记·阎立本》[14]、《宣和画谱·阎立本》[15]	奉诏写真。人物画
4	《太宗真容图》	《唐朝名画录·阎立本》[16]、《宣和画谱·阎立本》[17]	奉诏写真。人物画

---

[1]　《旧唐书》卷七十七《阎立德附阎立本传》，第 2680 页。
[2]　《册府元龟》卷八百六十九《总录部·图画》，第 10121 页。
[3]　（唐）朱景玄撰，温肇桐注：《唐朝名画录》，四川美术出版社，1985 年，第 9 页。
[4]　佚名撰，王群栗点校：《宣和画谱》卷一《唐·阎立本》，浙江人民美术出版社，2019 年，第 14 页。
[5]　《旧唐书》卷七十七《阎立德附阎立本传》，第 2680 页。
[6]　《新唐书》卷一百《阎立德附阎立本传》，第 3942 页。
[7]　《册府元龟》卷八百六十九《总录部·图画》，第 10121 页。
[8]　《唐朝名画录》，第 9 页。
[9]　《历代名画记》卷九《唐朝上·阎立本》，第 139 页。
[10]　《宣和画谱》卷一《唐·阎立本》，第 13 页。
[11]　《旧唐书》卷七十七《阎立德附阎立本传》，第 2680 页。
[12]　《册府元龟》卷八百六十九《总录部·图画》，第 10121 页。
[13]　《唐朝名画录》，第 9 页。
[14]　《历代名画记》卷九《唐朝上·阎立本》，第 138 页。
[15]　《宣和画谱》卷一《唐·阎立本》，第 14 页。
[16]　《唐朝名画录》，第 8 页。
[17]　《宣和画谱》卷一《唐·阎立本》，第 13 页。

续表

序号	作品名称 （文献无画名者据内容定名，右上角加"*"）	主要记录文献	备注
5	《穆王八骏图》（摹）	《唐朝名画录·韩幹》[1]	鞍马画
6	《外国图》	《历代名画记·阎立本》[2]	奉诏创作。人物画
7	《虢王元凤南山射虎图》*	《唐朝名画录·阎立本》[3]、《历代名画记·阎立本》	奉诏创作。鞍马、人物画
8	《田舍屏风十二扇》	《历代名画记·阎立本》[4]	山水、人物、屋宇、鞍马、花鸟画
9	《西域图》	《历代名画记·阎立本》[5]、《宣和画谱·阎立本》[6]	人物画
10	《职贡图》	《唐朝名画录·阎立本》[7]、《宣和画谱·阎立本》[8]	与阎立德合作。人物画
11	《卤簿图》	《唐朝名画录·阎立本》[9]	与阎立德合作。鞍马、人物画
12	《宣圣像》	《宣和画谱·阎立本》[10]	人物画
13	《永徽朝臣图》	《历代名画记·阎立本》	奉诏写真。人物画
14	《昭陵列像图》	《历代名画记·阎立本》[11]	奉诏创作。人物画。此图或指《昭陵十四番君长石刻像》墨本
15	《步辇图》	《宣和画谱·阎立本》[12]	奉诏写真。人物画。现藏故宫博物院
16	《王右军像》*	《宣和画谱·阎立本》[13]	人物画
17	《窦建德图》	《宣和画谱·阎立本》[14]	人物画
18	《李思摩真容图》*	《宣和画谱·阎立本》[15]	人物画

[1]　《唐朝名画录》，第10页。
[2]　《历代名画记》卷九《唐朝上·阎立本》，第139页。
[3]　《唐朝名画录》，第8～9页。该条载虢王元凤射虎在太宗朝，与《历代名画记》所载高宗朝有异。
[4]　《历代名画记》卷九《唐朝上·阎立本》，第140页。
[5]　《历代名画记》卷九《唐朝上·阎立本》，第140页。
[6]　《宣和画谱》卷一《唐·阎立本》，第14页。
[7]　《唐朝名画录》，第9页。
[8]　《宣和画谱》卷一《唐·阎立本》，第14页。
[9]　《唐朝名画录》，第9页。
[10]　《宣和画谱》卷一《唐·阎立本》，第14页。
[11]　《历代名画记》卷九《唐朝上·阎立本》，第140页。
[12]　《宣和画谱》卷一《唐·阎立本》，第14页。
[13]　《宣和画谱》卷一《唐·阎立本》，第14页。
[14]　《宣和画谱》卷一《唐·阎立本》，第14页。
[15]　《宣和画谱》卷一《唐·阎立本》，第14页。

续表

序号	作品名称 （文献无画名者据内容定名，右上角加"＊"）	主要记录文献	备注
19	《魏微进谏图》	《宣和画谱·阎立本》[1]	人物画
20	《飞钱验符图》	《宣和画谱·阎立本》[2]	人物画
21	《异国斗宝图》	《宣和画谱·阎立本》[3]	人物画
22	《职贡狮子图》	《宣和画谱·阎立本》[4]	人物、鞍马画
23	《历代帝王图》		人物画。美国波士顿美术馆收藏
24	《昭君妃房图》	《图画见闻志》[5]、《旧唐书·舆服志》[6]、《新唐书·舆服志》[7]	人物、鞍马画。《图画见闻志》作《昭君妃房图》，《旧唐书·舆服志》《新唐书·车服志》俱作《昭君入匈奴（图）》
25	《陈元达锁谏图》	《图画见闻志》[8]	人物画
26	《萧翼赚兰亭图卷》		人物画。现藏台北故宫博物院，定此《图卷》为萧翼赚兰亭故事者为宋人吴悦，定作品者为阎立本是明代文徵明
27	《慈恩寺功德》	《唐代名画录》[9]	人物画。唐代已毁

　　张彦远将绘画分为人物、屋宇、山水、鞍马、鬼神、花鸟六科[10]，其实在创作实践中，有些作品的内容可能同时涉及几个画科。表1所列阎立本27幅（组）绘画作品，以人物为主的有20幅（组），人物、鞍马并重的有5幅，山水、人物、

[1] 《宣和画谱》卷一《唐·阎立本》，第14页。
[2] 《宣和画谱》卷一《唐·阎立本》，第14页。
[3] 《宣和画谱》卷一《唐·阎立本》，第14页。
[4] 《宣和画谱》卷一《唐·阎立本》，第14页。
[5] （宋）郭若虚著，俞剑华注释：《图画见闻志》卷一《论衣冠异制》，江苏凤凰美术出版社，2007年，第20页。
[6] 《旧唐书》卷四十五《舆服志》，第1950页。
[7] 《新唐书》卷二十四《车服志》，第530页。
[8] 《图画见闻志》卷一《叙古画名意》，第10页。
[9] 《唐朝名画录》，第9页。
[10] 《历代名画记》卷一《叙画之兴废》，第10页。

花鸟、屋宇、鞍马并重的 1 幅（《田舍屏风十二扇》），纯粹的鞍马画 1 幅（《穆王八骏图》）。阎立本还有多幅宗教题材的绘画作品（鬼神科）上表不曾罗列，如果连这些宗教作品也算上，阎立本绘画内容则包含了绘画六科，可见他的绘画题材与技法是非常全面的。

表 1 所列阎氏 27 幅（组）绘画作品，可以肯定为奉诏（教）所作的有 9 幅之多，另外一些作品，如《职贡图》《职贡狮子图》《卤簿图》等，事涉国家重大政治外交和礼制建设，奉诏创作的可能性很大。

阎立本之父阎毗，是周、隋二朝著名的城郭舟桥、乘舆法服设计大师，同时"能篆书，工草隶，尤善画，为当时之妙"[1]。阎立本及其兄阎立德，袭箕祖业，尽得家传。故仕唐后，昆仲二人建造绘画之能，如锥处囊中，其末立现，均成为划时代的艺术大师。但就绘画艺术而言，阎立本不但继承家君衣钵，还转益多师，尽得张僧繇、郑法士韵格，故成就居其兄之右。唐人释彦悰《后画录》评价阎立本："阎师于郑，奇态不穷，象生变故，天下取则。"[2] 唐人裴孝源《贞观公私画史》评价阎立本："阎师张，青出于蓝。人物衣冠，车马台阁，并得见妙。"[3] 阎立本兄弟所绘民族人物形象，更为出色，李嗣真《后画品》评价阎氏兄弟说："至若万国来庭，奉涂山之玉帛；百蛮朝贡，接应门之位序。折旋矩度，端簪奉笏之仪；魁诡谲怪，鼻饮头飞之俗。尽该毫末，备得人情。"[4] 并认为："立本虽师于郑法士，实亦过之。"[5] 正因为阎立本在绘画艺术上取得的巨大成就，在当时被"朝廷号为丹青神化"[6]。

阎立本绘画艺术成熟后，多次奉诏写真太宗、高宗朝重大政治和外交活动，同时还在人物、鞍马、花鸟多画科领域创作了多幅影响深远的精品名作。《昭陵六骏》等三组石雕墨稿，均为奉诏创作，事涉

[1]（唐）魏徵：《隋书》卷六十八《阎毗传》，中华书局，2011 年，第 1594 页。
[2] 见《历代名画记》卷九《唐朝上·阎立本》所引唐释彦悰所撰《后画录》，第 139～140 页。今本唐释彦悰撰《后画录》作"学宗张、郑，奇态不穷，变古象今，天下取则"。学术界对其版本争议较大，故采用张彦远征引。
[3] 见《历代名画记》卷九《唐朝上·阎立本》所引唐裴孝源《贞观公私画史》，第 140 页。今本唐裴孝源《贞观公私画史》，保留隋以前画史内容，唐贞观前画史部分已佚，故采用张彦远征引。
[4] 见《历代名画记》卷九《唐朝上·阎立本》征引唐李嗣真《画后品》，第 140 页。今本唐李嗣真《画后品》，或言为假借伪作，故采用张彦远征引。
[5] 见《唐朝名画录》征引唐李嗣真《画后品》，第 9 页。
[6]《历代名画记》卷九《唐朝上·阎立本》，第 137 页。

重大政治、外交活动，不是朝廷顶流艺术家，固不能得此殊荣。另外，昭陵三组石雕作品墨稿，鞍马画、人物画、花鸟画各一，而这三科技法，阎氏均谙熟于心。以此而论，阎立本应是太宗、高宗诏令绘制昭陵三组石雕墨稿的首选画家。

三、阎立本见过昭陵三组石雕大部分原型，最适合创作昭陵三组石雕墨稿

1. 阎立本大概率亲眼见过《昭陵六骏》原型战马。阎立本先祖是鲜卑贵族，故其家族与北魏、西魏、北周关系密切。阎毗仕周，尚周武帝女清都公主，拜仪同三司，仕隋拜车骑将军、将作少监，与唐高祖、唐太宗父子一样，是典型的关陇军事贵族。阎立本仕唐之初，就被安排到秦王府任库直。库直，古籍碑刻与"库真"互书，应是鱼鲁之混，原是鲜卑语"贵族故地某处"之音译，因贵族侍卫多选故地健勇，故以之为官名，意译时可加后缀为"故地侍卫健儿"。东魏至隋唐，亲王府置库直，皆选政治可靠的贵族子弟或亲王心腹，且须为"才堪者"[1]，以充侍卫之职，位在统军下。阎立本何时仕唐，史料无载，以当时贵族子嗣十六七岁入仕通例来看，阎氏当在武德初年就入秦王藩邸。诚如是，则阎氏在武德年间一直担任秦王府库直。秦王在武德元年（618）至六年（623）一直领兵讨伐群雄，当时的秦王府统军、库直大多数随军出征。《昭陵六骏》原型战马是秦王在武德元年至武德六年与群雄作战时的坐骑，阎立本极有可能在战场上就见到过这几匹战马冲锋陷阵的雄姿。即便阎立本没有随秦王出讨，也应当对秦王这几匹战马的立功事迹和体貌特征（骨架、毛色等）耳熟能详。

2. 阎立本亲眼见过大多数《十四君长像》原型人物，熟悉原型人物体貌和服饰特征。兹依据文献列表反映贞观二十三年（649）底之前《十四君长像》原型人物入朝情况（表2）。

---

[1] 《旧唐书》卷四十二《职官志一》，第1810页。

表 2　贞观二十三年底之前《十四君长像》原型人物入朝情况

序号	君长邦国	君长名号	君长入朝情况	主要记录文献	备注
1	吐蕃王国	吐蕃赞府（松赞干布），唐封西海郡王	未入朝		阎立本曾奉诏写真《太宗步辇图》，反映太宗接见吐蕃求婚使者场景，图中有吐蕃使者形象。贞观十五年（641），唐嫁文成公主与松赞干布，松赞干布到柏海（今青海省扎陵湖）迎亲，阎立德有可能是送亲官员，曾奉诏绘《文成公主降番图》[1]，图中有松赞干布真容
2	新罗王国	新罗国王金真德，唐封乐浪郡王	未入朝		
3	东突厥汗国	东突厥颉利大可汗阿史那莫贺咄苾，唐授右卫大将军	贞观四年（630）被擒入朝	《旧唐书·突厥传》[2]、《新唐书·突厥传》[3]、《资治通鉴》卷一百九十三[4]	贞观八年（634）病故于长安
4	东突厥汗国	东突厥突利小可汗阿史那什钵苾，唐授右卫大将军、顺州都督，封北平郡王	贞观三年（629）投唐入朝	《旧唐书·突厥传》[5]、《新唐书·突厥传》[6]《资治通鉴》卷一百九十三[7]	贞观五年（631）病故于并州（今山西太原）

[1]　《历代名画记》卷九《唐朝上·阎立德》，第 137 页。
[2]　《旧唐书》卷一百九十四上《突厥传上》，第 5159 页。
[3]　《新唐书》卷二百一十五上《突厥传上》，第 6035 页。
[4]　《资治通鉴》卷一百九十三，贞观四年三月条，第 6186 页。
[5]　《旧唐书》卷一百九十四上《突厥传上》，第 5161 页。
[6]　《新唐书》卷二百一十五上《突厥传上》，第 6035 页。
[7]　《资治通鉴》卷一百九十三，贞观三年十二月条，第 6179 页。

续表

序号	君长邦国	君长名号	君长入朝情况	主要记录文献	备注
5	东突厥汗国	东突厥都布（一作答布）可汗（与东突厥分裂后自封）阿史那社尔，唐封左骁卫大将军，尚衡阳长公主	贞观十年（636）率部投唐入朝	《旧唐书·阿史那社尔传》[1]、《新唐书·阿史那社尔传》[2]、《资治通鉴》卷一百九十四[3]	永徽六年（655）病故，追赠辅国大将军、并州都督，陪葬昭陵
6	东突厥汗国	东突厥俱陆小可汗阿史那思摩，唐封和顺郡王，授乙弥泥孰俟利苾可汗、右武候大将军、右武卫大将军等	贞观四年（630）被擒入朝	《旧唐书·突厥传》[4]、《新唐书·突厥传》[5]、《资治通鉴》卷一百九十三[6]	赐姓李氏，亦名李思摩。贞观二十一年（647）病故于长安，追赠兵部尚书、夏州都督等，陪葬昭陵
7	薛延陀国汗国	薛延陀珍珠毗伽可汗夷男	未入朝		贞观三年（629），唐封夷男为珍珠毗伽可汗，薛延陀成为唐藩属国，与唐保持友好往来。夷男贞观十九年（645）病故，太宗在辽东前线为其举哀
8	吐谷浑王国	国王慕容诺曷钵，唐封河源郡王、乌地也拔勒豆可汗	贞观十三年（639），诺曷钵入朝请婚，十四年（640），太宗以弘化公主妻之，高宗嗣位，拜驸马都尉	《旧唐书·太宗本纪》[7]、《旧唐书·吐谷浑传》[8]、《新唐书·吐谷浑传》[9]	

[1] 《旧唐书》卷一百九《阿史那社尔传》，第3289页。
[2] 《新唐书》卷一百一十《阿史那社尔传》，第4115页。
[3] 《资治通鉴》卷一百九十四，太宗贞观十年正月条，第6230页。
[4] 《旧唐书》卷一百九十四上《突厥传上》，第5163页。
[5] 《新唐书》卷二百一十五上《突厥传上》，第6039页。
[6] 《资治通鉴》卷一百九十三，贞观四年三月条，第6185页。
[7] 《旧唐书》卷三《太宗本纪下》，第50页。
[8] 《旧唐书》卷一百九十八《西戎·吐谷浑传》，第5300页。
[9] 《新唐书》卷二百二十一上《西域上·吐谷浑传》，第6226页。

续表

序号	君长邦国	君长名号	君长入朝情况	主要记录文献	备注
9	龟兹王国	国王诃黎布失毕（一作布失毕），唐授左武翊卫中郎将、右骁卫大将军等	贞观二十三年（649）被擒入朝，太宗授左武翊卫中郎将	《旧唐书·太宗本纪》[1]、《旧唐书·龟兹传》[2]、《新唐书·龟兹传》[3]、《资治通鉴》卷一百九十九[4]	高宗即位，加授右骁卫大将军，仍放还国
10	焉耆王国	国王突骑支（一作龙突骑支）	贞观十八年（644）被擒入朝，太宗免其罪，留居长安	《旧唐书·焉耆传》[5]、《新唐书·焉耆传》[6]、《资治通鉴》卷一百九十七[7]	永徽二年（651），高宗授左武卫大将军，仍放回国
11	高昌王国	国王麴智盛，唐拜左武卫将军，封金城郡公	贞观十四年（640）被擒入朝，唐授左武卫大将军、封金城郡公	《旧唐书·高昌传》[8]、《新唐书·高昌传》[9]、《资治通鉴》卷一百九十五[10]	
12	林邑王国	国王范头黎	未入朝		贞观时，范头黎在位，朝贡不绝

[1] 《旧唐书》卷三《太宗本纪》，第62页。
[2] 《旧唐书》卷一百九十八《西戎·龟兹传》，第5304页。
[3] 《新唐书》卷二百二十一上《西域上·龟兹传》，第6231页。
[4] 《资治通鉴》卷一百九十九，贞观二十三年正月条，第6378页。
[5] 《旧唐书》卷一百九十八《西戎·焉耆传》，第5302页。
[6] 《新唐书》卷二百二十一上《西域上·焉耆传》，第6229页。
[7] 《资治通鉴》卷一百九十七，贞观十八年十月条，第6326页。
[8] 《旧唐书》卷一百九十八《西戎·高昌传》，第5296页。
[9] 《新唐书》卷二百二十一上《西域上·高昌传》，第6223页。
[10] 《资治通鉴》卷一百九十五，贞观十四年九月条，第6269页。

续表

序号	君长邦国	君长名号	君长入朝情况	主要记录文献	备注
13	天竺王国	国王那伏帝阿罗那顺（篡位自立）	贞观二十二年（648）被擒入朝	《旧唐书·天竺传》[1]、《新唐书·天竺传》[2]、《资治通鉴》卷一百九十九[3]	
14	于阗王国	国王伏阇信	贞观二十三年（649）入朝观见，高宗授右卫大将军（或右骁卫大将军）将军	《旧唐书·于阗传》[4]、《新唐书·于阗传》[5]、《资治通鉴》卷一百九十九[6]	《旧唐书·于阗传》作"右骁卫大将军"，《新唐书·于阗传》作"右卫大将军"。伏阇信留唐数月，高宗遣返回国

　　阎立本在太宗朝以凤邸旧僚之故，在中央诸衙门稳步升迁，先后担任吏部主爵郎中、刑部郎中、将作少监。担任上述职务，使阎氏能够有幸目睹当朝一系列政治外交活动，加之贞观时期和高宗初年，边疆民族首领、达官入朝为官者多达中央官员的三分之一，毫无疑问，阎氏认识他们中的很多人。就《十四君长像》原型人物民族邦国而言，都在武德或贞观、永徽时与唐王朝有着密切的接触，单方或双方使团频繁往来，君长本人或投诚、或被擒入朝的就有 10 人之多（见表 2）。这 10 人之中，东突厥的 4 位大小可汗，都曾较长时期在唐为官生活，毫无疑问，阎立本是认识他们的，甚至也有同僚之谊，阎氏作品《李思摩写真图》就很能说明问题。以阎氏当时的政治身份和经常被帝王诏令为民族使团、君长写真的艺术背景，他应当比大多数官员更加关注这些入朝的民族君长，因此，对其他 6 位入朝的君长相信他都有过详细的观察。所有这些，使得阎氏对创作《十四君长像》原型人物墨稿能够做到胸有成竹、得心应手，从而使他能够成为创作这些民族君长墨稿的不二人选。

---

[1]　《旧唐书》卷一百九十八《西戎·天竺传》，第 5308 页。
[2]　《新唐书》卷二百二十一上《西域上·天竺传》，第 6238 页。
[3]　《资治通鉴》卷一百九十九，贞观二十二年五月条，第 6371 页。
[4]　《旧唐书》卷一百九十八《西戎·于阗传》，第 5305 页。
[5]　《新唐书》卷二百二十一上《西域上·于阗传》，第 6235 页。
[6]　《资治通鉴》卷一百九十九，贞观二十三年七月条，第 6381 页。

3. 阎立本见过吐火罗国所献鸵鸟。永徽元年（650），吐火罗国献鸵鸟，反映了太宗皇帝的怀远之功，高宗自然要从政治高度出发，"邀请"高官显宦参观。阎立本以丹青之长，无疑也在被"邀请"之列。太宗时，阎立本曾写真《太宗泛舟观鸟写真图》，花鸟画本是他的拿手好戏，高宗诏令镌刻《鸵鸟像》，于起朽墨稿，自然会将目光落在阎氏身上，岂肯假于他人之手！

四、阎立德、阎立本兄弟对昭陵营建的深度介入使皇帝选择阎立本创作昭陵三组石雕墨稿顺理成章

前文已经述及，阎立本兄弟尽得家传，二人俱在城郭、桥梁、宫殿的设计营建上造诣很深。唐初高祖、太宗二朝，阎氏兄弟先后担任将作监和工部高级官员，到高宗朝，兄弟二人又先后担任了工部尚书，位列八座，朝野荣之。营建帝王陵墓，工部及将作监是参与最多的两个衙门。

贞观九年（635）高祖过世，时阎立德为将作少匠，因专业技术过硬，太宗命其设计并督工营建高祖献陵，"以营山陵功，擢为将作大匠"[1]。贞观十年（636），文德皇后病逝，太宗即命将作大匠阎立德"摄司空，营昭陵"[2]。从技术角度讲，阎立德是昭陵规划建设的总设计师。

阎立德在营建昭陵之初，曾因"怠慢而解职"[3]，今学者认为所谓"怠慢"，可能是太宗认为阎立德在某些地方的设计不够宏大的托词。贞观十三年（639），太宗又把阎立德从博州刺史复为将作大匠，依旧负责昭陵的营建工程。阎氏此次督建昭陵，一直到贞观二十三年（649）安葬太宗后。贞观末期，阎立本担任将作少匠，毫无疑问参与了昭陵的营建。

阎立德始终主持昭陵营建工程，阎立本近水楼台，受乃兄推荐，

[1]　《旧唐书》卷七十七《阎立德传》，第 2679 页。
[2]　《旧唐书》卷七十七《阎立德传》，第 2679 页。
[3]　《旧唐书》卷七十七《阎立德传》，第 2679 页。

在昭陵营建所需绘事方面自然多所贡献，加之以他的宫位职责和绘画名望，李诏创作《昭陵六骏》和《十四君长像》《鸵鸟像》墨稿的任务非他莫属。

五、文献对阎立本创作《昭陵六骏》《十四君长像》墨稿有模糊的指向性记载

北宋元祐四年（1089）游师雄为宋刻《昭陵六骏碑》题写的《题记》云："师雄旧日见唐太宗六马画像，世传以为阎立本之笔。"[1] 阎立本绘制《昭陵六骏》墨稿，唐代画史无明确记载，故游氏以"世传"言之。不过游氏所言或许并非空穴来风，抑或阎氏所作《昭陵六骏》墨稿，早在唐初就被藏家收藏，使得撰写《后画录》的释彦悰、撰写《历代名画记》的张彦远不曾目睹，而在上述几家之后，阎氏《昭陵六骏》墨稿或墨稿摹品流出，遂传世间。

《宣和画谱》记阎立本曾绘《李思摩真容图》，虽然该图可能是阎立本为李思摩一个人写真，但似不排除该图是阎立本创作《十四君长像》的成果之一，不过该图偶然流传至某藏家之手，经该藏家撰文公布而被《宣和画谱》收录，或作品流传至宋代，被《宣和画谱》收录。

《历代名画记》记阎立本创作的《昭陵列像图》流行当世，该图具体所指至今存疑。考古成果已经证实，昭陵南面并无乾陵以后（含乾陵）诸帝陵规模宏大的司马道，亦无司马道两边列置的石人、仗马、翼马、鸵鸟、华表（石柱）等石刻。因此，如果《昭陵列像图》是并列式长图卷的话，理解它就是《十四君长像》墨稿比较合理，也不排除藏家将《昭陵六骏》《十四君长像》《鸵鸟像》三组石雕墨本装成一卷而命名《昭陵列像图卷》的可能。

本文以上述五条论据综合论证阎立本是《昭陵六骏》《昭陵十四君长像》《昭陵鸵鸟像》石雕墨稿作者，还缺乏直接论据，抛砖引玉，还望方家搜检金匮，或许能够找到确凿论据。

[1]　《昭陵文史宝典》第二编第二章《宋金明修唐太宗庙和祠·昭陵六骏碑》，第33页。

昭陵十四番君长石刻像考述

"四夷一家，爱之如一"是初唐统治者处理民族事务的基本原则和方针政策，唐太宗李世民继承了父亲李渊"怀柔远人，义在羁縻"的民族和解政策，摒弃"非我族类，其心必异"的歧视认识，胸怀若谷纳天下，与周边一些少数民族将领结下了深厚的情谊，昭陵的十四番君长石刻像便是这一史实的真实写照。十四番君长石刻像是指列置于昭陵北司马门内，包括当时吐蕃、新罗、突厥、吐谷浑、薛延陀等在内的十一个民族的十四位部族（国家）首领的石刻造像，这十四位历史人物分别是：

吐蕃赞府（普）松赞干布

新罗乐浪郡王金真德（女）

突厥颉利可汗阿史那咄苾

突厥突利可汗阿史那什钵苾

突厥答（都）布可汗阿史那社尔

突厥乙弥泥孰俟利苾可汗阿史那（李）思摩

薛延陀真珠毗伽可汗

吐谷浑王乌地也拔勒豆可汗慕容诺曷钵

龟兹王诃黎布失毕

焉耆王龙突骑支

高昌王左武卫大将军麴智勇（盛）

林邑王范头黎

婆罗门国王阿罗那顺

于阗王伏阇信

昭陵十四番君长石刻像立于唐高宗李治时期。唐末以后屡遭战祸损毁，后虽有几次维护整修，但至今所存已经残缺不全，难以恢复当日旧貌。1965 年，陕西省文物管理委员会与礼泉县文教局联合调查清理昭陵文物时发现了松赞干布、阿史那社尔、龙突骑支、麴智盛（勇）等四个题名石像底座。1982 年，昭陵博物馆二次清理昭陵北司马门遗址时又发现了真珠毗伽可汗、阿罗那顺、伏阇信三个题名像座。2002 年，陕西省考古研究所会同昭陵博物馆再次清理昭陵北司马门遗址时又取得重大考古发现，出土十四国君长石刻像躯体部分 5 块，头部残块 10 块，加上昭陵博物馆原存以前发现的 5 块，目前已有 10 块躯体残块，头部残块至少属于 7 个个体。已发现的 8 块题名像座中有 7 块应该分别属于 6 个人。这些石刻造像对当时各个少数民族首领的体貌特征、服饰穿着等都进行了细致入微的刻画，集中反映了不同民族的风俗习惯和生活气息。至此，十四番君长石刻像的实物发现已经超过半数，足以证实史料所载的权威性。此外，迄今发现的这些题名像座均由唐初著名书法家殷仲容隶书题写，由于长年深埋地下，除却断残之憾外，文字几乎无有剥蚀，刻字如新，具有很高的书法艺术研究价值。

自古至唐，陵墓石刻多以碑碣墓志和类似狮、虎的怪兽为主。纵然偶有人物造像，也是基于某种特定原因下的一种泛指，并无实在存在的个体。昭陵的十四番君长石刻像独辟蹊径，一破常规，去传说而取现实，把当时在政治经济生活中十分活跃的十四个部族首领刊刻成像而立于陵侧。正如《唐会要》所载："上欲阐扬先帝徽烈，乃令匠人琢石，写诸蕃君长，贞观中擒伏归化者形状，而刻其官名，……列于陵司马北门内，九嵕山之阴，以旌武功。"[1] 这些人物均是身有所系，人有其名，或身居长安，入朝为官；或统领部族，权倾一方。贞观二十三年（649）八月，"葬文皇帝于昭陵，庙号太宗。阿史那社尔、契苾何力请杀身殉葬，上（高宗）遣人谕以先旨不许。蛮夷君长为先帝所擒服者颉利等十四人，皆琢石为其像，刻名列于北司马门内"[2]。能够使这些异域悍人心甘情愿地臣服，并能舍性命而报明主，自然少不了德威并重的感化政策。十四番君长石刻像显示了大唐王朝归化四夷、恩泽天下的盛世威仪，从一个侧面体现了唐时国家统一、民族融合、经济发展、文化繁荣的社会现象，具有一定的写实意义。

---

[1]　（宋）王溥：《唐会要》卷二十《陵议》，中华书局，1966 年，第 395 ～ 396 页。
[2]　（宋）司马光：《资治通鉴》卷一百九十九，贞观二十三年八月条，中华书局，2012 年，第 6382 页。

一、吐蕃赞府（普）松赞干布

吐蕃，就是今天的西藏。吐蕃历史渊源不详，据说其祖上是一个名为秃发利鹿孤的人，他有一个儿子叫樊尼，少年有为，悍勇多谋。约公元 6 世纪初，樊尼率领部族子弟通过数十次大小不等的浴血战斗，逐一征服了家族周边的一些部族，初步确立了一个统一而又相对有限的独立王朝，并定立国号为"秃发"。由于当时各个部族之间的语言不同，加之"秃""吐"音同，"发""蕃"音近，在不同语言互相传播的过程中，"秃发"常被误传为"吐蕃"，且逐步被大家所公认，成为邦国部族之间对其的正式称谓。赞府，亦作赞普，属音译而成，是吐蕃人对其部族首领的尊称。在我国唐代官制中，也设有赞府一职，是对县丞一级官员的称谓。从这个意义上讲，唐代对吐蕃赞普是按县丞类官员对待的。

吐蕃族人性情刚烈，剽悍骁勇，男女老幼都有佩刀的习惯，青壮年男子更是"弓剑不离身"，素有"重兵死，恶病终"[1] 的社会习俗，一旦有人战死，他的家人也都会成为人们崇尚的英雄，反之，若是有人降敌或被俘，便会被大家所蔑视。因而，每当遇有战事，吐蕃人便能很快从民转为兵，且人人都能勇往直前，不畏牺牲，正如《新唐书·吐蕃传》所载的"前队尽死，后队乃进"[2]。

建朝初期，吐蕃族社会管理无序，经济文化落后。由于没有文字，其族民之间交流只能以结绳锯木为记事媒介。此外，吐蕃族刑罚措施极其严酷，或剜眼削鼻，或断足割耳，或深囚地牢，且在执行时存在很强的随意性，处罚方式常由统治者的心情、好恶而定。统治者为了维护其政治统治，还常假借一些歪理邪说愚弄部众，与其族民臣下共同举行盟誓活动，每年一小盟，三年一大盟，用牛、马、羊、犬、猴等动物为祭祀牲物，"凡牲必折足裂肠陈于前，使巫告神曰'渝盟者有如牲'"[3]，从而达到以神的名义强化其对部众思想统治的目的。如果遇有赞普去世，其侍从好友往往自杀殉葬，折射出一种原始愚昧但却令人赞叹的团队精神。

松赞干布，史书又作弃宗弄赞（617～650），其父论赞弄囊，是一位率众统一西藏高原的英雄人物。贞观四年（629），松赞干布 13 岁，少年嗣位，在

---

[1] （后晋）刘昫：《旧唐书》卷一百九十六上《吐蕃传上》，中华书局，2011 年，第 5220 页。

[2] （宋）欧阳修、宋祁：《新唐书》卷二百一十六上《吐蕃传上》，中华书局，2011 年，第 6073 页。

[3] 《新唐书》卷二百一十六上《吐蕃传上》，第 6073 页。

论赞弄囊生前部众的拥护和辅助下，消灭了毒死父亲的敌人，平息了叛乱，遏制了部族分裂活动。紧接着，他果断决策，积极对外进行军事扩张，征讨降服了包括苏毗、羊同等在内的一些周边部落，逐步壮大了势力范围，定都城于逻些（今西藏首府拉萨市），奠定了吐蕃王朝乃至于今天西藏的地域基础。松赞干布是唐时吐蕃族的一位杰出领袖人物，在任期间，他革除旧制，主动借鉴和吸收中原先进文化，发展农耕，创立文字，整顿吏治，建立官制、军制，定立法律等，为西藏的发展做出了很大贡献。他一生致力于改善和促进汉藏两族人民关系，千百年来，一直为后人所称颂。

贞观八年（634），初步平定西藏高原、取得各部统一的松赞干布放眼周边四邻，觉得要想长治久安必须有一个值得信赖的大国盟友，几番深思熟虑之后，就派出得力使者携带黄金、珠宝、皮毛等贵重礼品远赴长安，请求与唐缔结友好之约。唐太宗李世民见其心诚至嘉，便也派出使臣冯德遐前去吐蕃抚慰。见到冯德遐后，松赞干布十分高兴，进一步提出希望自己也能受到与突厥可汗和吐谷浑君长一样的礼遇，请求唐朝皇帝赐婚，双方缔结翁婿之义，并且还派使者随冯德遐再赴长安正式求婚。这一次，唐太宗没有答应松赞干布的请求，使者返回逻些后，对松赞干布说道："初至大国，待我甚厚，许嫁公主。会吐谷浑王入朝，有相离间，由是礼薄，遂不许嫁。"[1] 松赞干布听后十分生气，认为吐谷浑君王从中离间他与唐朝的关系，必然另有所谋。于是，便不加思索地集结军队，发兵攻打吐谷浑。吐谷浑国小兵弱，几乎没有多少抵抗便惨遭战败，其王公贵族溃逃至青海，领地及族人均为吐蕃所掠占。

攻陷吐谷浑后，松赞干布继续挥军进逼，屯兵于松州（今四川松潘县）城西，并遣使者再次求婚，声称不达目的誓不退兵。松州守将韩威率军拒敌，不料首战失利，为敌所败。太宗皇帝为了打击吐蕃军队的嚣张气焰，也为了挽回大唐帝国的颜面，调令吏部尚书侯君集为行军大总管，牛进达、执失思力、刘兰等为辅将，率领军队五万余人

---

[1] 《旧唐书》卷一百九十六上《吐蕃传上》，第 5221 页。

征讨吐蕃。大军刚到松州，先锋牛进达便率军趁黑夜突袭敌军大营，斩杀吐蕃军士上千人。松赞干布自知不敌，急忙领兵回撤数百里，修书遣使前往唐军谢罪，再次重申无意掠犯中土，只求大唐皇帝赐婚以修百年之好。唐太宗思虑再三，觉得松赞干布虽然鲁莽蛮勇却心底坦诚，且汉藏通婚亦可巩固两族关系，增加交流，于国有益无害，便答应了这桩婚事。

贞观十五年（641），唐太宗诏令将文成公主许配给吐蕃赞普松赞干布，并派礼部尚书、江夏郡王李道宗护送公主入藏完婚（图1）。

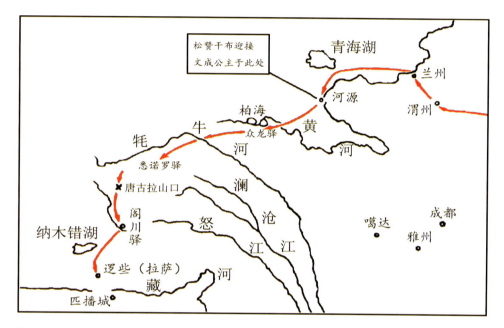

图1　文成公主入藏线路示意图

松赞干布得知消息后，十分高兴。他亲自带人到达柏海（今青海省扎陵湖），并安排以吐蕃族最为隆重的迎宾仪式迎接公主入藏。见到李道宗后，松赞干布又以翁婿相见之礼盛情款待。他对左右部众说："我父祖未有通婚上国者，今我得尚大唐公主，为幸实多。当为公主筑一城，以夸示后代。"[1]事实上，松赞干布不但按唐都长安的宫殿式样为文成公主修筑了城邑，还强令族民摒弃了一些吐蕃生活习俗，以获取公主芳心，使其能够很快适应当地生活。唐王朝又以释迦佛像、珍宝、金玉书橱、三百六十卷经典、各种金玉饰物作为公主的嫁奁。又给与多种

---

[1]　《旧唐书》卷一百九十六上《吐蕃传上》，第 5221 ～ 5222 页。

图 2　吐蕃赞府石像底座

烹饪食物、各种饮料、金鞍玉辔，饰有狮子、凤凰、树木、宝器等高级的锦锻
垫帔及卜筮经典三百种，识别善恶的明鉴、营造与工技著作六十种，医方百种、
诊断法五种、医疗器械六种、医学论著四种。文成公主入藏，把唐朝的先进生产
技术和文化带到了西藏，极大地推动了唐朝与吐蕃在政治、经济、文化等方面的
交流和联系。同时，松赞干布还专门派遣不少吐蕃贵族子弟到长安国子监留学，
进一步吸收汉文诗书的营养。

松赞干布以西藏为家，以大唐为国，国遇耻而家必辱。贞观二十年（646），唐右卫率府长史王玄策受命出使西域，途经天竺（印度）国时被劫掠拦阻。松赞干布难受其辱，便挥兵进攻，在取得胜利后才派人赴长安告捷。

唐高宗李治登基后，诏授松赞干布为驸马都尉，封西海郡王，并赐绸缎绢帛二千段。松赞干布感激万分，就给当时辅佐朝政的长孙无忌等人写了一封言辞恳切的书信，信中说道："天子初即位，若臣下有不忠之心者，当勒兵以赴国除讨。"[1] 同时还令人敬献金银珠宝一十五种，请求安置在太宗昭陵神座之前。高宗皇帝深感其忠贞可嘉，又进封其为宾王，并令刊石刻其像，列置于昭陵（图2）。唐高宗永徽元年（650）五月，松赞干布染病亡故，年34岁。松赞干布是藏族历史上，也是中国历史上一位杰出的政治家、军事家，他一生致力于发展汉藏两族人民的关系，为西藏的发展做出了不可磨灭的贡献。

二、新罗乐浪郡王金真德（女）

新罗，地处今天的朝鲜半岛东南部，与中土隔鸭绿江相望，是汉朝时乐浪郡国的属地，故而，新罗国王又被当时中国各朝政府称为乐浪郡王，视其为附属国。隋唐时期，新罗与百济、高丽三分朝鲜半岛，各自为国，且均以中土为大国，常年朝贡。新罗人与百济、高丽本属同一个民族，也就是今天的朝鲜族，其风俗习惯、宗教信仰及意识形态等都大致相同。他们笃信山神，迷信山神能带来风调雨顺的生活和好运。举国上下，除了王宫贵族的府邸，只有建造神庙时才可以使用砖瓦，足见其对祭神活动的重视。新罗人以金、朴两种姓氏为主，同时为了保证家族血统的纯正，两种姓氏之间一般不能互通婚事。

新罗人的居住地一般都选择在山谷或山谷附近，房屋住舍大都使用茅草木材搭建而成，室内修筑土炕，到了冬天严寒季节，就用柴草生火烘烤取暖。族民衣着穿戴类同于中国，且不同社会层次的人衣着质料及颜色佩饰都有着十分严格的规定。

隋文帝开皇十四年（593），颁布诏令授新罗王金真平上开府、乐浪郡公、新罗王。唐王朝建立后，武德四年（621），金真平为求得与中土大国睦邻友好，派遣使者携带礼品来到唐都长安，当时正为戡乱平叛所困扰的唐高祖李渊十分

---

[1] 《旧唐书》卷一百九十六上《吐蕃传上》，第 5222 页。

高兴，不但亲自设宴款待新罗使者，还派散骑侍郎庾文素作为友好使者回访新罗，并给新罗带去了锦缎绸帛、彩绘屏风等特产和工艺品。武德七年（624），唐高祖以中央政府的名义册封新罗工金真平为柱国、乐浪郡王及新罗王。

贞观五年（631），新罗王金真平给太宗皇帝献上新罗国貌美歌舞女伎二人，唐太宗善解人意，爱美而不贪色，语重心长地对身边大臣说："林邑鹦鹉犹能自言苦寒，思归其国，况二女远别亲戚乎！"[1]遂付使者而归之。不久之后，金真平去世，因其没有儿子，便立他的女儿金善德为新的国王，由其宗室大臣金乙祭辅助处理国事。

贞观九年（635），唐太宗派人赴新罗，册命金善德为柱国、乐浪郡王、新罗王。贞观十七年（643）时，高丽、百济二国为扩大各自势力，不顾唐朝政府的一再告诫，悍然出兵，联手攻击新罗，连克城池数十座。就在即将国破家亡的关键时刻，金善德及其国民得到了大唐政府的军事援助，迅速收复失地，扭转战局，朝鲜半岛的政治形势恢复到战前状态。

贞观二十一年（647），金善德卒亡，其妹金真德继承王位。唐朝政府加授金真德为柱国、乐浪郡王，同时又追赠金善德为光禄大夫。次年，为了加深同唐朝的往来，金真德派丈夫弟弟金春秋及她的儿子金文王来到长安[2]，学习唐文化。唐太宗李世民在欢迎的同时分别授予他们特进和左武卫将军，为了鼓励他们学习，还专门赐给他们一套新编的《晋书》。金春秋等人学成回国的时候，太宗皇帝还亲自设宴款待，并诏令当朝三品以上所有官员前来送行。礼仪规格之高，为当时所罕有。

高宗李治时期，金真德为了感谢唐朝政府对新罗的支持和援助，亲自作五言诗词《太平颂》一首，并令人织于锦帛之上，诗文写道：

> 大唐开洪业，巍巍皇猷昌。
> 止戈戎衣定，修文继百王。
> 统天崇雨施，理物体含章。
> 深仁偕日月，抚运迈陶唐。
> 幡旗既赫赫，钲鼓何锽锽。
> 外夷违命者，剪覆被天殃。
> 淳风凝幽显，遐迩竞呈祥。
> 四时和玉烛，七曜巡万方。
> 维岳降宰辅，维帝任忠贤。

---

[1]《资治通鉴》卷一百九十三，贞观五年十一月条，第 6201 ～ 6202 页。

[2] 刘盛佳、宋传银：《公元 7 世纪新罗金文王墓地考》，《华中师范大学学报（哲学社会科学版）》1997 年第 4 期，第 64 页。

　　五三成一德，昭我唐家光。[1]

　　永徽三年（652），金真德去世，高宗李治在长安专门为其设立灵堂，以示致哀。

　　初唐时期，唐朝政府和新罗互致诚意，友好往来。新罗国的药材、工艺品等大量流入中土大唐，派遣的留学生更是一批接一批地来到长安，有的甚至参加科考，留在长安入朝为官。唐王朝的政治、经济、军事等对新罗国的发展起到了重要的促进作用，也同时丰富了两国人民的物质和文化生活。

三、突厥颉利可汗阿史那咄苾

　　突厥，是中国古代北方少数民族地区一个以游牧狩猎为生的部落，早期曾繁衍生息于叶尼塞河上游地区，后迫于匈奴、柔然等部族的侵袭扰掠，才迁徙到阿尔泰山一带活动。

　　隋朝大业年间，炀帝暴敛无度，政治腐败，群雄纷起反抗，天下大乱，许多中土人士为避战祸，纷纷北逃，其中相当一部分人逃至突厥，带去了一些先进的生产、生活技术和经验，带动促进了突厥经济社会的快速发展，突厥势力在短时间内空前强盛。契丹、吐谷浑、高昌等邻近部族畏于突厥强势而纷纷臣服，突厥族的势力范围在较短时间内便迅速扩展到漠北的广大地域，一个雄霸欧亚大陆的强大突厥汗国初步建立。突厥人生性好斗，悍猛尚武，民间素有"重兵死而耻病终"[2]的传统习俗，他们都以能够战死疆场为荣，且用立石表计战功，每杀一敌便立石一块，最多的立石数量达到成百上千块之多，足见其生前的威武与勇猛。

　　颉利可汗阿史那咄苾，系突厥处罗可汗阿史那俟利费设的弟弟，启民可汗染干的第三个儿子。公元 620 年，颉利嗣位为汗，他继承了父亲和兄长留下的富足基业，国库充裕，兵马强盛，遂大生唯我为贵而天下轻之意。颉利可汗首先把目标选在了尚在建国初期且国运未定的李唐，不但先后多次索要财物，而且态度傲慢，言辞无礼。唐高祖李渊迫于当时江山初定，社会动荡，不得不百般忍让，强忍负辱。

　　武德四年（621）四月，颉利更是变本加厉，悍然发兵，联手驻守马邑的苑君璋部近二余万人进犯雁门关，遭到唐军守将定襄王李大恩及其部队的顽强反击，

[1]　《旧唐书》卷一百九十九上《东夷·新罗传》，第 5336 页。
[2]　（唐）魏徵：《隋书》卷八十三《北狄·突厥传》，中华书局，2011 年，第 1864 页。

无果而退。武德七年（624）八月，颉利可汗再次纠集他的侄儿突利可汗阿史那什钵苾兴兵犯境。为了巩固刚刚建立起来的政权，秦王李世民临危受命，带兵拒敌。当时关中地区持续降雨，军粮供应一度受阻中断，而此时唐军与敌对峙将战，众将怯战者为多，纷纷建议暂缓战事。李世民力排众议，亲自领兵百余人，径直来到阵前，责问颉利道："国家与可汗和亲，何为负约，深入我地！我秦王也，可汗能斗，独出与我斗；若以众来，我直以此百骑相当耳。"[1] 颉利可汗被李世民的凛然大义所震慑，一时难以弄清对方虚实，不敢轻易发兵进攻，只是笑而不答。李世民又进而向前责问突利可汗什钵苾道："尔往与我盟，有急相救；今乃引兵相攻，何无香火之情也！"突利无言以答，闭嘴无语。颉利见此，心生疑忌，担心唐军与突利另有谋约，便说道："王不须度，我无他意，更欲与王申固盟约耳。"[2] 便下令退兵回防。

玄武门事变后，贼心不死的颉利认为李唐政府局势动荡，国力空虚，便于当年七月，第三次兴兵十万进至高陵，谋取长安。此时李世民刚即帝位，派遣左武候大将军尉迟敬德为泾州道行军总管，领兵御敌。双方军队在泾阳相遇开战，唐军大破强敌，俘获并斩杀敌军逾千人，取得了军事上的暂时平衡。此后，两军以渭河为界，僵持对峙。颉利为了探听唐军虚实，派一使者前往唐廷劝降，使者言："颉利与突利二可汗将兵百万，今至矣。"唐太宗李世民回答道："吾与汝可汗面结和亲，赠遗金帛，前后无算。汝可汗自负盟约，引兵深入，于我无愧！汝虽戎狄，亦有人心，何得全忘大恩，自夸强盛！我今先斩汝矣！"[3] 说罢，便要令人斩杀突厥使者，使者见要杀自己，吓得连呼饶命，后在萧瑀等大臣的劝阻和建议下，才饶其性命，囚禁于门下省。随后，李世民带领中书令房玄龄、侍中高士廉等一行六人来到渭水河边，与颉利隔河对话，怒斥其言不守信、多次负约之行径，颉利无言以对，且见随后而来的唐朝军队威武整齐，旌甲蔽野，遂又生惧意，再次请求双方罢兵，和平共处。次日，唐太宗如约带人来到河边，与颉利在便桥之上斩马歃血互盟誓约，颉利再次退兵。这一年九月，颉利派人献马匹三千、羊一万多只，以示修好之诚意。

贞观元年（627），徙居于阴山以北的薛延陀、拔也古等部落忍受不了颉利

---

[1]《资治通鉴》卷一百九十一，武德七年八月条，第6104页。
[2]《资治通鉴》卷一百九十一，武德七年八月条，第6104页。
[3]《资治通鉴》卷一百九十一，武德九年八月条，第6131页。

统治集团的暴敛横征，纷纷起来反抗。颉利恼怒异常，派他的侄子突利小可汗发兵征讨，在征讨未果后竟然拘禁突利十多天，突利至此怨意大增，遂修书与李唐，言称与颉利不和，请求允许他率部投唐。到这个时候，颉利在突厥的统治已经是众叛亲离，怨声连天，分崩离析已成定局。唐太宗瞅准时机，于贞观三年（629）十一月，派兵部尚书李靖为定襄道行军总管，并州都督李勣（徐懋功）为通汉道（亦作通漠道）行军总管，华州刺史柴绍为金河道行军总管，灵州大都督薛万彻为畅武道行军总管，合兵十余万，皆受李靖指挥，分兵出击突厥。贞观四年（630）正月，李靖率精兵三千从马邑（今山西朔州市朔城区）进屯恶阳岭（今内蒙古自治区和林格尔县境内），趁夜突袭并夺得定襄城（今内蒙古和林格尔县西北土城子）。颉利可汗闻知大惊，认为如果唐朝不是倾全国之力来进攻，李靖是断然不敢孤军深入的。于是，便不敢恋战，率部溃逃至碛口（今内蒙古二连浩特市），被已经守候在此的李勣率军拦阻劫杀，颉利及其部众五万多人尽数被俘，羊、马等杂畜数十万只被缴获，唐军大获全胜而回。

颉利被押到长安后，唐太宗对其说道："凡有功于我者，必不能忘，有恶于我者，终亦不记。论尔之罪状，诚为不小，但自渭水曾面为盟，从此以来，未有深犯，所以录此，不相责耳。"[1] 便赦免了颉利，并放还其家人，同时还赐以田宅，诏授为右卫大将军。贞观八年（634），颉利可汗阿史那咄苾卒于长安，唐太宗尊重其民族习俗，火焚后而葬之。

四、突厥突利可汗阿史那什钵苾

突利可汗阿史那什钵苾是突厥族始毕可汗（608～619年在位）咄吉世的儿子，颉利可汗咄苾的侄儿。隋炀帝大业年间，始毕可汗派突利统领东牙军队，封号泥步设。颉利嗣兄位为汗后，封侄儿什钵苾为突厥小可汗，管辖幽州以北的契丹、靺鞨一带。由于颉利征税敛赋过重，属下诸部怨气较深，契丹、拔也古、薛延陀等部无法忍受而纷纷奔走投唐。

颉利恼火，派突利率军北征薛延陀，突厥军队战败而回后，颉利竟将突利严加鞭挞并囚禁十多日，突利顿时怨气倍增，心生反意，遂向唐太宗修书请降，随后便率部归附李唐。

---

[1] 《旧唐书》卷一百四十四上《突厥传上》，第5159页。

其实，早在唐武德初年，突利便已经与李世民相识交往，并曾盟誓结为异姓兄弟，此后，由于两国之间磨擦不断，二人联系也渐渐稀疏。颉利多次发兵犯唐，都要向突利征调兵将，突利几次拒绝之后，叔侄之间遂产生隔阂，且关系日益恶化。这一次，突利见其叔父不念亲情，便断然率领部众投唐。

唐太宗李世民见到突利归附十分高兴，依照兄弟之情厚礼相待，并多次赐以御膳款待，诏授突利可汗为右卫大将军、顺州都督，封北平郡王，食邑七百户。还把突利的部众安置在顺州、佑州等地生活。李世民曾特意对突利说道："尔祖启民挺身奔隋，隋立以为大可汗，奄有北荒，尔父始毕反为隋患。天道不容，故使尔今日乱亡如此。我所以不立尔为可汗者，惩启民前事故也。今命尔为都督，尔宜善守中国法，勿相侵掠，非徒欲中国久安，亦使尔宗族永全也！"[1]

贞观五年（631），突利可汗什钵苾（时为顺州都督，治所在今辽宁朝阳市南）奉旨回京，途经并州（今山西太原市）时染病不治而亡，时年29岁。唐太宗十分悲痛，亲自为突利举行了十分隆重的哀悼仪式，并诏令中书侍郎岑文本为其撰写碑文，准许突利之子贺逻鹘承袭爵位。

五、突厥答（都）布可汗阿史那社尔

阿史那社尔是东突厥处罗可汗的第二个儿子，他年少有为，勇谋得兼，以11岁之少龄便官拜突厥拓设，与颉利可汗的儿子欲谷设分别统领铁勒、回纥、仆骨、同罗等部落，是突厥族当时著名的少年英雄之一。

唐武德九年（626），薛延陀、铁勒等一些原来曾臣服于东突厥的部落不堪忍受颉利统治集团的苛捐杂税与横征暴敛，纷纷举兵反抗。他们很快便攻破了欲谷设的防地，打败了阿史那社尔。次年，已经无容身之处的阿史那社尔带领残余人马向西逃至可汗浮图城（今新疆吉木萨尔县西北破城子），得知此时西突厥内部分裂，互相倾轧，

---

[1] 《资治通鉴》卷一百九十三，贞观四年五月条，第6189页。

社会矛盾尖锐，便借机发兵攻打，结果在不到一年的时间里，便很快占领了西突厥领土的一半以上，军队兵员迅速扩充到十万余人，实力逐渐恢复。阿史那社尔年轻气盛，被暂时的胜利冲昏了头脑，便公开自立为汗，号称"都布可汗"[1]。

在同一时间里，东突厥也已战败灭亡，薛延陀部在战争中迅速扩张，占有漠北的绝大部分地区。面对同样强大起来的薛延陀部，阿史那社尔不忘早期战败之耻，一直耿耿于怀，图谋雪耻。他错误地估计了双方的力量对比，全然不顾众人反对，固执己见，亲自领兵五万东征，寻仇报复。经历大小战事数十次之后，阿史那社尔军中开始出现反战的怨声，将士无心恋战。在一场激战兵败后，阿史那社尔又一次带着仅剩的不足一万余部众溃败至高昌（今新疆吐鲁番）。

贞观九年（636），万般无奈之下的阿史那社尔率领部下归附唐朝。唐太宗李世民赏识他的才干，封其为左骁卫大将军，次年，又诏令将妹妹衡阳长公主赐婚下嫁阿史那社尔，拜为驸马都尉。归唐以后，阿史那社尔勤于政务，忠心履职，先后参与了讨伐高昌、出征辽东、平定龟兹等对外战争，建立赫赫战功。贞观二十三年（649），唐太宗李世民驾崩。阿史那社尔悲痛不已，竟然以突厥习俗请求杀身殉葬，高宗李治感动万分，坚决不许。永徽六年（655），阿史那社尔因病卒亡。唐高宗李治为了褒奖他一生的功劳，诏令赠授辅国大将军、并州都督，并令其陪葬昭陵，墓地封土被堆成葱岭（在今新疆西南疏勒、蒲犁等县西边）之形，用以纪念和褒扬阿史那社尔平定西域的赫赫战功。

六、突厥乙弥泥孰俟利苾可汗阿史那（李）思摩

突厥乙弥泥孰俟利苾可汗阿史那思摩又名李思摩，阿史那为其宗室姓氏，李姓则是贞观年间唐太宗作为一种荣誉而赐与他的皇室国姓。阿史那思摩为人忠恳厚道，豁达大度，深受启民、处罗以及颉利等突厥可汗的喜爱，但却因其长相类似胡人，历任可汗都恐其血统不纯，而没有在军事上赋予他更大的权力，仅让他作了一名特勤（突厥族可汗的子弟一般都称为特勤）。乙弥泥孰俟利苾可

[1]　《旧唐书》卷一百九《阿史那社尔传》，第3289页。《新唐书》所载与《旧唐书》同，见《新唐书》卷一百一十《阿史那社尔传》，第4114页；《资治通鉴》载为"答布可汗"，见《资治通鉴》卷一百九十四，贞观十年正月条，第6230页；昭陵北阙阿史那社尔像座题名作"答布可汗"，见张沛编著《昭陵碑石·突厥答布可汗阿史那社尔石像座题名》，三秦出版社，1993年，第16页。"都""答"有异乃突厥语音译汉写不同所致。

汗是公元639年唐太宗诏令阿史那思摩带领在战争中虏获和归附的突厥族人渡河回乡时授予他的封号。

据《李思摩墓志铭》记载，其曾祖伊力可汗，祖父达拔可汗及父亲咄陆设等都是突厥族威风八面的英雄，到李思摩时因其系可汗的孙子，先受封为波斯特勤，后又受封俱陆可汗，统领薛延陀、回纥、暴骨等部。隋炀帝大业初年，早年被东突厥都蓝可汗与西突厥达头可汗联手击败溃逃至隋的启民可汗在隋朝的军事援助下，又打回碛北地区，阿史那思摩被俘，隋炀帝见到后亲自给他解开了绑绳，并赏赐绸帛五百段，放回旧地。

李唐政权建立初期，阿史那思摩作为使者曾多次受命来到长安，在与唐高祖李渊长久的接触熟悉之后，被封为和顺王（郡王）。贞观四年（630），唐政府向东突厥颉利开战后，迫于唐军强势和颉利的暴虐，许多突厥部落纷纷降唐以求自保，而阿史那思摩却忠贞不二，一直追随颉利，直至双双被擒。他们被押回长安后，唐太宗李世民深感其忠贞可嘉，便册封阿史那思摩为右武候大将军，化州（今陕西省横山县）都督，还赐其皇姓。贞观十三年（639）七月，为了安抚和防止被武力征服的突厥部族再次反叛，唐太宗决定让阿史那思摩出任突厥族新的可汗，授其为乙弥泥孰俟利苾可汗，让他带领原本迁到黄河以南的突厥族民众北渡黄河回乡，实行自治管理。后来，因族民不服者频繁反叛，阿史那思摩迫于无奈，再次请命回到长安，任右武卫大将军。辽东战役时，思摩在随军征战中中箭受伤，唐太宗李世民不但十分关心，还亲自给他吸吮伤口污血。战后不久，思摩患病卒于长安居德坊的家里，时年65岁。唐太宗不但追赠他为兵部尚书、夏州都督等，还特令准其陪葬昭陵，并且以他的家乡白道山形状为他营造墓地封土，还在化州为其立了一块石碑。

七、薛延陀真珠毗伽可汗

薛延陀，是中国古代北方少数民族铁勒部的一个分支部族，属于汉时匈奴族的后裔。隋唐时期，突厥族日渐强盛，铁勒部却离析分散，势力日衰。到唐朝高祖武德年间，铁勒已经分割成为包括薛延陀、契苾、回纥、都播、骨利干、仆骨、同罗、浑部、多览葛、拔野古、思结、斛薛、奚结、阿跌、白霫等在内的15个小的部落。薛延陀部是这十五个部落中发展最为迅速、势力最为强大的一个，其族民以祖先为薛姓，且击败延陀而取得领地，故以薛延陀为部族称号。真珠毗伽可汗是唐太宗李世民于贞观三年（629）册封薛延陀部首领夷男的封号，十四番君长石刻像中的薛延陀真珠毗伽可汗指的就是夷男。

隋炀帝大业年间，西突厥在首领处罗可汗的领导下发展迅速，势力日益强大，薛延陀、契苾等铁勒诸部都惧其武力，纷纷臣服。但是，处罗可汗及其统治集团并没有善待他们，而是在管理上采取内外有别的两种政策，对这些异族部民横征暴敛，收取大量的杂赋捐税，甚至一次性屠杀了对苛税怨言较重的部族首领一百多人。为了自身安危及部族利益，铁勒各部不得不相继起兵反抗，大家一致推举契苾部的哥楞为易勿真莫贺可汗，薛延陀的乙失钵为也咥小可汗，共同反对西突厥的无道统治。

大业七年（611），处罗可汗的叔父射匮举兵推翻处罗政权，自立为汗，由于他采取了一些积极的缓和政策，其势力在短时间内也得以迅速扩张。此时，带领部众聚居生活在金山（今阿尔泰山）的也咥小可汗乙失钵畏于强势，自己去掉可汗的称号，再次臣服于西突厥。贞观二年（628），西突厥可汗统叶护被他的伯父杀害，其伯父自立为汗，遭到部众族民的一致声讨。一时之间，西突厥国中大乱，兵戈相击不断。乙失钵的孙子、时任薛延陀部首领夷男见时机难得，便起兵反攻西突厥，取得了胜利，一些部族纷纷归附，薛延陀势力迅速扩充，雄居一方。不久，一些部众自愿发起，共同推选夷男为王，夷男怯于当时形势不稳，没有立刻称王。恰好此时，唐朝政府经过几年的休养生息，经济、军事等力量日益强大，准备反击东突厥，以雪先前屡次犯边之耻。唐太宗找准时机，立刻派游击将军乔师望北上联络薛延陀，并册封其首领夷男为真珠毗伽可汗，以求南北夹击，共同御敌。夷男见有大国相助，便欣然接受了封号，并将军营牙帐移转至大漠北面的郁督军山（今蒙古国杭爱山），与唐军形成对东突厥的夹击围攻之势。几次战争后，东突厥便被唐朝政府与薛延陀部合力消灭，其部众大部分归附于唐，被迁转安置在河套平原以南的地区生活，自治管辖。

平定东突厥后，夷男又控制了黄河以北原属东突厥的大部分地域，且拥兵二十万之多，他的两个儿子拔酌与颉利苾分别统领南北二部。为了避免东突厥连年犯边的事件重演，牵制并分化日益强盛的薛延陀，贞观十三年（639），唐太宗派使者持节来到漠北，册命夷男的两个儿子分别为小可汗，这个措施看似优崇嘉赏，实则是分割削弱其势力。

贞观十三年四月，原突厥突利可汗之弟结社率趁太宗巡游麟游九成宫之机，纠集突厥旧部四十余人反叛暴动，企图劫持唐太宗。叛乱被挫败后，李世民余悸难消，便准备把安置在黄河以南的突厥人迁回旧地，以免反叛事件重演。同年七月，太宗皇帝诏令右武卫大将军、化州都督、怀化郡王李思摩为乙弥泥孰俟利苾可汗，令其率突厥旧部北渡黄河回归故乡。同时，李世民还修书信一封，派专人送给夷男，要求薛延陀与突厥各守属地，不得袭扰互犯。夷男虽奉诏听令却怨气横胸，心存百般不快。

贞观十五年（641），唐太宗东巡洛阳。夷男认为此刻唐军边境守军力量必定薄弱，便派他的儿子大度设领兵二十万，进攻李思摩部，李思摩无力拒兵退敌，不得已退入长城以内，据守朔州，并派人向唐朝政府求救。唐太宗知道后，诏令

图 3　薛延陀真珠毗伽可汗石像底座

英国公李勣、蒲州刺史薛万彻、右屯卫大将军张士贵等率领军队出兵救援，几场厮杀战斗之后，唐军斩杀敌军三千多人，捕俘五万余人，大度设侥幸脱身败走。夷男见不能武力取胜，便请求与突厥和好，并派使者专程赴长安谢罪。

贞观十六年（642），夷男为求与唐朝长期修好，派他的叔父沙钵罗泥孰俟斤赴长安请求赐婚，并献上战马三千匹，貂皮三万八千件，以示诚意。唐太宗也意识到要想让薛延陀俯首听命，只能有两种办法，或军事剿灭，或和亲安抚。思虑再三之后，就答应把新兴公主嫁于夷男。夷男闻知后高兴地说："我本铁勒之小帅也，天子立我为可汗，今复嫁我公主，车驾亲至灵州，斯亦足矣。"[1]接着，他就积极筹备聘礼，要到灵州（今宁夏灵武县）迎娶公主。由于当时夷男国中府库里财物无几，羊、马等牲畜还须四处征调，且要穿过草木不生、水源紧缺的沙漠地区，当迎亲队伍到达灵州时，羊、马等已死伤过半，致使聘礼严重不足。唐朝诸臣均认为此种情况下草率下嫁公主，定会被其他族部所蔑视，有损大唐国威。故而，太宗皇帝又下诏取消了此次婚约。

贞观十九年（645），唐太宗欲亲自率军东征高丽，临行之前，李世民对薛延陀使者说："语尔可汗，我父子并东征高丽，汝若能寇边者，但当来也。"[2]夷男得知后，不但派人前去释疑致谢，还请求唐太宗允许他一起发兵助战。后来，高丽国几次派人煽动夷男，并许诺以厚报，希望他能出兵攻唐，以减轻压力，夷男始终没有答应。这一年九月，夷男病亡。唐太宗为彰表他的功劳，在辽东前线为夷男举行了隆重的哀悼仪式，以示致哀（图3）。

八、吐谷浑王乌地也拔勒豆可汗

吐谷浑，系魏晋时鲜卑族慕容部落的一个分支，约公元四世纪晋末战乱之时，该部落在其首领吐谷浑的带领下，从徒河的清山（今辽宁凌海市）一带迁徙至青藏高原，到吐谷浑的孙子叶延时，开始以吐谷浑为部族姓氏。

---

[1] 《旧唐书》卷一百九十九下《北狄·铁勒传》，第5346页。
[2] 《旧唐书》卷一百九十九下《北狄·铁勒传》，第5346页。

乌地也拔勒豆可汗，是唐太宗李世民册封吐谷浑王慕容诺曷钵的封号。

吐谷浑人"有城郭而不居，随逐水草，庐帐为室，肉酪为粮"[1]，过着典型的游牧狩猎生活，据传他们繁殖饲养的马匹都能日行千里，夜行八百。吐谷浑男性平常衣装穿着都是长裙，且头戴花帽或者幂䍦，妇女则喜欢在发髻上插戴金花、珠贝之类的首饰点缀。吐谷浑人成年后，如果父亲或兄长亡故，则须娶其庶母或者嫂嫂为妻。在社会管理上，吐谷浑的税收无额度限制标准，只要国家需要，便向族民尤其是富有者收取，直到收够所需为止。吐谷浑地处高原，气候寒冷，盛产大麦、蔓菁、牦牛、马匹及铜、铁等。

隋炀帝大业五年（609），吐谷浑王伏允发兵犯境，炀帝亲总六军以讨之，命令内史元寿、兵部尚书段文振、太仆卿杨义臣分别于金山、雪山、琵琶峡、泥岭等四个方位围攻伏允，伏允不敌，只身带着数十名随从逃离，后伏允又派他的儿子顺琰到江都议和，被炀帝留为人质。李渊兴兵称帝后，派遣使者联络伏允，以合力攻击占据凉州的李轨为条件，送还顺琰回归吐谷浑。

唐太宗李世民登基后，吐谷浑几次不敬侵犯，双方屡次开战，均以吐谷浑兵败告终，伏允自缢而亡。顺琰成为吐谷浑新的国王，不久，顺琰被部下杀害，他的儿子诺曷钵继位。诺曷钵年龄幼小，统领无力，国中大臣为了争权夺利，互相倾轧，更有甚者竟以刀兵相见，朝中事务混乱无序。在这种情况下，唐太宗派兵援助，平定叛乱，并册封诺曷钵为河源郡王、乌地也拔勒豆可汗。

贞观十四年（640），在诺曷钵的再三请求下，唐太宗将宗室女弘化公主赐婚下嫁，以结两国百年之好。次年，吐谷浑丞相宣王自恃拥兵势大，企图起兵叛乱，另立王朝。关键时刻，诺曷钵获知消息，携带弘化公主逃离险境，来到鄯善城。吐谷浑威信王与唐鄯州刺史共同发兵征讨宣王，并很快击溃叛军，恢复吐谷浑原来的统治。之后，唐太宗还特地派民部尚书唐俭专程前去吐谷浑慰问安抚诺曷钵。

贞观二十三年（649），太宗皇帝驾崩后，诺曷钵的形象被刻制成石，列置于昭陵北司马门内。高宗李治继位后，授诺曷钵为驸马都尉，并赐锦帛绸缎四十段。后来，吐蕃与吐谷浑之间频繁开战，二国攻略讨伐不止，又都请求唐军援助，高宗皇帝没有应允任何一方，也没能有效地制止这场战争。诺曷钵在国小力弱的情况下，不得已而败逃至凉州，高宗李治派左武卫大将军苏定方为安置大使，将

---

[1] 《旧唐书》卷一百九十八《西戎·吐谷浑传》，第 5297 页。

诺曷钵及其残部一千余人安置于灵州一带，并专门设置安乐州，命诺曷钵担任刺史。武则天垂拱四年（688），诺曷钵逝于安乐州。

九、龟兹王诃黎布失毕

龟兹，是中国古代西域的一个小邦国，地处今新疆维吾尔自治区库车县一带。龟兹国民崇尚佛教，笃信佛法，其国民不分男女皆剪短发，长不过颈，且生产生活以耕田畜牧为主，葡萄酒是这里的一大特产。龟兹王一般身着锦袍，腰系金带，用锦帛围住脖颈，享有独留长发的特权。

公元618年，李渊在长安称帝建唐。当时的龟兹国王苏伐勃駃为求与唐和平共处，派遣使者专程来长安献礼朝贡。不久之后，苏伐勃駃亡故，他的儿子苏伐叠继承王位，再次派使者献上马匹等财物，时任唐朝皇帝的太宗李世民念及龟兹国诚意可佳，便赐其玺书，厚加优抚安慰。此后的一段时间内，唐政府与龟兹国互相友好往来，关系十分和睦。

后来，随着西突厥族势力的不断膨胀和壮大，龟兹国又就近臣服于西突厥，且逐步疏远了与唐的往来。贞观十八年（644），唐安西都护郭孝恪奉旨发兵讨伐焉耆国，龟兹国竟然不宣而战，派兵援助焉耆，公然对抗唐朝政府，双方关系由此急转恶化。不久，苏伐叠亡故去世，他的弟弟诃黎布失毕取代王位，几乎中断了与唐的一切联系。

贞观二十年（646），唐太宗派遣左骁卫大将军阿史那社尔任昆山道（亦作昆丘道）行军大总管，会同安西都护郭孝恪、司农卿杨经礼等率军十余万，开始了针对龟兹的讨伐战争。龟兹国小力弱，抵抗无力，唐军势如破竹，所到之处，龟兹军队纷纷弃城遁逃。诃黎布失毕及其残部困守拨换城四十多天后被唐军攻克，并俘回长安。唐太宗对其善待厚抚，并授诃黎布失毕为左武翊卫中郎将，留于长安，龟兹国暂由其弟叶护统领。

贞观二十三年（649），唐太宗李世民病故，高宗李治诏令刊刻诃黎布失毕石像置于昭陵北麓司马门内。永徽元年（650），唐高宗又封诃黎布失毕为右骁卫大将军，放其回国，继续为王统领龟兹。

十、焉耆王龙突骑支

焉耆国，地处今新疆维吾尔自治区焉耆县一带，距唐都长安城四千三百多里，东邻高昌，西接龟兹，其国王当时姓氏为龙，名突骑支。焉耆国土地肥沃，日照充足，盛产葡萄。

　　隋末唐初之时，军阀割据，互争地盘，混战连年不断，致使内地经焉耆通往西域的商道多年闲置，荒芜闭塞不通。来往客商及行人只能绕道至高昌境内，高昌国却趁机刁难敲诈，往来商贾无不怨声载道。焉耆王龙突骑支借机派专人携贡品来到长安，请求重开故道，促进两国商贸往来。唐太宗很快就答应了此事，使得原来的道路重新开通，极大地方便了过往客商，促进了中外经济文化的繁荣与交流。但是，这件事却触及了高昌国的利益，高昌王极为恼火，并把问题焦点聚在了焉耆国身上，于贞观六年（632）悍然发兵攻打焉耆，劫掠了大量财物。贞观十四年（640），高昌国又与处月、处密等合兵攻击焉耆国五座城池，他们烧掉房屋无数，劫掠男女一千五百人后才各自散去。为了调解缓和焉耆与高昌的矛盾，唐太宗专门修书信言明利害，希望高昌王能到长安商谈，解除双方误会，高昌王麹文泰竟然以患病为由拒不入朝谈判。十二月，唐太宗派交河道行军大总管、吏部尚书侯君集，副总管兼左屯卫大将军薛万均等率军讨伐高昌。侯君集发兵之时亦派人联系并通知焉耆王，龙突骑支大喜，派兵协助唐军共讨高昌。高昌国小，旋即溃灭，先

图 4　龙突骑支石像底座

前被高昌劫掠的领地部众悉数回归焉耆。同一年，西突厥大臣屈利啜为其弟娶焉耆王的女儿为妻，两国结为姻亲，焉耆国逐渐疏远了与唐朝政府的关系。

贞观十八年（644），安西都护郭孝恪请求发兵讨伐焉耆，唐太宗应允并诏令郭孝恪为西州道行军总管，率步骑三千前往攻击。郭孝恪与焉耆王的弟弟颉鼻叶护等兄弟三人来到西州，并让颉鼻的弟弟栗婆准为向导，昼夜兼行，夜晚时分来到焉耆国都城之下，连夜渡水攻城，拂晓时，唐军将士已经攻上城墙，且控制了战局。此一役，除俘获焉耆王龙突骑支及其妻外，还斩杀敌军数千人。郭孝恪因栗婆准领路有功，留其全权处理焉耆国大小事务，自己带着龙突骑支夫妇回师复命。到长安后，唐太宗诏令焉耆王留住长安。唐太宗驾崩后，刻龙突骑支石像置放于昭陵北司马门内（图4）。

永徽二年（651），焉耆王婆伽利卒，其国人请求释放龙突骑支回国统领部众。四月，高宗李治封龙突骑支为右武卫大将军，放其回国。

十一、高昌王麴智勇（盛）

高昌国，地处今新疆维吾尔自治区吐鲁番地区，东南方向距长安四千三百多里，统辖城池二十一座，国都名称也称为高昌。隋唐时期，高昌王麴伯雅，系后魏时期高昌王嘉的第六世孙。隋炀帝时，曾诏封麴伯雅为左光禄大夫、车师太守、弁国公。

唐高祖武德二年（619），麴伯雅卒亡，他的儿子麴文泰嗣位称王，并派专人赴唐都长安报告丧事。高祖李渊知道后，特意派河州刺史朱惠表前去悼唁致哀。这次接触之后，麴文泰开始不断向唐献礼朝贡，希望能从政治、经济、军事等方面得到李唐政权的支持与援助。武德七年（624），麴文泰派人给唐高祖送来一对机灵聪慧的拂菻狗。唐太宗李世民登基后，麴文泰又派人先后多次送来玄狐裘和玉盘等贵重礼品，并且经常能及时地给唐朝政府通报西域诸国的一些情况变化及军政信息。

贞观四年（630）十二月，高昌王麴文泰亲自来到长安访问参观，逗留居住一段时间后便准备回国。唐太宗派人送给他许多中土特产，并应允了麴文泰妻子宇文氏的请求，赐其国姓，封为常乐公主。此间，高昌与唐的关系已经空前友好，达到了顶峰。但是，长安之行后，麴文泰以自己的点滴片面所见为据，认为唐朝政府并非他所想象中的坚强靠山与后盾，遂起了另谋强友的念头，朝贡仪礼逐次降低。

唐太宗贞观年间，是唐朝政治、经济、军事等快速发展的黄金时期，西域各国与唐的商贸往来络绎不绝，高昌国便是丝绸之路上的必经之地。麴文泰心存异志之后就开始不断派人拦劫敲诈前往长安经商的过往行人，课以重税，致使过往商贾怨声载道，唐与西域诸国的交往受到严重影响。高昌王麴文泰还派人给薛延陀真珠毗伽可汗夷男带话，说道："既为可汗，则与天子匹敌，何为拜其使者！"[1]另外，隋末战乱时，一些汉人逃至高昌避祸，战局稳定后欲要回国却被高昌国强行扣留。麴文泰还置唐太宗诏令于不顾，蒙蔽隐瞒，拒不听从唐朝政府号令，联合西突厥进攻焉耆，悍然侵邻，强取财物，正式加入了西突厥的反唐同盟，成为李唐政权发展过程中的一大障碍。

贞观十三年（639）十一月，唐太宗在二次诏见遭拒后，还寄希望于麴义泰能悔过知返，再次修书言明利害，让他来长安协商议事，麴义泰竟然以身体患病为由，不听调遣。唐太宗见和谈无望，便下决心发兵征讨，以确保商路畅通，促进对外交流。十二月，唐太宗派吏部尚书侯君集为交河道行军大总管，左屯卫大将军薛万彻为行军副总管，发兵征讨高昌国。麴文泰这一次依然错误地估计了形势，他对臣僚们说："唐去我七千里，沙碛居其二千里，地无水草，寒风如刀，热风如烧，安能致大军乎！往吾入朝，见秦、陇之北，城邑萧条，非复有隋之比。今来伐我，发兵多则粮运不给；三万已下，吾力能制之。当以逸待劳，坐收其弊。若顿兵城下，不过二十日，食尽必走，然后从而虏之，何足忧也！"[2]但当他得知唐军已经到达碛口时竟不知所措，因惧怕而生病，直至卒亡。

麴文泰逝后，子智盛[3]立。侯君集所率唐军进入高昌境内后，掠城夺地，一路无阻，且很快就围困了高昌的都城。麴智盛无奈之际，派人送书

---

[1]　《资治通鉴》卷一百九十五，贞观十三年二月条，第 6260 页。

[2]　《资治通鉴》卷一百九十五，贞观十四年八月条，第 6267 页。

[3]　智盛，《旧唐书》《新唐书》《资治通鉴》皆作"智盛"，见《旧唐书》卷一百九十八《西戎·高昌传》，第 5295 页；《新唐书》卷二百二十一上《西域上·高昌传》，第 6221 页；《资治通鉴》卷一百九十五，贞观十四年八月条，第 6267 页。昭陵北阙高昌王像座题名作"麴智勇"，见《昭陵碑石·高昌王麴智勇石像座题名》，第 18 页。据岑仲勉先生考证，麴氏本名智茂，唐避温王李重茂（少帝李重茂）讳改"茂"为"盛"，后世史书因之；又智茂降唐后赐名"智勇"，昭陵刻石刻其赐名。见（唐）林宝撰，岑仲勉校记：《元和姓纂（附四校记）》卷十《麴》，中华书局，1994 年，第 1435 页。

信给侯君集，信中说道："得罪于天子者，先王也，天罚所加，身已物故。智盛袭位未几，惟尚书怜察！"侯君集则回道："苟能悔过，当束手军门。"[1] 智盛犹豫不决，唐军便强行攻城，高昌军抵抗无力，麹智盛只得打开城门投降。

贞观十四年（640）十二月，麹智盛及其群臣被侯君集押回长安，唐太宗没有过多怪罪，反而封智盛为左武卫将军、金城郡公。贞观二十三年（649），太宗驾崩后，麹智盛图形被刻成石像，列置于昭陵北司马门内。

十二、林邑王范头黎

林邑国，地处今越南民主主义共和国境内广治、广南、承天等三省交接地带，四季温暖，多有雾雨。国民笃信佛说，崇尚出家，喜欢在居所四周立木栅为墙，好食生菜，常饮槟榔汁，且嫁女娶妻仅限于同一姓氏之间。林邑人若遇有父母至亲亡故，都以棺材盛装遗体后用火焚烧，然后将骨灰装入瓶中抛入大海。林邑国侍从军士都以弩弓长矛为兵器，使用藤条制作盔甲，骑乘大象行军作战。

李唐政权建立之后，由于李渊父子治国有方，措施得力，社会经济迅速发展，国力日益强盛。林邑王范梵志为了发展两国关系，求得和睦共处，于武德六年（623）派遣使者专程来到唐都长安，献礼修好。两年之后，范梵志又派人送来林邑国土特产，唐高祖李渊设宴盛情款待了林邑使者，并令人演奏著名的九部乐助兴，还用锦缎绸帛等礼品回赠范梵志。贞观四年（630），范梵志再次差人给唐太宗送来一头经过调服驯养的犀牛，以供娱乐。同年，范头黎嗣位为王，为了表示诚意，他特意派人给唐人宗送来一颗火珠，这颗火珠大若鸡蛋，晶莹剔透，所泛之光亮，可远照数尺。若在正午时分正对太阳，火珠所折射之光聚焦于一点，足可引燃纸张柴草等物。但是，由于范头黎进献火珠时的文书里言词略有不妥，一些大臣就上书太宗皇帝，要求发兵讨伐。太宗回答道："好战者亡，隋炀帝、颉利可汗，皆耳目所亲见也。小国胜之不武，况未可必乎！语言之间，何足介意！"[2]

贞观五年（631），林邑王范头黎又给唐太宗献来五色鹦鹉和白色鹦鹉各一只，鹦鹉精灵无比，能以人语与人对话，唐太宗悯其思乡，交还给使者，并令其

---

[1]　《资治通鉴》卷一百九十五，贞观十四年八月条，第6268页。
[2]　《资治通鉴》卷一百九十三，贞观四年五月条，第6190页。

带回放诸林中。此后，林邑国与唐朝一直交往不断，保持着良好的政治、经济等外交往来。唐太宗驾崩之后，高宗李治诏令将范头黎图形刻像置放于昭陵北司马门内。

十三、婆罗门国王阿罗那顺

婆罗门是古代印度社会中等级最高的一个阶层，掌握"神权"，是典型的政教合一统治者，因而，婆罗门在当时也是古印度的称呼之一。唐朝时，古印度被称为"天竺"。

大约公元 6 世纪初，古印度中部的尸逻逸多以强势兵力攻掠其他部落，并且很快统一了印度北部地区。贞观年间，尸逻逸多先后多次派人来到长安，以求两国通好。唐太宗也礼节性地派遣梁怀璥、李义表、王玄策等人回访出使天竺，两国睦邻友好，交往不断，商贾往来日趋活跃。

贞观二十二年（648）初，王玄策奉命再次出使天竺，他还没有到达时，尸逻逸多就已经卒亡。国内朝臣纷争，夺权不止，其大臣阿罗那顺拥兵自立为王，并派兵袭击劫掠唐朝使者。王玄策率众人力战不敌，除王玄策侥幸脱逃至吐蕃外，其余随从三十多人悉数遭擒，所带物品亦被劫掠一空。王玄策来到吐蕃后，与赞府松赞干布一起率领精锐兵士八千余人攻入天竺境内，斩敌三千多人，俘获阿罗那顺及其嫔妃残部两千余人。是年五月，阿罗那顺被王玄策带回长安。

十四、于阗国王伏阇信

于阗，地处今新疆维吾尔自治区和田一带，盛产美玉，做工精巧。国人好祭神事，笃信佛说。于阗王尉迟屈密，曾经率众臣服于西突厥。贞观六年（632），眼见唐朝日益强大，他便又派使者携玉带等礼品来到长安进献求好。唐太宗不但热情地接待了于阗使者，还特意写信回复答谢。

贞观十三年（639），于阗国国王伏阇信为了加深双方联系与了解，把他的儿子送到长安，侍奉唐太宗。七年之后，阿史那社尔奉命征讨龟兹，伏阇信诚惶诚恐，担心殃及自己，就派儿子带人前去慰劳唐军。贞观二十二年（648），唐军得胜回朝之际，行军长史薛万备给阿史那社尔建议："今者既破龟兹，国威已振，请因此机，愿以轻骑羁取于阗之王。"[1] 于是，阿史那社尔派薛万备带领骑兵五十余人去于阗说服劝降，伏阇信听调，随军一起来到长安，此时已经是贞观二十三年（649）七月，唐太宗已经过世。高宗李治念其忠诚，册拜伏阇信为右骁卫大将军，还赐给他金带、锦帛等物。伏阇信在长安住了几个月就回去了，临走之时，他还请求把他的儿子留在长安戍卫皇宫，以表示他的友好与忠诚（图5）。

图 5　于阗王伏阇信石像底座

---

[1]　《旧唐书》卷一百九十八《西戎·于阗传》，第 5305 页。

毕沅昭陵撰、书遗碑述略

毕沅（1730～1797），江南镇洋（今江苏太仓）人，字纕蘅，又字秋帆，自号灵岩山人。乾隆二十五年（1760）殿试一甲第一名（状元），赐进士及第。曾任翰林院修撰、左庶子、按察使。乾隆三十五年（1770）除授陕西按察使，三十六年（1771）擢任陕西布政使，三十八年（1773）擢升陕西巡抚，至五十年（1785）调任河南巡抚，后又历任湖广总督、山东巡抚、陕西巡抚等，《清史稿》卷三三二有传。毕沅先后在陕任职近二十年，注重疏浚河流，劝课农桑，兴办教育，传承关学，廉洁自律，政声颇佳，多次受到乾隆皇帝褒奖，钦赐一品顶戴，又赏戴花翎。其于关中古迹更是留心，尽力保护，为各帝王陵园及重要古建筑建立标志，设专人管理。在昭陵及其陪葬墓前，就有毕沅撰文或撰书竖立的标志碑和保护碑 30 余通。遗憾的是，历经丧乱，1975 年昭陵文管所（昭陵博物馆前身）蒐集昭陵陵园碑刻时，仅得毕氏撰、书昭陵碑刻 11 通，本文略陈其梗概。

一、毕沅昭陵撰、书遗碑概况

昭陵陵园所留毕沅撰、书的 11 通碑刻，可分为三类：一是毕沅撰书的昭陵陪葬墓标志碑，所留 9 通；二是毕沅撰书的昭陵标志碑，仅 1 通；三是毕沅撰文、钱坫书丹的昭陵防护碑，仅 1 通。这些碑刻均为醴泉地方官奉毕沉之命而镌立。

1.　毕沅撰书的昭陵陪葬墓标志碑

毕沅撰书的昭陵陪葬墓标志碑，均立于乾隆丙申年，即乾隆四十一年（1776），所标志的墓葬分别是薛收墓、房玄龄墓、李靖墓、段志玄墓、阿史那忠墓、兰陵公主墓、张阿难墓、纪王李慎妃陆氏墓、无名位墓。碑刻均失首、趺，尺寸基本相当，内容亦相若，题款、落款相同，唯所标墓葬名位不同。仅述二碑为例：

（1）《唐兰陵公主墓》标志碑

高174厘米，宽78厘米，厚13厘米。碑面右部正书竖刻"赐进士及第兵部侍郎兼副都御史陕西巡抚毕沅书"21字，字径约7厘米。中部竖刻隶体榜书

图1　《唐兰陵公主墓》标志碑　　　　　　图2　《唐太宗昭陵陪葬墓诸臣墓》标志碑

"唐兰陵公主墓" 6 字，字宽约 16 厘米，高约 10 厘米。左部正书竖刻 "大清乾隆岁次丙申孟秋（下空）知醴泉县事张心镜立石" 16 字，字径约 7 厘米（图 1）。

（2）《唐太宗昭陵陪葬诸臣墓》标志碑

高 174 厘米，宽 80 厘米，厚 13 厘米。碑面右部正书竖刻 "赐进士及第兵部侍郎兼副都御史陕西巡抚毕沅书" 21 字，字径约 7 厘米。中部竖刻隶体榜书 "唐太宗昭陵陪葬诸臣墓" 10 字，字宽约 16 厘米，高约 10 厘米。左部正书竖刻 "大清乾隆岁次丙申孟秋（下空）知醴泉县事张心镜立石" 16 字，字径约 7 厘米（图 2）。

2. 毕沅撰书《唐太宗昭陵》标志碑

碑立于乾隆丙申年，亦即乾隆四十一年（1776），原竖昭陵北司马门以北 300 米偏东 20 米处，嵌于青砖砌筑的歇山顶碑亭内，亭损毁严重，2000 年重修了青砖歇山顶碑亭，2008 年移竖昭陵北司马门外正北 500 米处，仍嵌于青砖歇山顶碑亭内。碑刻青石质地，螭首龟跌，

图 3 《唐太宗昭陵》标志碑

龟趺头部残断佚失。龟趺高 50 厘米，碑身下宽 93 厘米，高 255 厘米，螭首高 90 厘米。歇山顶碑亭，通高 495 厘米。碑面右部正书竖刻"赐进士及第兵部侍郎兼副都御史陕西巡抚毕沅敬书"，字径约 7 厘米。中部竖刻隶体榜书"唐太宗昭陵"5 字，字宽 30 ~ 40 厘米不等，高 30 ~ 35 厘米不等。左部正书竖刻"大清乾隆岁次丙申孟秋（下空）知醴泉县事张心镜立石"16 字，字径约 7 厘米（图3）。

3. 毕沅撰文《大清防护唐昭陵碑》

碑立于乾隆甲辰，即乾隆四十九年（1784），原竖昭陵陵园唐太宗燕德妃墓前，1975 年移藏昭陵博物馆，定为国家一级文物。碑首趺已失，只存碑身，高 170 厘米，宽 106 厘米，厚 23 厘米。毕沅撰文，钱坫篆书，孙星衍摹勒并篆额，王景桓刻字，碑文 28 行，满行 55 字（图 4）。

图 4　《大清防护唐昭陵碑》

录文：

大清防护唐昭陵碑

赐进士及第诰授资政大夫兵部侍郎兼都察院右副都御史巡抚陕西西安等处地方赞理军务兼理粮饷钦赐一品顶戴毕沅撰

夫知堂者密，寔惟帝之囷时；积高曰邕，乃神明之冢舍。是以尊卢虚陇，尚仿像于蓝田；西海衣冠，必封崇乎上都。何况龙蟠大壑，比镐聚之声灵；天命元宫，继长陵之功烈者哉。醴泉县东北五十里九嵕山，唐太宗文皇帝昭陵之所在也。帝提剑乘天，握图出震，驱除吞噬，弹压殷齐。白鱼赤帝之祥，阪泉丹水之迹。让蘜宸而肃五日之谒，遇斧戕而止二叔之辜。浮龟不足效其文，断鳌不足媲其武。帝系之所传，史牒之所颂，尽美又善，无得而俪焉。原其终始，靡间归藏。乃若山陵，有彰圣哲。且夫雄略之主，必旁皇乎上仙；盖代之气，每绸缪于没世。水衡灌地，将为江河；玉柙服尸，恩毕天地。故以七十余万丽山穿治之徒，一万六千茂陵大徙之户，帝则深遵节约，廑凿嵯峨。似委宛之桐棺，拟谷林之通树。万乘之贵，悟恬庄周；独决之明，征言季札。克终后意，遂下王言。侍卫减于常仪，瓦木止于形具。此则帝之俭也。藏弓烹狗，烈士因而拊心；长颈鸟喙，哲人于焉长往。子胥抉目于吴阙，彭越覆醢于淮南，未尝不掩浸润之明，损豁达之度。帝则我言妩媚，推心置腹之诚；袒见疮痏，丈夫意气之语。暨乎鼎湖髯去，闵堕地之空号；爨水和存，想张朝而再见。金枝玉叶，左武右文。前部鼓簫，东园秘器。祁连之冢，亘驰道以如山；矗矗之文，蔽元宫而似垒。此又帝之仁也。兵者凶事，不得已而用之。守在四裔，将羁縻而勿断。噭奇肱之车，飞而偶至；长臂之服，通而遂迷。帝则薄伐之勇，系馘于明堂；畏怀之徒，输诚于身后。至使酋豪谢罪，慕浅血于坟沙；蕃长归朝，斗图形于元阙。拜官尚主，天下一家。椎发雕题，骏奉左右。此又帝之大也。昔者宣丘遗训，古墓无坟；汉臣陈言，南山有隙。亡羊之牧，欻误入于三泉；踞虎之邱，骤见伤于敌国。帝则流连翰墨，眷惜钟王，以尧典之同棺，当佳城之名椁。卒令沙邱之字，势恢于登堂；宝鼎之莹，力穷于发弩。嗟尔后世，似有先知。倒我衣裳，诒之茧纸。此又帝之智也。若乃宣室之问，不信无徵；墨翟之言，将闻岂见。鬼雄非毅，魂气何之。楚平一去，被辱于仇鞭；武皇见形，愤心于磨剑。帝则归复于土，陟降在天。呼啸若瑾之神，叱咤投壶之电。墨云颤野，遏祅寇于咸阳；黄旗立空，御贼军于华泽。皇堂奏异，血汗如神。祖龙无所用其驱，蚩尤不足比其纵。此又帝之灵也。帝缉熙之德，不解于生存；服畏之恩，弥光于奕祀。故能奠不朽之基业，享绝代之明禋。置庙设祀，建隆开宝之遗；陵户丰碑，洪武崇祯之册。我国家光宅八表，怀柔百神。娄致馨香，频加守护。使星夜出，映园寝之神光；燎火朝辉，杂封中之云气。沅守官关陇，按部池阳，瞻拜神宫，周游墓道。其山也，背据寒门之阪，面带甘泉之流。西睨温宿之崖，东眺焦获之薮。岩峦巀嶭，三峻角其雄名；隥道盘纡，九疑争其远势。非烟非雾，立而望之，郁郁葱葱，佳哉气也。而风高壤裂，石室摧基；地阻荆生，阴室绝栈。樵苏上下，曾无百步之防；芟蓻侵凌，或至诸臣之冢。穹碑半剥，翁仲全倾。因以乾隆四十二年檄筑围墙三十余丈。六书瓦屑，邕分恳隶之奇；列植松楸，茇舍甘棠之敬。旋因入觐，上适畴咨。始知聪明之德，早契于圣怀；平成之欢，待假乎神谟。沅再之官，又逾五稔，兼营祠宇，特用陵租。知县蒋君能平其政，寔任斯劳。恐古墓之为田，考陪陵于往牒。纪其名位，复立贞珉。仰体皇谟，光照来者。将与会稽窆石，共磨灭于苗山；风后神隥，谢浮沉于黄水。游心随武，九原可作之臣；宁想非熊，五世归周之葬。风云如会，陵谷长存。岂止狄山之纪，久迷视肉之方；沛阴之祠，但获蠡鱼之瑞云尔。

> 候补直隶州州判钱坫书
> 阳湖贡生孙星衍题额并摹勒
> 乾隆四十有九年岁在甲辰四月望日醴泉知县蒋其昌立石
> 国子监生王景桓刻字

二、毕沅昭陵撰、书遗碑略论

1. 关于昭陵及其陪葬墓标志碑

毕沅是清代很有学术建树的封疆大吏，著有《续资治通鉴》《经典文字辨正》《灵岩山人诗文集》《传经表》《晋书地理志校注》等，在陕西巡抚任上，又先后延请学者名士，助其编书，撰成《关中胜迹图志》《关中金石记》等。其于《关中金石记》中论及昭陵陪葬诸臣名位时云：

> 惟是当时各冢皆有穹碑，夹以苍松翠柏，巨槐长杨，下宫寝殿，与表里山河，共成形势，一时君臣际会之隆，号称极盛。自朱梁盗发而后，再历千

年，全虎石麟，沦没榛莽，不但基址荒芜，即金石文字亦渐剥蚀尤存。余以乙未春季，阅视泾阳龙洞渠，道出醴泉，瞻拜元宫，周览封域，因饬地方官重加修葺，并为厘正疆界，建立碑亭，庶使樵牧牛羊，知所禁辟，而遗徽先烈，得以垂诸永久云。[1]

从征引文献可以看出，乾隆乙未年（即乾隆四十年，1775），毕沅因公阅视泾阳龙洞渠，因昭陵与龙洞渠首隔泾水相望，又是文物荟萃之所，故而又专门考察了昭陵。由于昭陵年久失修，毕氏乃令醴泉县政府重加修葺，并为昭陵划定保护区域。翌年（即乾隆四十一年，1776），醴泉县政府完成了昭陵及重要陪葬墓的疆界划定任务，上报陕西巡抚衙门，毕氏乃亲自为昭陵及陪葬墓标志碑文书丹，醴泉县政府刊勒上石，即本文所言之毕沅撰书昭陵及其陪葬墓标志碑。征引文献所谓的"建立碑亭"，可能仅指建立了《唐太宗昭陵》标志碑碑亭，以当时醴泉地方政府财力而言，很难为毕氏所书数十通昭陵陪葬墓标志碑建立碑亭。至于醴泉县政府奉命对昭陵"重加修葺"，至乾隆四十一年还未竣工，修葺成果在毕沅撰文的《大清防护唐昭陵碑》中有所反映，兹不赘述。

毕沅撰书的昭陵及其陪葬墓标志碑，毕氏书丹者当为隶体榜书。三十余通标志碑，因官爵名位不同，故须一碑一稿，毕氏居封疆之位，拨冗榜书数十幅，实属不易。今观其书，笔力遒劲，虽不能与方家并驾，亦不失大家气象，可与善书者不分轩轾。诸碑首尾两款，正书险峻挺拔，在欧、柳之间。撰者毕沅、立石者张心境署衔、立碑年月均相同，字径、字形亦大抵相同，稍异者似因刻工精刻与粗刻所致，唯《唐太宗昭陵》标志碑题款作"毕沅敬书"，而诸陪葬墓题款作"毕沅书"，少一"敬"字。疑书丹者仅书二稿或一稿。二稿者，一为《唐太宗昭陵》标志碑首尾两款，一为诸陪葬墓首尾两款，诸陪葬墓标志碑以同一书丹稿过字；一稿者，为《唐太宗昭陵》标志碑首尾两款，刊刻诸陪葬墓标志碑时，取掉"敬"字。书丹诸碑首尾两款者，楷法精健，当非毕氏所书，恐为毕氏幕府楷书驰名者或醴泉知县张心镜倩笔。之所以有此推断，是因毕氏楷书不佳，此前未见其以楷书上石者。

毕沅以文章驰誉天下，然馆阁书体（楷书）欠佳而高中状元的故事，在清代乾、嘉时传为美谈。毕沅于乾隆十八年（1753）在顺天乡试中举，乾隆二十

[1]（清）毕沅：《关中金石记》卷六，商务印书馆，1936年，第120页。

年（1757）就因文名以举人身份授内阁中书，撰拟、结写诏令。后来入值军机处，担任素有"小军机"之称的军机章京，负责撰写谕旨、查核奏议。乾隆二十五年（1760），毕沅参加礼部会试，中贡士榜。

宋仁宗嘉祐二年（1057）殿试，仁宗宣布不再淘汰考生，此后历朝尊为程式，故礼闱中榜者几可等同中进士。不过要取得进士资格还要经过殿试，殿试成绩由高至低分为三甲，一甲三名，赐"进士及第"称号，其中第一名又称"状元"，第二名称"榜眼"，第三名称"探花"，合称"三鼎甲"；二甲若干名，赐"进士出身"称号；三甲若干名，赐"同进士出身"称号。进士都算天子门生，"三鼎甲"更是得意门生，极尽荣耀，入仕起步也高于同科其他进士，因此，有才华的贡士更加注重殿试。在毕沅参加殿试的前一天晚上，他与同上会试榜的同僚诸重光、童凤值班军机处。诸、童二人想回寓所备考，与毕沅商量说他二人书法好，当今科举重书法，可望夺魁，毕沅书法稍逊，恐怕难进三鼎甲，不如今晚让毕沅替他俩代劳值班，他俩有一人夺魁，也是大家的荣光。毕沅认同，便留守值班。当夜，陕甘总督黄廷桂关于新疆屯田事宜的奏章下转军机处，毕沅详加研读，颇有心得。翌日殿试考策问，偏巧考题就是新疆屯田事宜，毕沅胸有成竹，挥毫立就。第二、第三天，阅卷大臣见毕沅试卷立论高深，深相嘉叹，不过书法一般，列为第四名。第四天，乾隆皇帝在中和殿听读卷大臣读卷，对毕沅的卷子极为欣赏，擢为一甲第一名，状元及第，而诸重光得了一甲第二名，高居榜眼，童凤位列二甲第六名。当诸、童二人得知毕沅殿试前夜代为值班时偏巧研判了新疆屯田事宜，无不嗟叹。科举是为国选拔官员，考生文词华赡、书法精美固然重要，但更重要的还是要言之有物，能够经世致用。

毕沅为人豁达爱人，身居高位后，不惜重金广延英才，召入幕府，著书立说，每有题款之事，多妙选贤能，推功与人，其所撰《大清防护唐昭陵碑》，即推功钱坫书文、孙星衍题额就很能说明问题。清代醴泉知县蒋骐昌，于其所修的《醴泉县志》（首刊于乾隆四十九年）中，亦曾言及乾隆四十一年（蒋氏记为"四十二年"）毕沅所书昭陵及其陪葬墓标志碑事，云："乾隆四十二年八月，奉巡抚毕公檄饬，新立墓碑，大书刻石，以垂久远。"[1] 所谓"大书",即谓标志碑隶体榜书,乃毕氏书丹。

蒋氏所谓"四十二年"或更准确,诚如是,则乾隆四十一年(1776)已开始陆续刊刻碑石,至乾隆四十二年仲秋统一立石。

张心镜历官醴泉知县,《民国·重修醴泉县志稿》记云:"山东莱阳县举人。乾隆四十一年任。承修昭陵亭。"[2]

2. 关于《大清防护唐昭陵碑》

碑云,乾隆四十二年(1777),毕氏因昭陵"风高壤裂,石室摧基;地阻荆生,阴室绝栈。樵苏上下,曾无百步之防;芟夷侵凌,或至诸臣之冢。穿碑半剥,翁中全倾",乃令醴泉政府在昭陵北司马院"筑围墙三十余丈"。所谓"乾隆四十二年",乃指昭陵北司马院围墙筑成之年,此工程之安排,恐怕同镌刻昭陵及其陪葬墓标志碑一样,在乾隆四十一年,即毕氏瞻拜昭陵玄宫之时。醴泉地方政府此次所筑昭陵北司马院围墙,已被现代考古所证实。现代考古还发现,此次所筑昭陵北司马院围墙,北界超出唐代司马院(坐南朝北)外阙楼

10米,且另开三间一进山门一座,山门顶部规制不详,底部为青砖砌筑拱券顶三孔门洞,进深3.75米,中间主门洞宽1.9米,两侧副门洞宽1.65米。碑云,毕氏此次保护昭陵遗迹,得到乾隆皇帝的表扬。

碑云:"沅再之官,又逾五稔,兼营祠宇,特用陵租。知县蒋君能平其政,寔任斯劳。恐古墓之为田,考陪陵于往牒。纪其名位,复立贞珉。"所言"沅再之官",谓毕沅乾隆"四十四年,丁母忧去官。四十五年,陕西巡抚缺员"[3],乾隆上谕,以毕氏熟悉陕情,政绩显著,以守制之身(未夺情)署理陕西巡抚事。所言"兼营祠宇,特用陵租",是指乾隆四十五年(1780)至四十九年(1784)"沅再之官"的五年间,曾命醴泉政府以陵租修葺唐太宗"祠宇"。然"祠宇"具体是指昭陵北司马院享殿及其配殿还是醴泉县城南门外唐太宗祠,难下断语。昭陵北司马院内有三间坐南面北带回廊的享殿一座,享殿两侧又有东西相对的配殿,毕沅撰《关中胜迹图志》(成书于乾隆四十一年)有载[4],现代考古也已证实。依理,乾

[1] (清)蒋骐昌修,孙星衍纂:《醴泉县志》卷三《陵墓六》,乾隆四十九年刻本,第28页。

[2] 《咸阳经典旧志稽注》编纂委员会:《咸阳经典旧志稽注·民国续修醴泉县志稿》卷六《官师志》,三秦出版社,2010年,第178页。

[3] 赵尔巽:《清史稿》卷三三二《毕沅传》,上海古籍出版社,1986年,第1235页。

[4] (清)毕沅撰,张沛校点:《关中胜迹图志》卷八《唐昭陵图》,三秦出版社,2004年,第298~299页。

隆四十五年至四十九年，醴泉知县蒋骐昌"特用陵租"来修葺这组建筑顺理成章，但蒋骐昌《醴泉县志》未曾言及，却云："唐太宗庙，在县城南门外。元至元间旧庙遭兵毁，明万历甲子知县姚烛移建此。崇祯五年，知县范文光重建，增献屋殿三间，有碑。国朝乾隆四十五年，知县蒋骐昌领帑银九百九十五两重修，有碑。"[1]由此而观，毕氏所述蒋骐昌此番"兼营祠宇"，极有可能是指位于醴泉县城南的唐太宗庙。此庙亦称唐太宗祠。所言醴泉知县蒋骐昌"恐古墓之为田，考陪陵于往牒。纪其名位，复立贞珉"，乃指乾隆四十八年（1783），醴泉县政府复于昭陵东西立三通保护碑事。蒋骐昌《醴泉县志》记云：

> 骐昌案：查昭陵东共有陪葬墓一百二十六冢，内旧有碑可考者十九冢；西共有陪葬墓四十五冢，内旧有碑可考者五冢。其可考者，已于乾隆四十二年八月奉巡抚毕公檄饬，新立墓碑，大书刻石，以垂久远。其无考者，恐日久湮没，因于四十八年十月总立碑三通，在东者二，在西者一。其碑内编列次第，载明各墓附近村庄并周围丈尺，庶将来有所稽考，居民不致侵削无存焉。[2]

征引文献所言三通保护碑，惜已佚失。

该碑篆书者钱坫（1744～1806），江苏嘉定（今上海市）人，字献之，号小兰，副榜举人，曾任乾州州判。通晓地理及文字之学，尤工篆书。文史著作有《十经文字通正书》《汉书十表注》《圣贤冢墓志》《十六长乐堂古器款式考》《浣花拜石轩镜铭集录》等数种。其书宗李斯，取法李阳冰，沉着苍劲，得汉人法，又从古铜器铭文汲取古朴苍厚气味，颇有新意，满而不塞，富有变化，当世罕有匹俦，其亦以书名自负，尝刻一石章云"斯冰之后，直至小生"[3]。晚年右手偏废，改用左手写篆，意外形成了古茂生动、笔力苍厚的风格，时人目为有清第一，可谓"失之东隅，收之桑榆"。

该碑摹勒篆额者孙星衍（1753～1818），江苏阳湖（今江苏常州市）人，字伯渊、渊如，著名考据学家。少时以诗文称，乾隆五十二年（1787）年殿试榜眼，进士及第，授翰林院编修，历官山东粮道，署布政使。他一生好学，勤于著述，代表作《尚书今古文注疏》，对后世经学有一定影响。另有《周易集解》《尔雅

[1]《醴泉县志》卷四《庙属七》，第2页。
[2]《醴泉县志》卷三《陵墓六》，第28页。
[3]（清）洪亮吉著，陈尔冬校点：《北江诗话》卷三，人民文学出版社，1983年，第69页。

广雅话训韵编》《寰宇访碑录》《史记天官书考证》等著作传世。其亦工篆书，与钱坫齐名，而文名高于钱坫。袁枚《随园诗话》评价孙氏："天下清才多，奇才少。君天下之奇才也。"[1]

毕沅为陕西巡抚时，延召孙星衍进入幕府，助其编纂。孙氏才华横溢，书、文俱佳，颇为时人推崇，州县修志多有延请孙氏联衔者。乾隆四十七年（1782），孙氏与醴泉知县蒋骐昌合修《醴泉县志》，四十九年（1784）刻印，至今号称良志。

蒋骐昌历官醴泉知县，《民国重修醴泉县志稿》记蒋氏云："江苏阳湖县贡生。乾隆四十四年任。承修昭陵及陪葬墓；请帑修文庙并唐太宗庙、关帝庙；撰县志十四卷。"[2]

毕沅所撰《大清防护唐昭陵碑》，骈散结合，酣畅淋漓，又有钱坫、孙星衍二奇才篆文篆额加持，不谢昭陵欧、褚之笔，足称奇珍！该碑撰者、书者、篆额者，擅名当时，留芬至今，素有"三绝碑"之誉。宋伯鲁在《与祭昭陵》诗中盛赞该碑："丰碑一片资防护，铁画银钩字字雄。"[3]

[1]（清）袁枚著，王英志校注：《袁枚诗话》卷七，南京出版社，2020年，第137页。
[2]《咸阳经典旧志稽注·民国续修醴泉县志稿》卷六《官师志》，第178页。
[3]《咸阳经典旧志稽注·民国续修醴泉县志稿》卷十二《艺文志一》，第434页。

昭陵陪葬墓神道碑十三品综考

　　碑，据《说文》记载，为"竖石也"，其雏形是一些刻有简单图文标识的石桩或者石板。大约西周时期，在宗庙和殿堂前的院子里一般竖有石头柱子，被称为"碑"，其用途一般分为两类：一是祭祀时拴系牲口；二是观察日影，推断时间。另外，古代殡葬时在墓旁立有木柱，用以牵引绳索引棺入葬，葬礼结束后，有的木柱就被留在原地，有留心者便在木柱上镌刻文字图样作为标识，再到后来，这种木柱便被石材取而代之，并立于墓道口，故而又有神道碑之称。两汉以后，碑身所刻图文已经不再是简单的标志，而已演变成为刊刻着成篇颂文的具有现实意义的碑。昭陵陵区现存神道碑多为陪葬于此的唐初文臣武将和皇亲国戚的墓碑，其形制规格之高可见一斑。《唐会要·葬》记载，当时"王公百官，竞为厚葬，偶人象马，雕饰如生，徒以炫耀路人，本不因心致礼，更相扇动，破产倾资，风俗流行，下兼士庶"[1]。可想而知，在如此盛行厚葬之风的社会环境中，昭陵陵区的陪葬者神道碑已经不可能还是简单的石桩或者石板，而发展演变成为集书法艺术和雕刻工艺为一体的石刻艺术品。

　　步入琳琅满目的昭陵石刻群，除却磅礴大气的圆雕石兽及人物造像外，碑刻也是其中的另一大重要门类。据《新唐书·百官志一》记载，吏部考功郎中、员外郎，"掌文武百官功过、善恶之考法及其行状。若死……其欲铭于碑者，则会

---

[1]　（宋）王溥：《唐会要》卷三十八《葬》，中华书局，1955年，第692页。

百官议其官述者以闻，报其家"[1]。可见，昭陵碑刻所载之铭文及相关内容，都是经过当时各方面的多方评议，比较客观地记录了碑主的功过得失和人生经历，具有一定的写实性，是记录唐代初期社会状况的"石质档案"。

昭陵碑刻尽出名家之手，从撰文者来看，有岑文本、许敬宗、李义府、于志宁、上官仪、郭正一等；从书丹者来看，有欧阳询、褚遂良、殷仲容、王知敬、畅整以及唐太宗李世民、唐高宗李治等；从书体来看，有楷书、隶书、行草和已经失传且存世罕有的飞白书等。真可谓"撰、书皆名流，文、字俱佳品"。20 世纪70 年代至今，昭陵博物馆陆续清理收集了昭陵陪葬墓碑 46 通，墓志 45 合，且早在 1979 年唐高宗李治御制御书的《李勣碑》、欧阳询书丹的《温彦博碑》、褚遂良书丹的《房玄龄碑》等为代表的 21 通石碑已经被文化部公布为第一批全国书法艺术名碑。昭陵碑林也因此被日本友人誉为与山东曲阜孔庙碑林和西安碑林齐名的"中国三大碑林"之一。

这些古代碑刻，字迹或清秀端庄、圆润有力，或瘦硬飘逸、妩媚多姿，堪称初唐书法艺术的典范之作。

1.《温彦博碑》

《温彦博碑》原立于陕西省礼泉县烟霞镇山底村以南的温彦博墓前，1975 年被移入昭陵博物馆收存。碑身通高 342 厘米，下宽 111 厘米，厚约 37 厘米。碑额篆书"唐故特进尚书右仆射虞恭公温公之碑"，碑文由岑文本撰写，著名书法家欧阳询正书，共列 36 行，约 2772 字，大部分文字现已剥蚀磨灭，仅余少许尚可辨识，碑体下部约四分之一处已经断裂。就其书法价值来讲，该碑应属欧阳询传世书作的经典佳品，明代赵崡在《石墨镌华》里谈及此碑道："信本此碑字，比《皇甫》《九成》差小，而结法严整，不在二碑下。"[2] 清代杨守敬《学书迩言》载："《虞恭公碑》最为晚年之作，而平正婉和，其结体不似《醴泉》之开张，亦不似《皇甫》之峻拔。"[3] 清代王澍评价欧氏此碑道："圆秀腴劲，与《醴泉》《化度》不殊，宜其特出有唐，为百代模楷也。"[4] 清代翁方纲也说欧氏此碑："实

[1]（宋）欧阳修、宋祁：《新唐书》卷四十六《百官志一》，中华书局，2011 年，第 1190 页。

[2]（明）赵崡：《石墨镌华》卷二《唐虞公温彦博碑》，商务印书馆，1937 年，第 22 页。

[3]（清）杨守敬著，赵树鹏点校：《学书迩言（外二种）》之《学书迩言·评碑》，浙江人民美术出版社，2019 年，第 12 页。

[4]（清）王澍撰，秦跃宇点校：《虚舟题跋》卷三《唐欧阳询虞温恭碑》，凤凰出版社，2017 年，第 31 页。

《化度》《醴泉》间，最见率更笔意者。"[1] 前人如是评说，今复观之，但见字笔风骨整肃，爽朗清穆，奕奕放彩。每有法家观之，常驻足赞不绝口（图 1）。

温彦博（574 ~ 637），字大临，并州祁县（今山西祁县东南）人，初唐时著名大臣，早年曾受隋朝幽州都督罗艺引荐出任司马一职，后来与罗艺一起起兵反隋，归附李唐，官授总管府长史，封河西郡公。后历任御史大夫、中书令（宰相）、尚书右仆射（宰相）等，进封虞国公。温彦博学识渊博，性情谨慎，做事认真，颇受唐太宗李世民的赏识。他去世后，太宗皇帝哀叹道："彦博以忧国故，耗思殚神，我见其不逮再期矣，恨不许少闲以究其寿。"[2] 赠特进，谥曰恭，陪葬昭陵。

《温彦博碑》撰文者岑文本（595 ~ 645），字景仁，南阳棘阳（今河南新野县）人，初唐大臣，官至中书令，曾参与修编《周书》等，贞观十九年（645）唐太宗东征高丽时，因劳累过度而亡。

欧阳询（557 ~ 641）字信本，潭州临湘（今湖南长沙市）人。唐朝初期著名的书法家，笔法险劲刻厉，结构平整，与虞世南、褚遂良、薛稷并称"唐初四大家"。除《温彦博碑》外，欧阳询传世碑刻书丹之作还有《九成宫醴泉铭》《皇甫诞碑》等，行书墨迹有《卜商》《博翰》《梦奠》等帖。欧阳询唐时官至太子率更令，故其书法还有"率更体"或"欧体"之说。欧阳询书法始学王羲之，后又不断继承和发扬而独成一体，且以险劲著称，书法作品高雅秀丽，线条流畅，成为新时代书法艺术中的典范。

2.《房玄龄碑》

《房玄龄碑》现存于昭陵博物馆。碑身通高 385 厘米，下宽 136 厘米，厚约 45 厘米。碑额篆书"大唐故左仆射上柱国太尉梁文昭公碑"，碑文撰写者不详，褚遂良正书，共列 35 行，计约 2835 字，碑身上部约五分之一的文字尚可辨识，其余内容均磨灭殆尽。该碑是诸遂良 57 岁时的倾力之作，碑文字体瘦硬刚挺，运笔劲健流畅，风格秀逸婉柔。唐代张怀瓘喻其为"美人婵娟，不任罗绮"[3]。清代杨震方在《碑帖叙录》中评价《房玄龄碑》道：

---

[1] （清）翁方纲：《苏斋唐碑选　苏斋题跋》之《苏斋唐碑选·率更书虞恭公碑》，商务印书馆，1936 年，第 8 页。

[2] 《新唐书》卷九十一《温彦博传》，第 3783 页。

[3] （唐）张怀瓘著，石连坤评注：《书断》，浙江人民美术出版社，2012 年，第 181 页。

图2　《房玄龄碑》

"历来作为褚遂良书中杰作。书酷似《雁塔圣教序》，较《圣教序》为优。笔力瘦劲，韵格超绝。"[1]（图2、3）

图3　《房玄龄碑》（拓片剪贴本局部）

房玄龄（579～648），字乔，齐州临淄（今山东淄博市）人，唐武德年间任秦王府记室，是李世民的亲信之一。在李唐统一战争过程中，房玄龄一直追随辅佐李世民，出谋划策，网罗人才，后又参与"玄武门

[1]　杨震方编著：《碑帖叙录·房玄龄碑》，上海古籍出版社，1982年，第104页。

事变"，为李世民夺取帝位建立了不朽的功勋。李世民登基称帝后，房玄龄长期出任宰相，成为朝中政务首辅，唐朝初期实施的减轻税赋、改革吏治、制定律令等重大政策都有他的参与和策划，为初唐开国二十四功臣之一，图形凌烟阁。贞观二十二年（648）七月，房玄龄患病亡故，时年71岁，追赠太尉，并州都督，谥曰文昭，并赐班剑、羽葆、鼓吹及绢布二千段、粟二千斛，陪葬昭陵。

褚遂良（596～658），字登善，钱塘（今浙江杭州市）人，唐朝初期著名的书法家，为"初唐四大家"之一。褚遂良一生博览史书，通晓今古，历任唐谏议大夫、中书令等职，封河南郡公。贞观二十三年（649）唐太宗驾崩后，他与长孙无忌一起受命辅佐高宗政务，高宗欲立武则天为皇后时他们坚决反对，武后嗣位之后，褚遂良屡遭贬斥，自流放地孤独终老。褚遂良书作以王羲之的书法为基础，兼容虞世南、欧阳询之特色，独创褚体，书法疏瘦劲练，雍容婉畅，传世作品有《伊阙佛龛记》《孟法师碑》《雁塔圣教序》《文皇帝哀册文》等。

3.《褚亮碑》

《褚亮碑》约立于高宗李治时期，原来位于陕西省礼泉县烟霞镇官厅村东南方向的褚亮墓前，1975年被移入昭陵博物馆收存。碑身通高298厘米，下宽110厘米，厚约39厘米。碑额篆隶相间题写"大唐褚卿之碑"，碑文隶书，列36行，约2340字，碑身上部部分文字残存可识，其余均蚀灭难辨。

该碑碑额题字以篆为主，兼有隶形，结构似篆，运笔如隶，相得益彰，妙不可言。昭陵碑石陈列室碑刻林立，碑额题文多以官、爵、勋、谥为主，或以身份官位相称，而唯有此碑以第一人称的口气，称褚亮为"卿"。清初林侗《唐昭陵石迹考略》载曰："按唐制三品以上得立碑，而元老大臣得请天子题额，其重若此。昭陵诸碑额为体不一，多从篆，独褚亮碑额书'大唐褚卿之碑'，篆笔兼隶，殊峭劲，为太宗御题无疑。"[1]褚亮亡故时，其次子褚遂良身为太宗李世民身边宠臣，且兼书友私交，求请太宗为亡父御笔题写碑额，当为情理之中的易事。褚亮碑中称李世民为"太宗"，且文中仅有长子遂贤而缺次子遂良，可知该碑树立之时当在遂良得罪武后遭贬亡故之后。亦有可能原碑已毁，该碑为二次更改立石。

《褚亮碑》碑文为八分隶书，笔法俊秀，遒劲有力，与同在昭陵陪葬的《马周碑》书体如出一辙，而《马周碑》刻文系殷仲容书丹已有定论。明代赵崡在《石

---

[1]（清）林侗：《唐昭陵石迹考略》卷一，中华书局，1985年，第6页。

图 4　《褚亮碑》

图 5　《褚亮碑》拓片局部

墨镌华》里谈到，该碑"分隶与马周碑如出一手，疑亦殷仲容书。遂良能书，非仲容辈恐不得污其父碑也"[1]。该碑书法结体方古，端妍细劲，既有汉魏书作的质朴与凝重，亦有隋唐书法的规整与妍丽，给人一种浑厚大气的美感（图 4、5）。

　　殷仲容（633～703），字元凯，陈郡长平（今河南西华县）人，17 岁以太宗挽郎入仕，后历麟台丞、隆州长史、冬官郎中（工部郎中）、申州刺史等。殷氏家传书画，是高宗、武则天时代著名书法家，与王知敬同代齐名，他在昭陵的书石作品除《褚亮碑》《马周碑》之外，还有《十四番君长石刻像座题名》。

[1]　《石墨镌华》卷二《唐褚亮碑》，第 26 页。

4.《李勣碑》

《李勣碑》立于唐高宗仪凤二年（677），现仍竖立于李勣墓前，碑身通高 570 厘米，下宽 180 厘米，厚约 54 厘米。碑额篆书"大唐故司空上柱国赠太尉英贞武公碑" 16 字，碑文由唐高宗李治御制御书，文字为行草体，列 34 行，共约 3520 字，碑身下部约四分之一的文字已经难以辨识，其余大部分文字尚清晰可辨。较之其他碑刻来看，该碑是唐时规格较高的"龟趺"式墓碑。《大唐六典》载唐葬令："五品以上立碑，螭首龟趺，趺上高不过九尺。七品以上立碑（碑，当为碣），圭首方趺，趺上不过四尺。" [1] 在当时，这种墓碑显然是一种身份和社会地位的象征与体现（图 6）。

《李勣碑》书法如浮云流水，纵横自如，一气贯底。《法书要录》载许圉师评论高宗书法："魏晋以后，唯称二王。然逸少（羲之）多力而少妍，子敬（献之）多妍而少力。今见圣迹，兼绝二王，凤翥鸾回，实古今书圣也。" [2] 清代叶昌炽《语石》评价高宗书法道："高宗之《万年宫铭》《纪圣颂》《睿德碑》《英公李勣碑》，皆行书婉妙。家法相承，宛然羲、献。" [3] 杨震方在《碑帖叙录》中论及此碑道："唐高宗书法受唐太宗薰（熏）陶，笔致神采奕奕，后半尤见纵横笔势，有晋人风度。" [4]（图 7）

李勣（594～669），原姓徐，名世勣，字懋功，曹州离狐（今山东菏泽市西北）人。隋大业年间，跟随翟让举兵起义反隋，是为隋末瓦岗农民起义军主要将领之一。武德元年（618），李勣归唐，成为秦王李世民麾下一名屡屡建功的猛将。贞观时期，又曾出任并州大都督，并因与李靖联手率军讨灭东突厥、生擒颉利可汗而被封为英国公。到唐高宗时，又进位司空，官授尚书左仆射。因其在早年归唐献地有功，高祖李渊赐予他皇姓，名曰李世勣。永徽元年（650），为避太宗皇帝名讳，又更名为李勣。李勣也就是演义小说中人们所熟知的瓦岗军军师徐懋功。

---

[1]（唐）李隆基撰，（唐）李林甫注：《大唐六典》卷四，三秦出版社，1991 年，第 96 页。

[2]（唐）张彦远撰，武良成、周旭点校：《法书要录》卷四《唐朝叙书录》，浙江人民美术出版社，2019 年，第 134 页。

[3]（清）叶昌炽撰，王其祎校点：《语石》卷八，辽宁教育出版社，1998 年，第 213 页。

[4]《碑帖叙录·李勣碑》，第 75 页。

图6 《李勣碑》

图 7　《李勣碑》局部

5.《薛收碑》

《薛收碑》原立于今陕西省礼泉县赵镇新寨村东北方向的薛收墓前，现已移入昭陵博物馆收存。碑身通高 293 厘米，下宽 103 厘米，厚约 33 厘米。碑额篆书"唐故太常卿上柱国汾阴献公薛府君碑"，于志宁撰文，正书 38 行，约 3116 字，碑文上下两端尚余部分字迹，中间部分磨灭殆尽，难辨字形。《薛收碑》字迹遒劲，笔法干练。明代赵崡在《石墨镌华》记道："（薛收）碑书法亦类王知敬、赵模而无名氏，撰者据《金石录》为于志宁。"[1]（图 8）

薛收（592 ~ 624），字伯褒，蒲州汾阴（今山西万荣县）人，隋朝内史侍郎薛道衡的儿子。薛收年轻有为，多才好学，精明强干，年仅 12 岁时便能书写一手好文章，享誉乡里。由于他的父亲在朝为官时遭陷害而死于非命，故薛收虽

---

[1]　《石墨镌华》卷二《唐太常卿薛收碑》，第 24 页。

然多才却隐居山林，誓不为隋室官家服务。武德初年，受秦王府记室房玄龄引荐，薛收任秦王府主簿，判陕东道大行台金部郎中。李世民征讨平乱时的檄文榜书大都出其书写。平定王世充时，窦建德率兵援助，面对强敌，众臣大都主张退军回防，而薛收则主张屯兵筑营，与敌强势对峙，等到敌军粮草不足兵力疲弊之时再迅速出击，力求一举克敌制胜。李世民采纳了这个建议，不久便成功生擒窦建德，取得了事关李唐政权存亡的一场具有转折意义的战事的胜利。隋朝灭亡后，薛收又及时提醒李世民，切勿大兴土木，劳民伤财，以换取民心。武德四年（621），又加官文学馆学士，与房玄龄、杜如晦等蒙受殊礼，被李世民作为心腹对待。武德七年（624），薛收患病不治亡故，卒

图8 《薛收碑》

年 33 岁。

李世民登基称帝后，曾对房玄龄说："薛收若在，朕当以中书令处之。"[1]贞观七年（633），追赠薛收为定州刺史。永徽六年（655），又赠太常卿，陪葬昭陵。

6.《程知节碑》

《程知节碑》原立于今陕西省礼泉县烟霞镇上营村以西的程知节墓前，民国时期为醴泉县（今礼泉县）民教馆收藏，1975 年移入昭陵文物管理所（昭陵博物馆前身）收存。碑残过甚，仅余中间部分，残碑高约 208 厘米，中部宽 107 厘米，厚 36 厘米。共列碑文 36 行，约 1400 余字，后又发现该碑下端残石一块，尚存碑文约 36 字。残留碑文载："侍中、中书令、光禄大夫、行右相、太子少师、监修国史、上柱国、高阳郡开国公许敬宗制文，品子畅整书。"畅整，史书无载，生平事迹无据可考。品子，意为品官子弟，以此为署款，应是畅整当时尚无官职，他能以平民之身份为唐开国元老程知节题写碑文，足见其书法造诣在当时社会上的影响。清人叶昌炽高度评价畅整的书作，他在《语石》里赞道："畅整书名不甚著，今所存亦只《清河公主》一碑（当时《程知节碑》尚未出土）。然其书劲拔，如张千钧之弩彀，满而后发。"[2]张彦生《善本碑帖录》称《程咬金碑》"书体瘦硬放纵"[3]，亦是评价不菲（图 9、10）。

程知节（589～665），亦名咬金，济州东阿（今山东东阿县西南）人，隋末瓦岗农民起义军的主要将领和领导人之一，后归附李唐，任秦王府左三统军，参与镇压与平定王世充、窦建德、宋金刚等军事集团的战争，屡立战功。贞观年间，历任泸州都督，左领军大将军，封卢国公。唐高宗显庆二年（656），奉诏出任葱山道行军大总管，领兵讨伐西突厥阿史那贺鲁集团,因屠杀降敌数千人而被免官，后任岐州（今陕西省凤翔县）刺史。麟德二年（665）二月病故，诏赠骠骑大将军、益州大都督，陪葬昭陵。

---

[1]（后晋）刘昫：《旧唐书》卷七十三《薛收传》，中华书局，2011 年，第 2589 页。

[2]《语石》卷七，第 195 页。

[3] 张彦生：《善本碑帖录》第三卷《唐宋碑刻》，中华书局，1984 年，第 111 页。

图 9 《程知节碑》

7. 《阿史那忠碑》

《阿史那忠碑》原立于今陕西省礼泉县烟霞镇西周村西南阿史那忠墓前，1975 年移入昭陵博物馆收存。碑身通高 388 厘米，下宽 118 厘米，厚 34 厘米。碑额篆刻"大唐故右骁卫大将军薛国贞公阿史那府君之碑"，碑文正书，列 32 行，满行 82 字，共约 2600 多字，碑身下端字迹清晰可

图 10 《程知节碑》拓片局部

辨，其余则损毁难识。该碑笔法劲拔，俊秀洒脱，纤浓得体，疏密有度，明代赵崡《石墨镌华》认为"在永兴（虞世南）、河南（褚遂良）间"[1]。清人杨守敬评价道："笔意绝佳，钝根万金良药，又足证古人无一笔不侧峰之说。当是冯承素、诸葛桢诸人之笔，盖其深入《兰亭》堂奥也。"[2]叶昌炽《语石》则曰："昭陵《尉迟》《阿史那》两碑，伟丽极矣。亦如

[1]　《石墨镌华》卷二《唐薛公阿史那忠碑》，第 25 页。
[2]　《学书迩言（外二种）》之《激素飞清阁评碑记》卷三《薛公阿史那忠碑》，第 114 页。

十宝庄严，光华夺目，而风格稍靡矣。"[1] 综上所述，前人对此碑书法评价实为不菲，足见书者书法造诣之高超（图11）。

阿史那忠（612～675），名忠，字义节，出身突厥贵族世家，年少英武，骁勇善战，有飞马弯弓射大雕之技艺，是漠北地区草原上一位令人敬仰的英雄人物。贞观三年（629），阿史那忠及其父苏尼失对突厥颉利可汗的残暴无道十分痛恨，趁着唐太宗率军反击突厥的良好时机，顺应时势，揭竿而起，活捉颉利一起归附李唐。

投唐之后，唐太宗格外器重阿史那忠父子，不但授其要职，还将韦贵妃与前夫之女定襄县主嫁给阿史那忠，并让其担负起戍卫皇宫安全的重任。阿史那忠还参与了平讨薛延陀、契丹、吐蕃等战争，且屡建战功，颇受唐太宗与高宗的赏识与器重。上元二年（675），阿史那忠薨亡，时年63岁。高宗皇帝痛失爱将，诏赠镇军大将军、荆州刺史，陪葬昭陵。

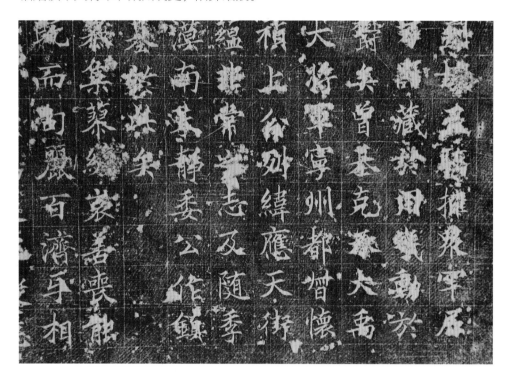

图11　《阿史那忠碑》拓片局部

[1]　《语石》卷七，第196页。

8.《段志玄碑》

　　《段志玄碑》原立于今陕西礼泉县昭陵乡庄河村以北，1975 年移入昭陵博物馆。碑高 334 厘米，下宽 105 厘米，厚约 35 厘米。碑额篆书阴刻"大唐故右卫大将军扬州都督段公之碑"16 个大字，碑文楷书，列 32 行，约 2000 余字，笔法结构严谨，笔画沉稳，风骨铮露，点画之间渗出浓浓的隶书风格，体现出一种隶楷书法互相兼容发展的味道（图 12）。

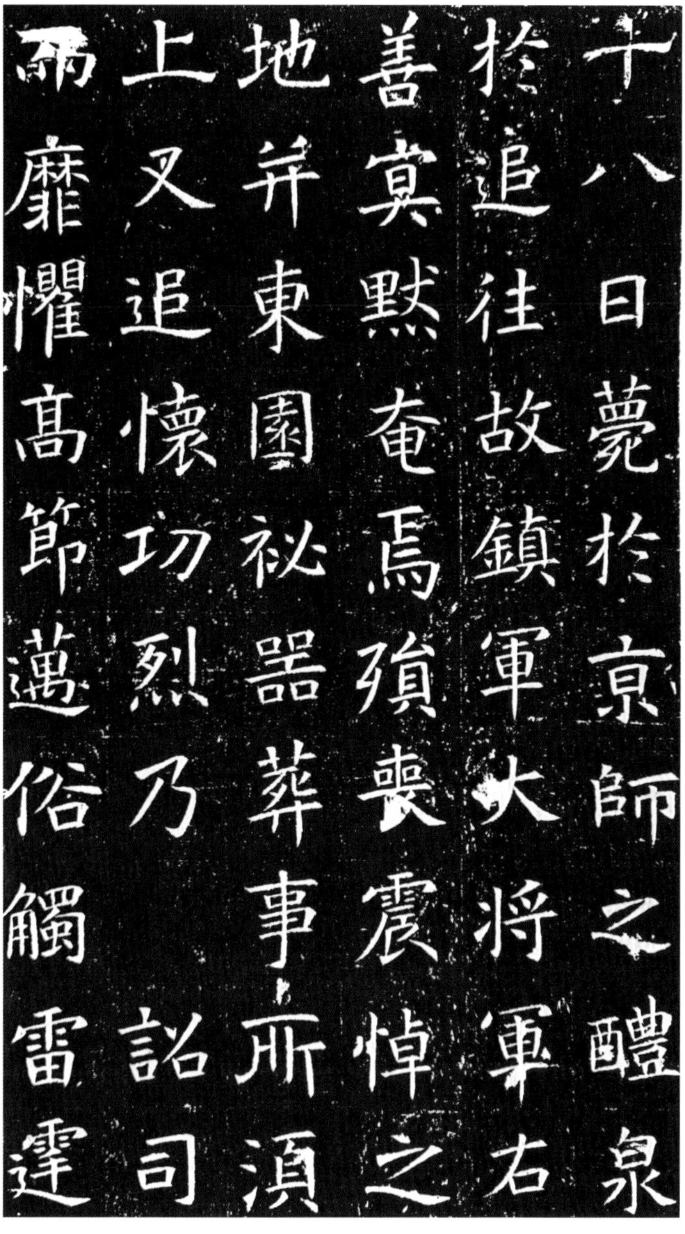

图 12　《段志玄碑》拓片局部

段志玄（598～642），名雄，以字行，齐州临淄（今山东淄博市临淄区）人，曾经追随李世民经历了大战刘武周、生擒窦建德等多次战争，建立过卓著的功勋，系凌烟阁二十四功臣之一，后官至镇军大将军，封号褒国公。贞观十六年（642），段志玄患病不治而亡，时年45岁。太宗极为悲伤，追赠其为辅国大将军、扬州都督，诏许陪葬昭陵。

9.《李靖碑》

《李靖碑》立于唐显庆三年（658），原存于今陕西礼泉县烟霞镇官厅村西北方约400米处的李靖墓前，1975年移入昭陵博物馆。碑高427厘米，下宽118厘米，厚约42厘米。碑额篆书阴刻"唐故开府仪同三司尚书右仆

图13 《李靖碑》

图14 《李靖碑》拓片剪贴本局部

射司徒卫景武公碑"20个大字，碑文撰写者许敬宗，王知敬楷书成文，共39行，约3400字。碑体下半部残损过甚，文字已难辨识，余下文字书法方正俊秀，字体形态婀娜却不乏刚健之气。《书断》谓其"肤骨兼有，戈戟足以自卫，毛翮足以飞翻"[1]。《石墨镌华》谓之"直是欧阳率更、虞永兴之匹敌"[2]。清朝孙承泽《庚子销夏记》认为"遒美可爱""精妙绝伦，不逊虞褚"[3]（图13、14）。

李靖（571～649），原名药师，雍州三原（今陕西三原县）人，隋末时曾是太原留守李渊的部下，因发现并试图举报李渊起兵造反差点被杀，李世民见其谋略有加，才华横溢，出于爱才便极力谏言才得以活命。后追随李世民浴血疆场十数年，为李唐政权建立了不朽的功勋，系唐初开国凌烟阁二十四功臣之一，官至宰相，受封卫国公。贞观二十三年（649）病亡，陪葬昭陵。

10. 《周护碑》

《周护碑》，立于唐显庆三年（658），原存于今陕西礼泉县烟霞镇西二村村东约1000米处的周护墓前，1975年移入昭陵博物馆。碑高341厘米，下宽111厘米，厚约42厘米。碑额篆书阴刻"大唐故辅国大将军上柱国襄公之碑"15个大字，碑文撰写者许敬宗，王行满楷书，共32行，约2500字。碑体中部断残为二，左侧通体约四分之一的文字已难辨识，

图15 《周护碑》

[1] 《书断》，第211页。

[2] 《石墨镌华》卷二《唐李卫公靖碑》，第23页。

[3] 《庚子销夏记》卷七《王知敬书李靖碑》，第157、158页。

图16　《周护碑》局部

余字仍是清晰易辨，保存较好。该碑书法大气庄重，飘逸秀丽，字体修长，点画有力。王行满还正书偃师《招提寺三藏圣教序并记》、陕西富平《韩仲良碑》，清代毕沅称此二碑书法"端方绵密，绰有姿致，不在遂良之下"[1]（图15、16）。

　　周护（584～658），字善福，今河南汝南县人，早年在隋为官，后因不满隋室暴政而断然归唐，建立有不少的战功，受封上柱国，官至左骁卫大将军。高宗显庆三年（658）病亡，时年75岁，陪葬昭陵。

[1]　（清）毕沅：《中州金石记》卷二《唐上·招提寺三藏圣教序并记》，商务印书馆，1936年，第29页。

11.《马周碑》

《马周碑》，立于唐高宗上元元年（674），原存于今陕西礼泉县烟霞镇上古村以东约500米处的马周墓前，1975年移入昭陵博物馆。碑高358厘米，下宽116厘米，厚约39厘米。碑额篆书阴刻"大唐故中书令高唐马公之碑"12个大字，碑文撰写者许敬宗，殷仲容隶书，共37行，约3200余字，碑体左上部分保存较好，文字仍能清晰可辨，其余大部分已经毁损。字笔严谨，结构紧密，疏密得当，笔法流畅，不失为唐碑中的上品（图17）。

马周（601～648），字宾王，自小家庭贫困，勤奋好学，苦读典籍，得以教书为业，后为中郎将常何看中，邀请专为撰写奏折，其文笔之精妙受到唐太宗的赏识，被破格提拔，后官至宰相要职。贞观二十二年（648）病亡，年仅48岁，受赠幽州都督，陪葬昭陵。

图17 《马周碑》

12.《李孟常碑》

《李孟常碑》，立于唐乾封元年（666）十一月二十八日，原存于今陕西礼泉县烟霞镇严峪村东南方向约500米处的李孟常墓前，早年被埋入土中，1964年始得发现出土，1975年因为保护需要被移入昭陵博物馆收存。碑高392厘米，下宽117厘米，厚约39厘米。碑额篆书阴刻"大唐故右威卫大将军上柱国汉东郡开国公李府君之碑铭"24个大字，碑文李安期撰，李玄植书丹，万宝哲刻字，字体楷书，分列35行，约2800余字，字迹保存较好，大部分可以直接辨识。该碑书法结构匀称，疏密得当，字笔传神，杨震方在《碑帖叙录》里称该碑"字体恭正挺拔"[1]（图18、19）。

图18　《李孟常碑》　　　　图19　《李孟常碑》局部

李孟常（593～666），又作李孟尝，字待宾，赵郡平棘（今河北赵县）人，武德元年（618）归唐，追随李世民父子征战数年，立下了不朽的功勋，特别是在"玄

图20 《高士廉茔兆记》

武门事变"中，更是立场坚定，协助秦王李世民取得了王位争夺战的胜利。后官至右威卫大将军，封爵汉东郡公，加勋上柱国。乾封元年（666），患病暴亡，时年74岁，谥号襄，陪葬昭陵。

13.《高士廉茔兆记》

《高士廉茔兆记》，亦称《高士廉碑》，立于唐永徽六年（655）二月，原存于今陕西省礼泉县烟霞镇山底村以西约500米处的高士廉墓前，1975年因保护需要被移入昭陵博物馆。该碑高约437厘米，下宽130厘米，厚约50厘米。碑额篆书阴刻"大唐尚书右仆射司徒申文献公茔兆记"，许敬宗撰文，赵模正书，碑文共列37行，约3200字，字迹大部分损毁，仅余少许可以勉强辨识，碑文字笔有力，结体严整，娟秀洒脱，肤骨兼美。清人叶昌炽称赞赵模书法："赵模，虞之宗子也。……赵之视虞，结构气韵，升堂窥奥，而醇古之气则稍漓矣。此所以未达一间也。"[1]《石墨镌华》称该碑书法"方正秀逸，大类欧虞"[2]（图20）。

高士廉（576～647），名俭，渤海蓚（今河北景县）人，早年跟随李世民父子南征北战，立下了卓著的功勋，是唐初凌烟阁二十四功臣之一。官至宰相，封申国公，参与编写《氏族志》一书。贞观二十一年（647）亡故，年71岁，赠司徒、并州都督，谥曰文献，陪葬昭陵。

---

[1] 《语石》卷七，第194页。
[2] 《石墨镌华》卷二《唐申公高士廉茔兆记》，第22页。

《兰亭帖》传序暨殉葬昭陵本末

王羲之（303～361）是东晋著名的文学家、书法家。东晋穆帝永和九年（353）三月三日，王羲之和朋友谢安等41人在山阴（今浙江绍兴市）一个叫兰亭的地方，举行了一次传统的修禊（到水边嬉游采兰，以驱除不祥）盛会，大家当场作诗，并请王羲之为诗集作一篇序文。王羲之时已微醺，乘兴用鼠须笔以行书在蚕茧纸上写了一篇序文，凡28行，324字，名曰《兰亭宴集诗序》（简称《兰亭序》），后人重其书法，多称《兰亭帖》。该帖书法中锋立骨，侧锋取姿，纤细轻盈，笔断意连，提按自然，顿挫天成，但凡重文，皆构别体，布局天机错落，潇洒流利，艺术价值足可与钟繇、张芝经典法帖分庭抗礼。二百多年后的唐太宗推崇王羲之书法，将《兰亭帖》搜求到手，临写不辍。唐太宗过世后，唐高宗君臣又将《兰亭帖》殉葬唐太宗昭陵。本文略陈《兰亭帖》的传序暨殉葬昭陵本末。

图1　王羲之画像

一、《兰亭帖》传序

因《兰亭帖》原稿颇有涂痕，王羲之于创作此帖后精心誊抄，一连数遍，都难以达到原稿的风神意趣，故以此帖传之后代。其后代更以此帖为圭臬，潜心传习，密不示人。

王羲之及其数代后人生活的时代，正是两晋、南北朝分裂的动荡时期，北方少数民族建立的政权文化相对落后，书风粗糙，虽然北朝时雄伟瑰丽的魏碑书法渐趋成熟，但以汉文化传承者自居的南朝书坛，对北朝书法不甚看重。隋统一全国后，南朝梁、陈大批士人入朝为官，因其代表中国文化的正统，而以二王（王羲之、王献之）为代表的南朝书法更加流行，其中虞世南、欧阳询等成为引领时代书风的领袖人物。

唐太宗年轻时，虽然戎马倥偬，但忙里偷闲，阅览群书，尤好书法，受虞世南、欧阳询等王派书家的影响，对二王书法情有独钟，一意求购，竟将国宝《兰亭帖》致之幕府（太宗为王，称幕府；为帝，称御府）。关于《兰亭帖》在唐太宗所得之前的传承之序，文献记载既有相同之处，亦有抵牾之言。

唐刘𫗧《隋唐嘉话》卷下云："王右军《兰亭序》，梁乱出在外，陈天嘉中（560 ~ 566）为僧永（智永）所得。至太建（569 ~ 582）中，献之宣帝。隋平陈日，或以献晋王（隋炀帝），王不之宝。后僧果（智果）从帝借搨。及登极，竟未从索。果师死后，弟子僧辩（辩才）得之。"[1]

唐张彦远《法书要录》卷三辑唐何延之《兰亭记》一篇。据何文，《兰亭帖》为王羲之所珍爱，留付子孙传掌，至七代孙智永。智永出家，俗号永禅法师，居会稽嘉祥寺，即王羲之故宅，梁武帝改为永欣寺。智永年近百岁乃终，以家传法帖《兰亭帖》等并付弟子辩才[2]。

宋俞松《兰亭序考》卷一辑宋郑价《兰亭帖跋》一篇，郑价自言曾看到一本叫作《纪闻》的图书，记载《兰亭帖》隋末时为五羊（广州）一僧人所藏，唐太

---

[1]（唐）刘𫗧：《隋唐嘉话》卷下，中华书局，1979年，第53页。
[2]（唐）张彦远：《法书要录》卷三（唐）何延之《兰亭记》，浙江人民美术出版社，2019年，第102页。

宗以威势得之[1]。

至于唐太宗得到《兰亭序》的事件，同样也是记载不一。

《隋唐嘉话》卷下云："太宗为秦王日，见搨本惊喜，乃贵价市大王书《兰亭》，终不至焉。及知在辩师处，使萧翊（萧翼）就越州求得之，以武德四年入秦府。贞观十年，乃搨十本以赐近臣。"[2]

《法书要录》所辑《兰亭记》所载唐太宗得到《兰亭帖》事与《隋唐嘉话》略同，唯言时间在贞观时，又绘声绘色更具故事性。云唐太宗得知《兰亭帖》在辩才手里，乃召辩才入内道场，供养丰厚，恩赉优洽。朝官多次询问辩才《兰亭帖》下落，辩才承法帖确为师傅家传，但师傅殁后，几经丧乱，不知所在。朝廷只好将辩才送回越州。后朝廷又多方求证，确信《兰亭帖》不离辩才之处。太宗有所不悦，敕召辩才进京，亲自再三询问，辩才矢口否认。太宗说："右军之书，朕所偏宝。就中逸少之迹，莫如《兰亭》。求见此书，劳于寤寐。此僧耆年，又无所用，若为得一智略之士，以设谋计取之。"[3]尚书右仆射（宰相）房玄龄想出计谋，推荐监

察御史萧翼夫执行。萧翼按照房玄龄的计谋，带了几本王羲之的字帖到山阴找辩才。萧翼打扮成书生模样，借故结识了辩才，两人谈论很是投机。一天，谈起王羲之的书法，萧翼把带来的王羲之法帖给辩才看，辩才认为法帖是真，但还不是上乘，并说自己珍藏的《兰亭帖》才是上乘。萧翼故意说："数经乱离，真迹岂在？必是响搨伪作耳。"辩才辩道："禅师在日保惜，临亡之时，亲付于吾。付受有绪，那得参差？可明日来看。"第二天萧翼来到，辩才从屋梁上槛内拿出《兰亭帖》，萧翼故意驳瑕说是响搨（在墙上打洞，将字帖蒙上油纸，向光照明，双沟填墨复制书法作品）伪作，两人辩论，纷竞不定。自此辩才便将《兰亭帖》放在几案上，定要和萧翼辩论到底。萧翼故意常去辩论，来来往往，辩才童子不以为意。一日辩才受请外出赴斋宴，萧翼来找辩才，谎言巾帕遗留辩才处，童子不疑，萧翼进入禅房，便将《兰亭帖》及多卷二王书帖拿走。萧翼召越州都督来见，说明本末，又令越州都督召辩才来见，辩才到来，才知书生乃是朝廷大员。萧翼说："奉敕遣来取《兰亭》。《兰

---

[1]　（宋）俞松辑：《兰亭续考》卷一（宋）郑价《兰亭帖跋》，中国书店，2021 年，第 56 页。

[2]　《隋唐嘉话》卷下，第 54 页。

[3]　《法书要录》卷三（唐）何延之《兰亭记》，第 103 页。

亭》今得矣，故唤师来取别。"辩才闻言，惊倒在地，好久才苏醒。从此《兰亭帖》归于御府。唐太宗因辩才年耄，并未以欺君之罪加刑，赐物三千段、谷三千石[1]。

唐太宗安排萧翼赚《兰亭帖》，仿佛当时就被文人传为佳话，世传阎立本作《萧翼赚兰亭图卷》（现藏台湾故宫博物院），即以绘画形式反映此事。该图卷绢本，着色，无款。所绘三人，右边一人为萧翼，穿圆领宽袖长袍，戴黑色幞头，坐于几上，左臂衣袖更为宽大，袖内似乎藏着《兰亭帖》。左边一人为辩才，秃顶，长眉，右手持拂尘，坐在藤床上，延颈而望萧翼。中间一人，是位披着法衣的老僧，但不知为何要画上此僧。定此卷图为"萧翼赚兰亭帖故事"者是宋人吴说，他在题记中解释说："节生意气扬扬，有自得之色，老僧张口不呿（合拢），有失意之态……非善写貌驰誉丹青者不能办也。"定此卷图为阎立本所作者是明代文徵明，嘉靖十九年（1540），他为常熟杨仪所藏此卷图在卷后作跋，根据吴题"定为阎笔无疑"。

宋钱易《南部新书》卷四所载《兰亭帖》归于御府事与《隋唐嘉话》亦有异同，云时间在武德四年（621），但于越州访得者为欧阳询，云："《兰亭》者，武德四年欧阳询就越访求得之，始入秦王府。麻道嵩奉教搨两本，一送辩才，一王自收。嵩私搨一本。于时天下草创，秦王虽亲总戎，《兰亭》不离肘腋。及即位，学之不倦。"[2]

二、唐太宗推崇王派书法及《兰亭帖》殉葬昭陵事

唐太宗酷爱书法，是唐代颇有建树的书法收藏家、书法家和书法理论家。《书小史》说唐太宗："聪明英武，有大志，兼资文武，博通群书，善属文，工隶书、飞白、行草，得二王法，尤善临古帖，殆于逼真。贞观初，锐意临玩右军真迹，人间购募殆尽。"[3]《唐会要·书法》载，唐太宗在位，"购求人间书，凡真行二百九十页，装为七十卷；草二千纸，装为八十卷。每听政之暇，则临看之"[4]。他又最推崇王羲之的书法，《唐会要·书法》还载："贞观六年正月八日，命整

---

[1]　《法书要录》卷三（唐）何延之《兰亭记》，第105～106页。
[2]　（宋）钱易撰，黄寿成点校：《南部新书》丁，中华书局，2002年，第50页。
[3]　（宋）陈思：《书小史》卷一《唐太宗》，中国书店，2018年，第30～31页。
[4]　（宋）王溥：《唐会要》卷三十五《书法》，中华书局，1955年，第646页。

沿御府古今工书钟、王等真迹，得一千五百一十卷。"又载："尝以金帛购求王羲之书迹，天下争赍古书，诣阙以献。"[1] 他在为《晋书·王羲之传》写《论》时，盛赞道："所以详察古今，研精篆素，尽善尽美，其惟王逸少（羲之）乎！观其点曳之功，裁成之妙，烟霏露结，状若断而还连；凤翥龙蟠，势如斜而反直，玩之不觉为倦，览之莫识其端，心慕手追，此人而已。其余区区之类，何足论哉！"[2] 他还在《笔意论》中谈其临摹王书心得："夫学书者，先须知有王右军绝妙得意处，真书《乐毅论》，行书《兰亭》，草书《十七帖》，勿令有死点画，书之道也。学书之难，神采为上，行质次之，兼之者便到古人。"[3]

唐太宗除临古人法帖外，还向当时的书法大家虞世南学习书法。虞世南早年学书于智永，智永箕裘家法，虞世南师之，颇得其体。太宗学书于虞世南，与书法王帖成一体统。褚遂良较虞世南年轻得多，深得王氏书法真谛，又是王帖杰出的鉴赏家，虞世南薨亡，太宗又虚心向褚遂良求教。

唐太宗得到《兰亭帖》后，不但自己心慕手追，临摹不辍，还令供奉拓书人冯承素、赵模等人以响榻法临摹多幅，分赐皇亲国戚和文武大臣，又令书法大家虞世南、欧阳询、褚遂良以照临法临摹多幅，藏之御府。现在最流行的说法是，冯承素因为采用响榻法，字形最接近原帖，但神韵稍逊，欧阳询临的形神兼备，遂以上石，算是正宗，虞世南、褚遂良临的时候，多参己意，算作别派。高宗将《兰亭帖》殉葬昭陵后，从此世间只流传临摹本。北宋庆历（1041～1048）时，在定武（今河北定州）发现了一个石刻本，称为"定武本"，摹刻较当时所见的其他刻本为精，甚为当时书家所珍惜，而唐代的摹木，也和定武石刻本并行于世。"定武本"由于屡经捶拓的缘故，笔锋渐秃，字形也近于板重，而临摹的墨迹本笔锋转折，比"定武本"更为流畅，后人揣度，多认为"定武本"为欧阳询所临（图2）。其他墨迹本，将钤有唐中宗"神龙"小印的归于冯承素名下（图3），余者则大多归于褚遂良名下（图4）。也有推崇褚遂良者，认为"定武本"乃褚氏书丹，云褚遂良曾到定武巡视，亲自背临《兰亭帖》上石[4]，但此说从者寥寥。

关于《兰亭帖》殉葬昭陵事，前述文献多所记载。

《隋唐嘉话》云："帝崩，中书令褚遂良奏：'《兰亭》先帝所重，不可留。'

---

[1]《唐会要》卷三十五《书法》，第646页。

[2]（唐）房玄龄等：《晋书》卷八十《王羲之传·（唐太宗）制曰》，中华书局，2011年，第2108页。

[3]（清）董诰等编：《全唐文》卷十太宗皇帝《笔意论》，中华书局，1983年，第123页。

[4]《兰亭续考》卷一（宋）唐卿《兰亭帖跋》，第16页。

图2　宋拓定武本《兰亭序》

遂密丁昭陵。" [1]

《兰亭记》云："贞观二十三年，圣躬不豫，幸玉华宫（实为翠微宫）含风殿，临崩，谓高宗曰：'吾欲从汝求一物，汝诚孝也，岂能违吾心耶？汝意如何？'高宗哽咽流涕，引耳而听，受制命。太宗曰：'吾所欲得《兰亭》，可与我将去。'及弓剑不遗，同轨毕至，遂仙驾入玄宫矣。" [2]

《南部新书》卷四云："至贞观二十三年，褚遂良请入昭陵。后但得其摹本耳。" [3]

《兰亭续考》辑录宋代所传不同响搨、石刻本《兰亭帖》及时人题跋，多言《兰亭帖》殉葬昭陵事，兹不罗列。

[1]　《隋唐嘉话》卷下，第 54 页。
[2]　《法书要录》卷三（唐）何延之《兰亭记》，第 106 页。
[3]　《南部新书》丁，第 50 页。

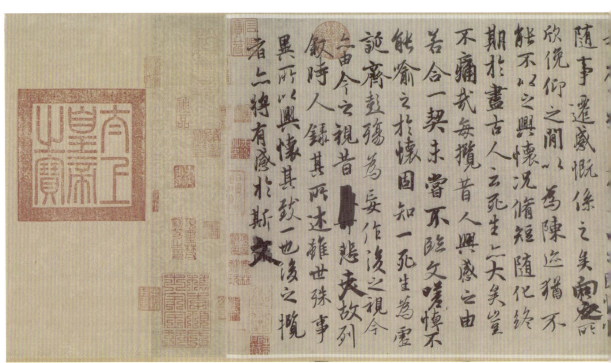

图 3　神龙本《兰亭帖》

　　因《兰亭帖》被唐太宗带进昭陵，古往今来，昭陵是否被盗，《兰亭帖》是否流传人间，一直是人们关注的问题。昭陵同历代帝王陵墓一样，在历史上也曾不幸遭到过盗掘，包括王羲之、钟繇等著名书法家的诸多法帖被盗流传人间。五代后梁时，梁将温韬为耀州（治华原县，今陕西耀县）、裕州（治美原县，今陕西富平县东北美原镇）节度使，掌义胜军，对关中唐陵进行了一次大规模的盗掘。《旧五代史·温韬传》云，温韬在镇七年，"唐诸陵在境者悉发之，取所藏金宝，而昭陵最固，悉藏前世图书，钟、王纸墨，笔迹如新"[1]。《新五代史·温韬传》的记载更为详细，其文云："韬在镇七年，唐诸陵在其境内者，悉发掘之，取其所藏金宝，而昭陵最固，韬从埏道下，见宫室制度闳丽，不异人间，中为正寝，东西厢列石床，床上石函中为铁匣，悉藏前世图书，钟、王笔迹，纸墨如新，韬悉取之，遂传人间。惟乾陵风雨不可发。"[2]

　　从这些记载来看，昭陵的确已被盗掘。不过，盗掘昭陵的温韬，也因之而命丧黄泉。新、旧《五代史·温韬传》均载，温韬盗掘帝陵，不得人心。他后来投

[1]　（宋）薛居正：《旧五代史》卷七十三《唐书》卷四十九《温韬传》，中华书局，2011 年，第 961 页。
[2]　（宋）欧阳修：《新五代史》卷四十《杂传》第二十八《温韬传》，中华书局，2011 年，第 441 页。

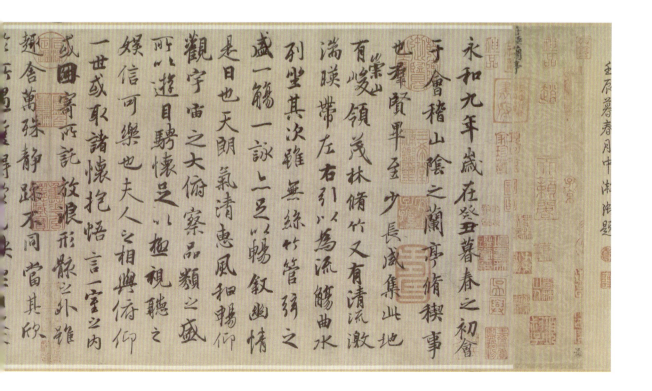

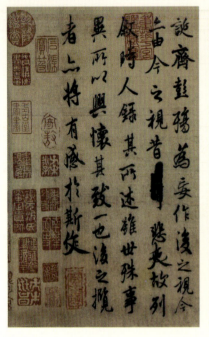

图 4 褚遂良本《兰亭帖》

降后唐，尽以所盗宝物贿赂庄宗刘皇后。大臣郭崇韬告诉庄宗："此劫陵贼尔，罪不可赦！"庄宗碍于皇后情面，留温韬残命。明宗继位，终于将这个唐陵大盗"赐死"[1]于家。

昭陵被盗，《宋会要》里也有记载。北宋建立后，太祖赵匡胤决定修复前代帝王陵墓，诏令州县检查历代帝王陵寝的存废情况。结果得知有 28 座帝王陵墓在动乱中被盗，其中关中唐十八陵中有 12 座被盗，它们分别是献陵、昭陵、定陵、建陵、元陵、崇陵、丰陵、章陵、端陵、贞陵、简陵和靖陵。自从宋太祖大规模修复诸帝陵寝后，保护帝王陵寝的诏令屡见于历代帝王令典，关于再次盗掘唐陵的文字不见于史籍，故而自五代温韬盗掘昭陵后，恐怕昭陵再也没有受到人为破坏。

温韬盗掘昭陵，所盗"钟、王笔迹"，是否含《兰亭帖》，是一桩千古疑案。宋人李心传为《兰亭续考》作《序》，以为《兰亭帖》随温韬盗发昭陵复传人间，

[1]　《新五代史》卷四十《杂传》第二十八《温韬传》，第 441 页。

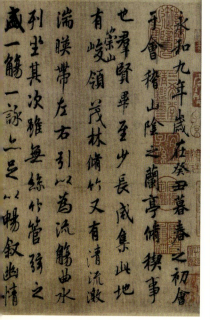

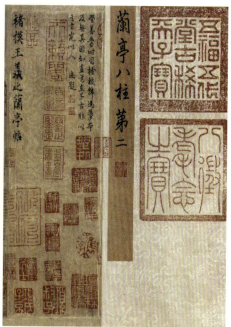

图5　唐太宗昭陵

云："王逸少殁垂二百七十年，而所书《修禊叙》自人间复归御府，又近二百七十年，而自昭陵复出人间。"[1] 但近些年来学者们普遍认为，既然温韬盗掘了昭陵，盗出了"钟王笔迹"且"遂传人间"，为什么从那时起到两宋，甚至迄今，都没有发现《兰亭帖》真迹在人间流传？以王羲之在书法史上的崇高地位，其《兰亭帖》流传人间后一定会有更多的记载和临摹品，但却泥牛入海，毫无消息，仅凭李心传语焉不详的《兰亭续考序》，恐怕不能说明问题。因此，他们认为《兰亭帖》应当还珍藏在昭陵内。

尽管《兰亭帖》被太宗带进昭陵，但其艺术魅力并未归于九泉，欧、褚、冯等名家的响搨、照临和刻石本，仍能让今人一睹天下第一行书的风采。

---

[1] 《兰亭续考·李心传序》，第1页。

《尉迟敬德墓志》书法艺术

尉迟敬德（585～658）是我国隋末唐初一位富有传奇色彩的军事将领，唐高宗显庆三年（658）病亡，享年74岁，谥曰忠武，陪葬昭陵。1971年，其墓被发掘，出土了一批珍贵文物，其中的尉迟敬德墓志和尉迟敬德夫人苏氏墓志，体量丰硕，石色晶莹，雕刻细腻，文字优美，均被定为国家一级文物。两方墓志中，尤以尉迟敬德墓志最为珍贵。

尉迟敬德墓志盖，盝顶，厚23.1厘米，底边长120厘米，盖面飞白书25字，四刹饰缠枝牡丹纹；志石正方，边长120里米，厚20厘米，志文正书47行，满行50字，四侧饰十二生肖，间饰流云纹（图1、2）。该墓志是昭陵陪葬墓出土的45合墓志中体量最大者。

尉迟敬德墓志盖上的飞白书，在昭陵碑林绽放着璀璨的艺术光芒，是令人叹为观止的一件书石稀世珍品，所刻"大唐故司徒并州都督上柱国鄂国忠武公尉迟府君墓志之铭"25字，点画间如丝线贯穿，若断还连，仿佛绢带迎风，舒卷自如（图3）。在石刻中，其笔画只有高低之别，并无颜色之异，若书于纸上，则丝丝露白，因此叫飞白书，也叫飞帛书。这种书体在史料里多有提及，然其书石作品，目前仅见无名氏书丹尉迟敬德墓志盖和武则天书丹升仙太子碑额。

张怀瓘《书断》云："飞白者，后汉左中郎将蔡邕所作也。"又云："汉灵帝熹平年诏蔡邕作《圣皇篇》，篇成，诣鸿都门上，时方修饰鸿都门，伯喈待诏

图 1　尉迟敬德墓志盖

门下，见役人以垩帚成字，心有悦焉，归而为飞白之书。"[1] 蔡邕所处的时代，隶书应用最为广泛，因此传习飞白者多作隶体，故《书断》引王僧虔之语云："飞白，八分之轻者。"[2] 今观其字形，颇类分隶，笔画转折处，为求连贯，又含小篆之圆润，因此《书断》还说它"创法于八分，穷微于小篆"[3]。观其笔画提按、衄挫所形成的"飞白"，较为均匀，应为扁笔所书，当是在实践中，逐步摸索，为得其势而改圆笔为扁笔。

　　飞白书一经创出，深为书家所爱，汉末魏初宫阙题署多用其体。《书断》称魏人韦诞"诸书并善，尤精题署"，又云其"八分隶、章、飞白入妙"[4]。东晋王羲之的叔父王廙，也以擅长"草、隶、飞白"[5] 而知名。相传王羲之、王献之父子俱善飞白，《书断》将"蔡邕、王羲之、王献之"的飞白书归于"神品"[6]。

[1]　（唐）张彦远：《法书要录》卷七张怀瓘《书断·飞白》，浙江人民美术出版社，2019 年，第 208 页。
[2]　《法书要录》卷七张怀瓘《书断·飞白》，第 208 页。
[3]　《法书要录》卷七张怀瓘《书断·飞白》，第 208 页。
[4]　《法书要录》卷八张怀瓘《书断·妙品》，第 233 页。
[5]　《法书要录》卷八张怀瓘《书断·妙品》，第 235 页。
[6]　《法书要录》卷八张怀瓘《书断·神品》，第 218 页。

图 2　尉迟敬德墓志底

　　至唐代，飞白书流传更广，太宗、高宗、武后都善书飞白。《书小史》云唐太宗"工隶书、飞白、行草，得二王法"[1]，云唐高宗"善正书、飞白"[2]。《大慈恩寺三藏法师传》记述高宗显庆元年（656）御制御书《大慈恩寺碑》云："帝善楷、隶、草、行。尤精飞白。其碑作行书，又用飞白势作'显庆元年'四字，并穷神妙。"[3]《长安志》云唐长安城休祥坊崇福寺额为"武太后飞白书"[4]，武氏书丹升仙太子碑额"升仙太子之碑"6 字现今仍在。唐代许多大书法家都在飞白书上有所建树，书史载欧阳询"飞白冠绝，峻于古人。有龙蛇战斗之象，云雾轻浓之势。风旋电激，掀举若神"[5]，并把他的飞白书列入"妙品"[6]。

　　唐太宗是唐代最善飞白的帝王，常常书之以赐臣下，臣子们也以得到太宗赐予的飞白书而倍感荣耀，飞白书成为贞观君臣联络感情的好工具，有关这方面的

[1]　（宋）陈思：《书小史》卷一《纪·太宗文武大圣大广孝皇帝》，中国书店，2018 年，第 30 页。
[2]　《书小史》卷一《纪·高宗天皇大圣大宏孝皇帝》，第 32 页。
[3]　（唐）彦悰撰，高永旺译注：《大慈恩寺三藏法师传》卷第九，中华书局，2018 年，第 517 页。
[4]　（宋）宋敏求、（元）李好文：《长安志　长安志图》卷十《休祥坊·崇福寺》，三秦出版社，2013 年，第 335 页。
[5]　《法书要录》卷八张怀瓘《书断·妙品》，第 242 页。
[6]　《法书要录》卷八张怀瓘《书断·妙品》，第 219 页。

史料颇为丰富。《旧唐书·刘洎传》云："太宗工工羲之书，尤善飞白，尝宴三品已上于玄武门，帝操笔作飞白字赐群臣，或乘酒争取于帝手，洎登御座引手得之。皆奏曰：'洎登御床，罪当死，请付法。'帝笑而言曰：'昔闻婕妤辞辇，今见常侍登床。'"[1]散骑常侍刘洎登御床，太宗不但不怪罪，反而以汉成帝宠妃班婕妤辞辇步行的谦逊美德连类比兴，可见，太宗对自己的飞白作品是多么地引以为豪。此事文献多有记载，《唐会要》记在"贞观十八年二月十七日"[2]。《唐会要》还载："（贞观）十八年五月，太宗为飞白书，作'鸾凤蟠龙'等字，笔势惊绝。谓司徒长孙无忌、吏部尚书杨师道曰：'五日旧俗，必用服玩相贺，朕今各赐君飞白扇二枚，庶动清风，以增美德。'"[3]太宗还尝作飞白，让大臣们品评，岑文本作《奉述飞白书势》诗回答太宗："六文开玉篆，八体曜银书。飞毫列锦绣，拂素起龙鱼。凤举崩云绝，鸾惊游雾疏。别有临池草，恩沾垂露余。"[4]极力铺张太宗飞白婉转逶迤之势。在唐太宗的熏陶下，他的儿女们大都写得一手好字，善写飞白者不乏其人，《新唐书》载，太宗女晋阳公主以十岁左右之妙龄，临摹太宗飞白书，形神兼备，"下不能辨"[5]。

关于飞白书的书法规律，原咸阳市书法家协会主席孙迟先生有独到的见解，曾撰文予以研究。孙先生乃一州文宗，尤工翰墨，所论当是灼见，谨录孙先生所论如下：

从《尉迟敬德志盖》来看飞白书的运笔规律，显然多有隶书的笔意。例如平画的起笔，就是遵循"欲左先右"之法，使用平笔巧妙地作一圆转，再向右取波势。落笔时稍向下垂，然后用侧笔上挑。又如凡立画起笔，皆按"立笔平搭"的原则，先取平笔作半圆转，然后侧笔直下。凡点皆不直落笔，而是发挥扁笔的特点，作"S"形转换。飞白书如此用笔，富于卷曲飞动之趣。然而，飞白不同于隶书，扁笔不同于圆笔。用扁笔作飞白书，要表现平行排列的多平画，或多立画，自然是难于写好的。经过长时间的实践，发展至唐初，飞白书中已使用了章草笔法。如"国"字内的"或"字，取法于

[1]（后晋）刘昫：《旧唐书》卷七十四《刘洎传》，中华书局，1975年，第2608页。

[2]（宋）王溥：《唐会要》卷三十五《书法》，中华书局，1955年，第647页。

[3]《唐会要》卷三十五《书法》，第647页。

[4]《全唐诗》（增订本）卷三三岑文本《奉述飞白书势》，中华书局，1999年，第451页。

[5]（宋）欧阳修、宋祁：《新唐书》卷八十三《诸帝公主·太宗二十一女·晋阳公主传》，中华书局，1975年，第3649页。

图 3　尉迟敬德墓志盖拓片

草书，用扁笔侧锋圆转而出奇趣。"之"字，有笔虽断而意相连的感觉。凡此种种，都当看作是飞白书的一大发展。[1]

孙先生所论，是针对尉迟敬德墓志盖飞白书字型以隶书为滥觞而言，发现其中含有章草笔法，当然是准确的。章草起源于秦汉之际，与隶书起源时间相当，或许早在飞白初创阶段，笔法已含章草笔意，不过没有作品流传下来。

楷书脱胎于隶书，早期楷、隶没有严格的分界，有时特将八分书称为楷书，故《书断》还引东晋王隐和南朝宋王愔之语云："飞白变楷制也。"[2] 武则天书

[1]　孙迟：《唐代的飞白书》，《书法》1981 年第 6 期，第 27 页。
[2]　《法书要录》卷七张怀瓘《书断·飞白》，第 207 页。

图 4　尉迟敬德墓志底拓片

丹的升仙太子碑额，字形笔势介于唐楷与分隶之间，点、撇、横、竖等笔画起笔处多使用衄挫笔法作小鸟状，颇得异趣。要用毛笔使用书法技巧一笔作出小鸟形状，自然很难办到，因此免不了留有雕琢的痕迹。古人用小鸟形象装饰书法笔画，大抵是受到"仓颉观鸟，悟迹兴文"[1] 文字起源说的影响。

　　宋代以后，飞白书仍为人们所钟爱，据说宋太宗赵光义也善写飞白。元、明、清数代，飞白书中草书的笔意已基本取代了隶法。

[1]　《法书要录》卷七张怀瓘《书断·飞白》，第208页。

今天，传统的飞白书已无人传习了，但是不少书家吸收了它笔画飘逸轻盈、墨轻露白的特色，在不同书体的创作中，偏爱使用枯笔，又综合融入提、按、使、转、衄、挫等书法元素，使作品呈现出的飞白笔意更为丰富。民间也有飞白书的变体，用扁竹笔或软体五色块书写，并借点画之势，作花鸟之状。尽管所含书法元素不多，不过因其婉丽多姿，颇得时人喜爱。

尉迟敬德墓志底楷书，虽然呈现出的还是初唐楷书瘦硬精劲的时代风貌，但笔画较同时代其他刻石稍为丰厚，中宫紧结，撇、捺、横主笔画向外舒展，点画之末端向内回锋，极具向心力，险中求稳，表现出中庸之美，潇散之中不失整饬之容。还有一些笔画不避险绝，如长枪大戟，风樯阵马，表现出的敧侧变化也更为丰富（图4）。

尉迟敬德武德三年（620）投唐后，跟随太宗在统一战争中多立功勋，特别是武德九年（626）六月四日，随太宗发动"玄武门事变"，射杀齐王元吉，又擐甲持矛威逼高祖，一跃成为唐太宗登上皇帝宝座的首功之臣。其墓志规格如此之高，可以想见当年饰终之典的隆重。应当说，以尉迟敬德对太宗的重要贡献，得到隆重的饰终之典，是当之无愧的。

后 记

　　我自幼生活在九嵕山下，北边那座孤耸矗立的山峰是"唐王陵"还是"桃花岭"？这与爷爷常讲的那里埋着一位唐代"皇上"有无联系？明明是乡（镇）政府驻地的烟霞街道，为什么又要叫"三冢"？诸多疑问，都让一丝神秘的疑虑常驻心头，久久琢磨。时至今日，仔细回味，这也许就是我与昭陵结缘的开始吧！

　　时光如梭，昔日的蓬头稚子，转眼间青衿负笈出门求学，倏忽间又告别校园，返回原籍成为一名护卫昭陵的文物工作者，并且是两度"结缘"。寒来暑往，春去春回。随着时光的推逝和认知的提升，才知道"桃花岭"是本地群众对"唐王陵"的转音；"三冢"是对唐代著名历史人物徐懋功（李勣）百年之后墓地的形象称谓；那些所谓的"泥娃娃"其实是大唐帝国人物形象和生活状况的真实写照；"刻字的石头"则是演义小说中威名传世的将军谋士们跌宕起伏的生平记录。这里，是一千多年前大唐帝国在困境中崛起的时代缩影；这里，是唐代众多名将贤臣百年之后的归宿之地。曾经"天可汗"的威武荣光和大唐帝国的强盛辉煌都汇聚在这里。而我，也不知从何时起，于不自觉中爱上了这里，纵使中途短暂的工作调动之后，也时常关注和牵挂着这里。

　　立身于此，无限荣光；忝居馆长，重担负肩。如何保护利用好这些优秀的文化遗存？如何让传统历史文化惠及群众？如何更好的弘扬文化遗产的独有魅力，提升群众文化自信力？就成为摆在面前需要思考和解决的实际问题。所幸的是，在这里，我还有一群常年厮守和默默工作的同事与朋友，与他们一起守护，与他们一起传承。《昭陵文物研究》便是我们在工作交流、学习、探讨的背景下产生的成果。近一年多来，在大家的支持帮助下，《昭陵文物研究》付梓面世了，希望这本书的出版，能够起到推进我馆学术研究工作持续发展的积极作用，进而吸引更多的人士关注昭陵，关心昭陵。

感谢多年来一直关爱和帮助我们事业发展的三秦出版社副总编辑贾云编审，感谢为这本书能够顺利出版而默默付出的三秦出版社郭珍珍副编审、李妮娜编辑，感谢我馆原党支部书记、研究馆员胡元超先生的热情指导，感谢为这本书积极提供拓印、拍照、绘图等业务工作的高春鸿、董朝霞、张步胜、郑湖等同事和朋友。

由于理论知识和认知水平有限，文稿内容难免有不妥之处，敬请批评指正！

马海舰

2023 年 6 月